Geschichten zum Rotwerden

Zu diesem Buch

Ist Sex wirklich die wichtigste Sache der Welt? Was ist dran an dem, was anständige Frauen und Männer nur im Schlafzimmer tun? Wie steht's mit Enthaltsamkeit, Impotenz und Perversion, Homosexualität, Promiskuität und Monogamie? Wie ist die Liebe am schönsten – mit dem eigenen Mann oder seinem besten Freund, One-night-stand oder ewige Treue, online ohne Ansteckungsgefahr oder richtig schön romantisch? Und was, wenn Frauen darüber schreiben? Diktieren bei Frauen inzwischen uneingeschränkte Freiheit und Unabhängigkeit die Liebesdinge? In sechsundzwanzig Geschichten erzählen sechsundzwanzig Autorinnen von Sinnlichkeit und Begehren auf ihre je eigene Art.

Sabine Blau, geboren 1968 hinter den Deichen, hat weder ein Geschäft für Lustmittel und Sexspielzeug, noch arbeitet sie an einer Kulturgeschichte über Liebe und Sex in ostfriesischen Bauernkaten. Sie ist im Kulturbereich tätig.

SERIE PIPER

Geschichten zum Rotwerden

Über die wichtigste Sache der Welt

Herausgegeben von
Sabine Blau

Piper München Zürich

Originalausgabe

1. Auflage August 2000
4. Auflage Juni 2001
© für diese Ausgabe:
2000 Piper Verlag GmbH, München
Umschlag: Büro Hamburg
Stefanie Oberbeck, Katrin Hoffmann
Umschlagfoto: Wendi Schneider/ZEFA-Index Stock
Gesamtherstellung: Clausen & Bosse, Leck
Printed in Germany   ISBN 3-492-22980-8

Inhalt

Maike Wetzel
Cindy

Mein Entschluß steht fest. Die Leute sagen, Bruce, gib auf, das schaffst du nie! Aber ich sag, Leute, das ist Quatsch. Ihr wißt nicht, wovon ihr redet. Ich red von *Liebe*. Dann schweigen sie. Ich gönne ihnen ein aufgeworfenes Lächeln.

Mein Daumen streichelt in der vorderen Jeanstasche über Cindys Bild. Es knistert unter meiner Berührung. Ich brauche das Foto nicht mal anzusehen, um mich an die feuchte Zungenspitze, den leicht geöffneten Mund zu erinnern. Dann sehe ich mich selbst auf dem OP-Tisch eines Raumschiffes liegen und kann die Energiestöße fühlen. Schauer steigen von meinen Füßen hoch in meinen Kopf und lösen sich in Wärme auf. Kleine Sonnen massieren meinen Körper, wenn ich an Cindy denke. Cindy hat mein Herz gestohlen, und sie hat keine Ahnung, was sie damit anfangen soll.

Cindy in meiner Hosentasche ist ganz weich geknittert. Einmal habe ich sie mitgewaschen. Danach mußte ich mir ein neues Exemplar der Zeitschrift beschaffen, so daß ich wieder in meine Kniekehlenträume abtauchen konnte.

Cindy hat die schönsten Kniekehlen der Welt. Ihr überbordender Achtziger-Jahre-Körper ließe mich kalt, wenn da nicht diese Kniekehlen wären. Ich stelle mir vor, wie sich meine Wangen eng an sie schmiegen, wie ich sie mit meiner Zunge auslecke. Ich bekomme eine Gänsehaut.

Cindy ist die Auster unter den Models. Sie war eine Miesmuschel, ehe ein Sandkorn sie zur Perle machte. Der Leberfleck neben ihrem Mund ist heute kostbar, denn ihre Glätte wird sichtbarer neben ihm. Ohne ihn würde sie nie hängenbleiben.

Wenn ich könnte, würde ich ihre Fesseln umgreifen und sie zurück auf den Boden ziehen. Aber Cindy schwebt Meilen über mir am Himmel, aufgeblasen wie ein Zeppelin.

Nutz die Gelegenheit, schmeiß ein paar Flugblätter runter, mach ordentlich Kohle. Da hab ich gar nichts dagegen. Auch Richard Gere war nur vorübergehend. Und mit dem schwarzen Basketballstar braucht sie uns nicht noch mal zu kommen. Ein Foto hat gereicht, und die ganze Gemeinde stand kopf. Cindys Mutter hat vier Gitarrenschüler verloren, weil deren Mütter glauben, daß sie ihr die falschen Töne beigebracht hat.

Sie war immer so brav, so folgsam. Nur tierversuchsfreie Kosmetika hat sie mitgehen lassen. Dem Kaufhausdetektiv hat sie aus dem Kleinen Katechismus zitiert und ihn zu Tränen gerührt.

Ich habe sie in ihrer Show bei MTV gesehen. Der Blick, wenn sie aufmerksam nickte, während Rod Stewart das Geheimnis seiner Unfrisur verriet, war derselbe wie in der Schule, als die Lehrerin sie darauf hinwies, daß sie besser einen Sport-BH tragen sollte. Sie mochte das Hüpfen von Cindys T-Shirt nicht. Sie hat genickt, ganz ernsthaft, mit einem verständnisvollen Lächeln, und in der nächsten Stunde hatte sie den besten Aufprallschutz der Welt. Bombenfest, da hüpfte nichts mehr. Eingeschnürt wie eine Mumie. Damals, als sie noch Cinderella vor der Verwandlung war.

Die Zeit kann man nicht zurückdrehen, aber Cindys Kontostand vielleicht. Vielleicht würde sie dann auf andere Parties gehen, vielleicht würde sie wieder Baumwollstrümpfe tragen, weil ihre Heizungsrechnung sonst zu hoch wäre, vielleicht trügen ihre Freundinnen Doppelnamen mit Bindestrich. Miller-Smith.

Ich fahre nach New York, der Berg zum Propheten. Ich will Cindy. Meiner Freundin sage ich, daß ich einen neuen Wagen abhole. Sie wird sich nicht wundern, wenn es länger dauert. Sie wundert sich nie, denn ihr Leben folgt dem Fernsehprogramm.

Wir leben zusammen. Abends krümeln wir Chips, morgens gibt's vier verschiedene Frühstücksflocken. Wir sammeln die Punkte. Für vierzig Stück schicken sie den »Lonely

Planet Spanien« frei Haus. Meine Freundin hat Hühneraugen. Die sehe ich jeden Abend, wenn wir uns ins Bett legen. Sie schläft mit dem Kopf am Bettende. Seit ich ausprobiert habe, ob ihre Katze Feuer mag.

Ich lese das »Supermodel«-Magazin von der Straße auf. »Supermodel« sagt mir, wo die Puppen tanzen. Cindys Shootingpläne sind so öffentlich wie die Fahrplanauskunft. Ich habe jeden Schnipsel von ihr in der Kiste unter meinem Bett aufbewahrt. Ich weiß, wann sie ihr letztes Interview gegeben hat, was sie am liebsten ißt, wo ihre neue Wohnung liegt. Ich habe auch die Peep-Cindys im Internet studiert. Aber was ich wirklich wissen will, steht in keinem Artikel, verrät mir kein Bild von ihr.

Ich will wissen, ob sie morgens verklebte Augen hat, ob sie nie auf die Striche zwischen den Straßenplatten tritt, weil sie abergläubisch ist, ob sie die Pille nimmt. Sie, das längste Mädchen an der High School, hat uns alle überflügelt, hat Zahnspangenpein und Dauerwellen hinter sich gelassen, ist zur sauberen Madonna der Cheerleader geworden.

Ich komme, um sie zu retten. Es gibt mehr als dieses Süßstoffleben. Ich preise sie, während ich das Ticket für den Bus kaufe, der mich fast durch das ganze Land zu ihr trägt.

Meinem Boß hab ich was von einer »beruflichen Neuorientierung« erzählt. Ich fülle Zigarettenautomaten auf. Das habe ich das letzte halbe Jahr lang gemacht. Von Kneipe zu Kneipe, von Hotel zu Hotel, Raststätten, Pinkelbuden, neben dem Bauzaun, in der Fußgängerzone. Cindy war dabei.

Es gibt ein Foto von uns. Da stehe ich nur wenige Schritte hinter ihrem wallenden Haupt. Ich gehe in der Masse der Schüler unter wie ein Pfifferling unter Steinpilzen. Es war für das Jahrbuch. Ich hatte es geschafft, wenigstens ein Jahr mit ihr auf derselben Schule zu verbringen. Es tat nicht weh, als sie abging. Im nachhinein wundert mich das, denn jetzt schmerzt es schon, wenn sie schlecht abgelichtet wird.

Der Bus schaukelt mich in den Schlaf. Ich träume von einem riesigen Bikinioberteil, dessen eines Dreieck den nordamerikanischen Kontinent bedeckt, nur eine Freiheitsstatue mit Cindys Kopf schaut heraus. Das war ein wundervoller Traum, ich bin ihr dafür dankbar. Sie hat mir zugezwinkert. Und ich bin mir fast sicher zu wissen, wie sie riecht. Ich ahne einen ganz leichten Buttergeruch. Nicht unangenehm, sehr urban.

Die Wohnung liegt in SoHo. In einem Drugstore gegenüber Cindys Haus beziehe ich Stellung. Die Frau hinter der Theke hat einen Damenbart. Ich vermeide es, ihre Finger zu berühren, als sie mir mein Getränk reicht. Vanille-Milkshake mit großen Eisstücken. Ich stochere gedankenverloren darin herum und starre auf den Hauseingang gegenüber. Keiner beachtet mich.

Ich schlendere zu der Gegensprechanlage. Cindy öffnet prompt, als ich »Bruce« hineinhauche. Ich nehme die Treppe statt des Lifts, ihr Fitneßvideo im Sinn, in dem sie so herrlich die Beine spreizt.

Sie steht im Erkerfenster und schaut hinaus, als ich eintrete. Scheinbar überrascht dreht sie sich um. Ich sage: »Hey, babe, how you doin'?« – »Uh, fine ...« Sie kichert. Ich bin begeistert.

Sie trägt ihren grünen Aerobicanzug mit den gelben Stulpen und sieht umwerfend aus. »You look great, Cindy.« – »Thanks. D'you want something to drink, Bruce?« – »Yeah, that would be wonderful.« Sie knickt in der Seite ein, als sie, mich leicht am Oberschenkel streifend, in Richtung Küche verschwindet.

Hätte sie das nicht getan, wäre sie fünf Zentimeter größer als ich, ich hätte gewußt, daß ich hier an der falschen Adresse bin. Sie ist Cindy. Ich hab sie in die Tasche gesteckt. Ich werde sie lieben. »Here you are, Bruce.«

Ich bleibe cool. Baby, ich hab dich, gib dir keine Mühe, hier kommst du nicht mehr raus, sagt ihr mein Gefängnisblick. Ich sehe, wie sie leicht erschauert. »Oh, Bruce, it's so good to have you here.«

Seit ich ihr Apartment betreten habe, kann ich nur noch auf ihren Mund starren. Er ist rattenrot, und Schweißperlen glänzen auf ihrer Oberlippe. Sie hat Gewichte gestemmt. Ich stürze zu Boden, umklammere Cindys Knie, rutsche um sie herum, zerre ihre Leggings hoch. Ich versenke meine Nase in ihre Kniekehlen. Sie riechen nach neuen Strumpfhosen.

Schon wirft Cindy sich zu mir auf den Boden und nestelt an meiner Jeans herum. Ich richte mich auf, stelle einen Cowboystiefel in ihren Nacken, sage: »Cindy, so geht das nicht weiter. Willst du mein sein – für immer und ewig?« Sie nickt. »Gut. Ruf deine Mutter an.« – »Muß das sein?«

Ich drücke auf den Auslöser meiner Kamera, und der Blitz der Nikon wirkt wie ein Hypnosesignal. Cindy fällt in Pose, ihr Gesicht erstarrt. »Gib's mir, Baby, hau drauf.« Sie dreht und wendet sich. Die Stehlampe fällt um. »Weitermachen!« Ich blitze ihr direkt in die Augen. »Ja. Ja. Ja.« – »Tu es.«

Cindy greift zum Telefon. »Hallo? Mama? Ja, ich bin's, Cindy. Hast du einen Moment Zeit, Mama? Ich möchte dir Bruce vorstellen.« – »Mehr Feuer, Baby.« – »Mama. Er ist jemand ganz Besonderes. Ja. Ja. Ich kenne ihn schon ... Ja.«

Ich schnappe mir den Hörer und lege auf. Wir machen weiter. Cindy gehorcht allen meinen Befehlen.

Es ist kurz vor zwölf, als Cindy wieder angstvoll auf die Uhr schaut. »Bruce, bitte, laß mich ins Bett. Ich muß schlafen.« Sie wimmert. Ich erlaube ihr, die Nachtcreme aufzutragen. Sie beißt sich auf die fettglänzenden Lippen. Cindy ist viel zerbrechlicher als auf den Fotos. Ich lege den Arm um ihre knochigen Schultern und sage: »Okay, Darling, gehen wir.«

Das Bett ist nicht frisch bezogen. Ich schnuppere mißtrauisch. Cindy fällt wie ein Baumstamm auf das Laken. »Du weißt, was ich will?« frage ich mit tiefer Stimme. Sie schielt über ihre Brüste auf meinen wildentschlossenen Mund, den ich nah an ihre Beine bringe. So nah, daß ich auf eines der Haare beiße, die sie beim Rasieren übersehen hat. Cindy quietscht auf. Ich lache grimmig, beiße zu und zerre an dem verdammten Haarbalg. Es geht nicht aus. Cindy bettelt um Gnade. Ich knurre mit zusammengebissenen Zähnen und komme näher. Ihr fettiges Gesicht ist angstvoll verzerrt. Ich schnappe nach ihren Brüsten. Cindy gibt ein schlürfendes Geräusch von sich. Es klingt wie ein Strohhalm, der auf leeren Grund stößt.

Die Frau hinter der Theke des Drugstores brummt in ihren Damenbart. »Alles klar, Junge. Macht dann eins fuffzig.« Ich zahle meinen Milkshake und gehe. Auf der anderen Straßenseite steht eine Gestalt im grünen Aerobicanzug im Erker. Sie hält sich schamvoll die Gardine vors Gesicht. Ich schaue auf den Stadtplan. Planquadrat C. Naomi müßte noch wach sein.

Susi Piroué
Ferngespräch mit Irgendwo

Auch wenn du es nicht glaubst, ich schwöre dir, es gibt von uns hier auf der Erde nur zwei Sorten, nicht eine, nicht drei, sondern genau zwei, auch wenn es auf diesem Planeten insgesamt viel chaotischer aussieht.

☺ ... ☹?

Klar, wir sehen ziemlich unterschiedlich aus. Uns gibt es in allen Farben, gelb, rosa, so wie ich zum Beispiel, rotbraun, groß, klein, rund und länglich. Ein unendlich weites Feld.

????!!!!

Wie sich die beiden Sorten unterscheiden, meinst du? Wie soll ich dir das nur erklären? Du hast offensichtlich überhaupt keine Ahnung. Und ungeduldig bist du auch noch. Also ... zwei Sorten aufrecht gehende Zweibeiner – manchmal ist auch ein Einbeiner dabei, aber den lassen wir jetzt einmal aus dem Spiel. Einbeiner sind im Grunde auch Zweibeiner, die irgendwie ein Bein eingebüßt haben. Vierbeiner bis Tausendfüßler lassen wir komplett aus dem Spiel.

☺ ☺

Nett, daß du einverstanden bist. Ich fange mal bei der einen Sorte an, die ein bißchen größer ist als die andere, ein bißchen lauter vielleicht, vielleicht auch ein bißchen eckiger. Dieser Typ hat, wie gesagt, zwei Beine, zwei Arme und ganz oben einen länglichen Ball. Zusammengehalten wird das Ganze von einem rundlichen Balg. Bis dahin verstanden?

!!!!

Du meinst, so sehen wir alle aus? Richtig. Doch jetzt paß gut auf: Da, wo die beiden Beine zusammengewachsen sind, hat der Mensch von der einen Sorte in bekleidetem Zustand eine Ausbuchtung – nicht sehr groß, doch um so bedeutungsvoller. Und mit dieser Ausbuchtung unterscheidet er sich von der anderen Sorte. *Eine* Ausbuchtung: Das ist Typ I.

??!!

Wie *ich* aussehe? Ganz anders. Ich bin nämlich Typ II. Mir fehlt diese Ausbuchtung.

☹ ☹

Nun weine mal nicht gleich. Dieses Mitleid verdiene ich nicht, obwohl schon einmal ein Berühmter mit einer Ausbuchtung diese Tatsache heftig beweint und diese Trauer oder diesen Neid in seinen Büchern beschrieben hat. Ich habe nämlich nicht *eine* Ausbuchtung, sondern zwei!

☺ ☺

Fein, daß du dich für mich freust. Es sind nämlich auch keine Ersatzausbuchtungen für die vom Typ I, sondern ganz andere, die höher sitzen und beim Typ I Neugier und Freude hervorrufen, denn sie sind ein wichtiges Kennzeichen von Typ II.

????

Nützlich sind sie eigentlich nicht. Sichtbar sind sie kaum. Wer seine Ausbuchtungen öffentlich zeigt, wird sogar beschimpft und wurde früher bestraft. Andererseits wird der, der seine Ausbuchtungen besonders vorteilhaft verpackt, von allen anderen bewundert.

☞!!

Da staunst du, was? Aber jetzt bitte ich dich, mir einmal ein paar Minuten ganz friedlich zuzuhören. Das mit den Ausbuchtungen verhält sich in Wirklichkeit so: Je ein Exemplar von Typ I und von Typ II bilden nämlich ein Set. Sie ergänzen sich, die eine Ausbuchtung paßt genau zwischen die Beine von Typ II, der an dieser Stelle keine Ausbuchtung hat, und die beiden Ausbuchtungen von Typ II begegnen einer glatten Oberfläche bei Typ I.

?????!!!!

Was du mit dem ganzen Quatsch von den Sets und den Ausbuchtungen überhaupt anfangen sollst? Sei bitte friedlich, am Schluß erzähle ich dir, warum sich das alles lohnt und warum ich nirgendwo anders als auf der Erde leben möchte. Darf ich weiter sprechen?

!!!!

Danke! Ein Set kann ein kleines Wesen vom Typ I oder Typ II produzieren. Das können wir, das können auch andere Lebewesen auf diesem Planeten. Wie macht ihr das bei euch?

●☀☠☒

Ach so, du willst es mir nicht verraten? Du würdest rot werden? Und das willst du nicht? Es ist dir peinlich? Also gut, bleib schön brav in der Leitung, und ich erzähl dir was von unseren frisch hergestellten Winzlingen. Das kleine Wesen Typ I zeigt sich mit einer winzig kleinen Ausbuchtung, Typ II hat nichts vorzuweisen, die zwei hübschen runden Ausbuchtungen kommen erst später nach. Das wird von manchen hier als Mangel angesehen. Das Set rauft sich manchmal die Haare, es findet es besser, wenn der von ihnen produzierte Winzling wenigstens eine kleine Ausbuchtung vorzuweisen hat. Wegwerfen werden sie das mißlungene Exemplare dennoch nicht, denn Typ II wird ja ebenfalls gebraucht – zum Beispiel, um Typ I zu verwöhnen, zu kraulen, zu ihm aufzuschauen. Nicht zuletzt muß Typ II mit Hilfe der großen Ausbuchtungen die Winzlinge beiderlei Typs vom Hunger befreien. Hier liegt die wahre Bestimmung der beiden schönen, saftigen, runden Ausbuchtungen: fette weiße Milch für die Kleinen über einige Monate, die übrige Zeit Objekt der Lust und des Begehrens ...

Mmmmmm!!

Das gefällt dir, was? Jetzt kommen wir allmählich zu dem Punkt, wo der Hund begraben ist.

????

Nimm nicht alles so wörtlich. Ich werde dir jetzt nicht auch noch erklären, was ein Hund ist. Bleiben wir bei der Lust. Ein Set, das zusammenpaßt, ist vergnügt und munter. Ein einzelner der beiden Typen kühlt leicht aus, er braucht ein Gegenstück zum Wärmen.

☼????

Auch in der Sonne. Klar. Nun sucht Typ I nach Typ II, Typ II sucht Typ I, eine Ausbuchtung sucht zwei Ausbuchtungen, zwei Ausbuchtungen seufzen nach einander. Und diese Suche und dieses Finden, dieses Treffen und sich Verlieren bestimmen dieses scheinbare Chaos, das du auf unserem Planeten wahrgenommen hast. Nach außen hin sieht das allerdings ganz anders aus: Am Morgen verlassen alle, die Winzlinge, Typ I und Typ II, ihre Höhlen, ihre Burgen, ihre Unterkünfte. Alles wird neu sortiert. Streng verhüllt versammeln sich die Großen, tun so, als gäbe es weder Sets noch Ausbuchtungen, und ebenso streng verhüllt versammeln sich die Kleinen. Die Herrschenden von Typ I und die Hübschen von Typ II wälzen Papiere, hämmern und klopfen, schwitzen und rackern, rennen und schlendern. Einige ruhen an Wasserrändern, einige unter Bäumen im Park. Diese haben ihre Ausbuchtungen knapp verhüllt, andere folgen der Devise: Ausbuchtungen frei! Doch keiner schaut hin, denn wenn alle hüllenlos sind, verliert das Ganze anscheinend an Spannung.

......

Hallo, wo steckst du denn?

ooooo

Dir ist langweilig? Du findest diese Typen zu lasch? Geht es denn auf deinem Planeten interessanter zu?

!!!!????

Auch nicht? Deshalb hast du die Verbindung rausgefunden? Du willst Action? Action gibt es jede Menge. Ich fange mal harmlos an. Es geht vor allem und jeden Tag immer wieder um das Set. Findet einer von Typ I eine von Typ II, die ihm rein äußerlich gut gefällt – nicht die Ausbuchtungen, sondern das ganze Drumrum, auch die Verhüllung des Wesentlichen –, dann greift er danach und geht erst mal damit auf und ab, dann vielleicht in ein Haus, wo es etwas zu essen gibt, und anschließend in ein Haus, in dem noch andere von Typ I und Typ II sitzen und gespannt nach vorne schauen. Was gibt es da zu sehen? Reichlich Möglichkeiten, wie Typ I Typ II findet und wieder verliert, wie mehrere von Typ I um eine einzige von Typ II kämpfen, sie reißen den Mund manchmal weit auf, um spitze und dumpfe Töne herauszulassen, und das alles, um diese Themen in nahezu unendlichen Varianten den unten Sitzenden zu vermitteln, die sich gern von ihren Problemen gleicher Art ablenken lassen. Die Themen: (a) man sucht ein Gegenstück vom anderen Typ, (b) man hat dasselbe gerade verloren oder verliert es, (c) man möchte es behalten. Die gleichen Themen stehen in Büchern, in Zeitungen, werden in bunten Guckkästen zu Hause präsentiert, sie werden in Farben und Töne umgesetzt.

✦✦

Was, du wärst jetzt beinahe eingeschlafen? Ach, du möchtest wissen, wie das mit dem frisch vereinten Set weitergeht? Nehmen wir die abgekürzte Geschichte. Das Set verläßt den dunklen Raum, sobald dieser hell wird, klatscht wie wild in die Hände, nimmt dann die Hand des Gegenstücks fest in seine und begibt sich zu einem anderen Haus. Zu mir oder zu dir, flüstern sie. Scheint kein Problem zu sein. Sie packen sich fester. Sieht so aus, als ob sie Angst haben, den anderen zu verlieren. Das Set stürzt sich auf ein weiches Möbel. Hüllen fallen, Ausbuchtungen werden sichtbar – und wie ...! Ein seltsames Hüpfen beginnt. Keine Zeugen ... Das ist ganz wichtig. Wenn die Ausbuchtungen in Aktion treten, gibt es fast nie Zeugen. Man tut es nicht auf der Straße, auf öffentlichen Plätzen, in Diensträumen, Geschäften, wohl auf der grünen Wiese, auf leeren Stränden ... Schau mal hin, vielleicht hast du Glück.

????

So, du findest die Bewegung lächerlich, du hältst dir das, was du als Bauch benützt? Keine Ahnung hast du. Ich werde das Gespräch beenden. Eigentlich schade, denn ich weiß noch ein paar Sachen, die dir vielleicht doch ein Schmunzeln entlocken. Könnt ihr da, wo du bist, überhaupt schmunzeln?

Na also. Laß sie hüpfen, es macht ihnen offensichtlich Spaß. Es schadet niemandem, es nützt den beiden. Doch ganz so harmlos ist die Sache nicht, wenn Typ I zu Hause einen Typ II hat, eine, die ihm gehört, und wenn er sich einen weiteren

Typ II aus der Menge greift und oben Beschriebenes prakti-
ziert. Oder wenn zwei von Typ I sich denselben Typ II ausgesucht haben. Denkst du, die gehen weiter oder suchen weiter? Nein, sie schlagen einfach drauflos, sie vernichten den
lästigen Typ I, der ihnen in die Quere kommen will. Früher
war das noch spannender: Sagen wir, Typ I liebt Typ II, und
er liebt eine mit den Wunderausbuchtungen in wundervoller
Verhüllung, und auch der oben sitzende längliche Ball ist
hinreißend anzusehen, und jetzt kommt noch ein Typ I des
Weges, sieht, was der erste macht ..., und schlägt nicht
gleich zu. Er ruft laut und vernehmlich ganz viele vom Typ I
zusammen, gibt ihnen Gegenstände in die Hand und stürzt
sich auf den anderen mit nur einer Ausbuchtung, der inzwischen auch nicht mehr allein ist. Nun wird gekämpft, geschlagen und gestochen. Viele liegen beschädigt oder un-
brauchbar am Boden. Weißt du eigentlich, was tot ist?

?!?!?!

Ungefähr? Gut, das reicht. Jedenfalls kommt der tote Typ I
für Typ II sowieso nicht mehr in Frage. Die Auswahl hat sich
verkleinert, und so greift Typ II eben zu dem unbeschädig-
ten, und es kehrt wieder etwas Ruhe ein. So was ist lange
her, aber immer noch spielt man diese und ähnliche Geschichten nach, und heute noch können sich die Leute sehr
über Verwicklungen aufregen, die vor langer, langer Zeit
einmal einige oder viele das Leben gekostet haben. Man erwartet sogar, daß man über diese Dinge Bescheid weiß, zu-
mindest in einigen Teilen unserer Welt. Besonders kraß ist
folgender Fall: Vor sehr, sehr langer Zeit wurde einem sehr
hochgestellten Menschen von Typ I der ihm gehörige Typ II
gestohlen, der als schönstes Exemplar seiner Art galt. Aus
dieser Tat ergab sich ein unendliches Schlachten und später
ein unendliches Beschreiben dieser grausigen Taten. Sogar
die Überirdischen, denen man hohe Ehren erwies, teilten
sich in die beiden Sorten mit allen Komplikationen. Später
war man schlauer und setzte einen von Typ I samt Nach-

kommen vom gleichen Typ ein, so daß in diesen Gefilden etwas mehr Ruhe herrscht.

? ? ? ?

In welchen Gefilden? Irgendwo eben. Zwischen dir und mir,
vielleicht.

♥♥♥♥

Wie kommst du denn da drauf? Was weißt *du* denn davon?
Hast *du* eine Ahnung von Liebe?

?? ?? ??

Ich soll, ich muß sie erklären, sonst ... Was kannst du denn
damit anfangen?

☺ ☺ ☺ ☺

Wenn du mich so lieb bittest, ja. Ich werde es versuchen.
Liebe ist ... Liebe ist das, was uns auf diesem seltsamen
Planeten aufrecht und zusammen hält. Die alles abfedert,
die harte Schläge zu Streicheleinheiten umwandelt, die
kleine weiche Pfoten von Kindern in harte runzlige Groß-
vaterhände schiebt, die schlaflose Nächte zum Event
macht, die uns auf unseresgleichen sehnsüchtig warten läßt,
die Seufzer hervorruft, die Lächeln, Lachen, Schluchzen,
Weinen, aber auch Mord- und Totschlag und Haß erzeugt.
Kurz: Die uns so lange lebendig hält, bis wir sterben. Liebe
ist alles!

? ? ? ?

Was das mit Typ I und Typ II zu tun hat? Viel hast du ja
nicht gerade kapiert. Nicht mehr und nicht weniger als
alles! Ohne Liebe wären Typ I und Typ II umsonst so unter-

schiedlich, und der kleine Unterschied wäre ganz und gar
überflüssig.

......

Hörst du mich noch?

Ich komme!

ULRIKE A. KUCERA
Verrucht

Es geht freilich sonderbar zu unter uns Erdreichern.
(Georg Christoph Lichtenberg)

Da war etwas in seinen Augen, das eine Saite in mir bis zum Zerreißen spannte. Ich glaubte zu spüren, wie ein hoher, pfeifender Ton sich in meine Eingeweide bohrte. Eines Abends war er mir aufgefallen. Lässig saß er auf einem der Betonpfeiler des Gartenzauns, der unser Haus umgab. Zwei Mädchen gingen vorbei, und ich konnte vom Fenster aus beobachten, wie er ihnen nachschaute. Beinahe jeden Abend, so stellte ich fest, spazierte er in der einbrechenden Dunkelheit hinüber in Richtung Kneipe. Erst einige Wochen zuvor war ich, zusammen mit Raul, meinem Lebensgefährten, in jene Wohnung gezogen.

Schon als ich ihn das erste Mal sah, fielen mir sein geschmeidiger Gang und sein athletischer Körper auf. Wie er die Füße aufsetzte und dabei leicht federte … Sein Bart war aufreizend, sein Rücken kraftvoll und sein Brustkorb atemberaubend. Blauschwarz glänzte sein Haar im Licht der Laternen. Wenn er auftauchte, wollte ich nichts anderes, als seine Aufmerksamkeit erregen. Von Tag zu Tag verstärkte sich meine innere Anspannung. Es gelang mir kaum, mich dagegen zu wehren, und endlich gab ich es auf. Gierig wartete ich der Dämmerung entgegen. Er blickte nicht einmal zu mir herauf, wenn ich am Fenster stand oder auf dem Fensterbrett saß, was ich in unserer alten Wohnung gern tat. Er bemerkte mich nicht.

Aus Rücksicht auf Raul versuchte ich, mein Begehren zu verbergen. Raul hätte argwöhnisch werden können, und nicht zu Unrecht. (Ich nenne ihn übrigens nur Raul, eigentlich heißt er Konstantin, aber wer kann einen solchen Namen schon aussprechen.) Weder wollte ich Raul verärgern noch ihm weh tun. Manchmal habe ich einen Anflug von Eifersucht an ihm bemerkt, wenn einer seiner wenigen Freunde uns besuchte und mir mehr Aufmerksamkeit schenkte, als Raul es für unbedingt notwendig hielt. Wir sind Einzelgänger und eher menschenscheu. Das verbindet uns wahrscheinlich.

Damals konnte ich mir die Tage noch einteilen, wie ich es wollte, Raul ließ mich gewähren. Meist vertrieb ich mir die Zeit mit sinnlosen Beschäftigungen. Tagsüber war und ist Raul kaum daheim. Es gab Tage und Wochen, da kümmerte er sich wenig um mich, beinahe hatte ich mich daran gewöhnt. Heute passiert das seltener, denn unser Leben und unsere Beziehung haben sich in der Zwischenzeit drastisch verändert.

Manchmal fuhr Raul fort. Er ließ mich allein, und ich langweilte mich, denn ich vermißte ihn. Einen Großteil seiner Zeit verbrachte er damit, Bücher zu lesen oder am Schreibtisch zu grübeln. Wenn ich ihn ansprach, faltete er die Stirn, strich mir geistesabwesend über Kopf und Schultern und murmelte etwas vor sich hin, als wolle er mich beruhigen. Das hat mich gekränkt. Wenn ich mich nachts an ihn schmiegte, konnte es geschehen, daß er mich lieblos beiseite schob. Einmal, das liegt lange zurück, hat Raul mich einfach vor die Tür gesetzt, mitten in der Nacht, weil er sich von mir gestört fühlte. Ich wollte nichts weiter, als meinen Kopf in seine Bauchgrube betten.

Wie oft bin ich nachts klagend durch unsere Wohnung geschlichen! Raul stopfte sich Pfropfen in die Ohren, als sei er Odysseus und ich eine Sirene. Er ignorierte meine Bedürfnisse, möglicherweise verspürte er selbst keine. Ich hätte gern Kinder gehabt, aber die Wohnung sei zu klein, sagte er. »Wir sind uns selbst genug, nicht wahr? Ich brauche nur dich und die Bücher«, behauptete er. In Wirklichkeit, so vermutete ich damals, wollte er seine Ruhe haben. Ich kam mir vor wie ein Spielzeug oder irgendein praktischer Gegenstand, der bei Bedarf hervorgeholt wird.

Wenn er fortging, schloß er die Wohnungstür ab. Ich glaube, er fürchtete, daß ich ihm davonliefe oder unter die Räder kommen könnte. Mein Glück waren die Fenster, meine heimlichen Schlupflöcher zur Welt. Unsere Wohnung befand sich im Hochparterre, so war es nicht schwer, hinaus- oder hereinzugelangen, auch gegen seinen Willen und ohne sein Wissen.

Während er sein Gehirn mit Sätzen fremder Menschen fütterte und stoßweise Papier bekritzelte, vertrieb ich mir die Zeit damit, aus dem Fenster zu schauen. Bücher, beteuerte er, seien seine ganze Leidenschaft, und das bekam ich zu spüren. Stapelweise lagen sie in den Zimmern herum, im Bett und auf dem Klo. Die Wände waren mit überfüllten Regalen tapeziert, sogar in der Küche lagen die Bücher herum und setzten Fett an. Ich hatte Mühe, mich durch seinen Bücherdschungel zu navigieren, immer neue Türme baute er auf.

In unserer ersten Zeit trieben wir, wenn Raul gut aufgelegt war, unser Spielchen. Wie ein kleiner Junge jagte er mich im Hindernislauf durch die Wohnung, und ich sollte mich verstecken. Er fand das anscheinend lustig. Ich tat ihm den Gefallen, wenngleich ich mir lächerlich vorkam. Schon damals geriet er schnell außer Atem. Raul ist kein Leichtgewicht, eher füllig und untersetzt. Als ich ihn kennenlernte, war er bereits im besten Alter. Sein Haar war schon ergraut und lichtete sich.

Raul ist ein ruhiger Mensch, seine Stimme hat einen melodischen Klang, nie wird er laut, was ich überaus schätze. Ich war sehr jung und hatte wenig Erfahrung. Unsere Leben dümpelten wie Boote auf einem ruhigen See im gleichen Rhythmus nebeneinander, trotz des Altersunterschieds. Ich war Raul dankbar, daß er mir ein Zuhause gegeben hatte. Bei ihm fühlte ich mich in Sicherheit und behütet. Dennoch fehlte mir etwas: ein Mann, ein richtiges Mannsbild. Deshalb zog es mich jeden Abend zum Fenster, wo ich dann saß und nicht vergeblich auf sein Erscheinen hoffte.

Einmal, ich gestehe es, bin ich diesem fremden Kerl hinterhergeschlichen. Raul war fortgegangen. Ich wartete, bis Raul hinter der Hausecke verschwunden war, dann stieg ich heimlich aus dem Fenster, das nach hinten auf den Hof führt. Ich wollte herausfinden, wohin der Kerl geht, mit wem er sich trifft. Ich mußte mich vorsehen, um nicht aufzufallen oder von ihm entdeckt zu werden. Es wäre fatal gewesen, hätte er bemerkt, daß ich ihm wie eine läufige Hündin hinterherspioniere.

Er lief die Straße hinunter bis zum Park, und ich folgte ihm. Zielstrebig schritt er an den Bäumen und Sträuchern entlang, bis er sich an einen Platz setzte, der sein Platz zu sein schien. Kurz darauf erblickte ich ein rothaariges Weibsbild. Sie kannten sich offensichtlich und müssen miteinander verabredet gewesen sein, denn sie setzte sich zu ihm, ohne zu zögern.

Ich sah, wie sie ihren Leib an seinen preßte und mit ihm flüsterte. Er biß ihr ins Ohr und schmiegte seine Wange in ihr flammendes Haar. Kurz darauf verschwanden sie hinter einer Hecke. Schamlos, dachte ich und beneidete sie. Wie gern wäre ich an ihrer Stelle gewesen. Aber dieser Casanova ahnte ja nicht, daß es mich gab.

Am liebsten wäre ich den beiden ins Gebüsch gefolgt, doch ich bezwang mich. Ich entdeckte den Stolz als eine mir gemäße Eigenschaft und setzte mich über die erhöhte Frequenz meines Pulsschlags hinweg. Irgend etwas oder jemand muß sie aufgescheucht haben, denn plötzlich sprang dieses Flittchen aus dem Dickicht und rannte davon. Er stürzte hinterher, atemlos und wütend – ich sah das Funkeln in seinen Pupillen. Es reizte mich, es zog mich an und stieß mich zugleich ab.

Aus den Augenwinkeln konnte ich beobachten, daß er sich kurz nach mir umwandte. Er hatte mich wahrgenommen, das mußte mir vorerst genügen. Ein glückseliger Schauer kroch über meinen Bauch, nicht nur, weil ich froh war, daß die beiden gestört worden waren. Schnell wandte ich mich ab und tat so, als ginge ich rein zufällig jenen Weg entlang.

Als ich nach Hause zurückgekehrt war, lag Raul auf der Couch und las. Natürlich fragte er, wo ich gewesen sei, er habe mich gesucht. Ich wich ihm aus und ging in die Küche. Dort blieb ich eine Weile und gab vor, mich mit dem Essen und der Zeitung zu beschäftigen. In Wirklichkeit war es mir unmöglich, Raul in die Augen zu sehen. Ich wollte allein sein und mir vorstellen, anstelle der anderen mit diesem Mann im Park gewesen zu sein.

Das war Raul gegenüber nicht fair, zugegeben. Aber dieser andere übte eine Anziehung auf mich aus, die ich nur auf seine animalische Ausstrahlung zurückführen konnte. Mit einem Mal wußte ich, daß es das war, was ich an Raul vermißte. Seine Fürsorge und Zuwendung allein genügten mir nicht mehr. Und je umsichtiger ich mich zurückzog, desto besser konnte ich Rauls üblicher Fragerei ausweichen: »Na, Prinzessin, was hast du getrieben? Wo bist du gewesen? Du sollst doch nicht ...«

Raul, wenn du wüßtest, dachte ich und war froh, schweigen zu dürfen. Ich begehrte diesen anderen Mann, seinen Körper, seine Derbheit. Er roch so gut. Ich hatte seinen Geruch wahrnehmen können, als er an mir vorbeieilte, dieser Frau hinterher. Sie war nicht einmal hübsch und hatte krumme Beine. Ich weiß nicht, was ihm an ihr gefiel, was ihn reizte. Vielleicht war es die Mischung aus Verderbtheit und Schamlosigkeit, die ihn zu ihr trieb. Sie schien so ein dahergelaufenes Weibsstück zu sein, wie sie zu Hunderten durch die Stadt streunen, immer auf der Suche nach einem Kerl, der es ihnen besorgt. Ich gestehe, daß ich enttäuscht war, daß er sich von so einer becircen ließ.

Im Grunde meines Wesens bin ich treu und ehrlich. Nur die Not zwang mich, Dinge zu tun und zu wünschen, deren Folgen ich in meiner Unerfahrenheit nicht einzuschätzen wußte. Nie bin ich auf die Idee gekommen, Raul zu verlassen, weder damals noch heute.

Trotzdem, ich konnte mein Verlangen nach diesem anderen Mann kaum mehr unterdrücken. Er hatte etwas an sich, das mich in seinen Bann zwang. Es prickelte und brachte das

Blut in meinen Adern zum Sieden. Ich spürte, daß es an der Zeit war, auf meinen Körper zu hören. Mich übermannte ein natürliches Begehren.

Ich hatte es wirklich mit Raul versucht. Alles Erdenkliche habe ich angestellt, um ihm meine Wünsche zu offenbaren, ihn zu betören. Er glaubte wohl, daß es genüge, mich ab und an zu streicheln. Raul. Aber ich bin ein lebendiges Wesen, ich wollte mehr, als nur ein bißchen gezärtelt zu werden.

Ich fühlte mich wie ein See ohne Wasser, wie eine Pflanze ohne Wurzeln, wie ein Gefäß ohne Inhalt. Raul hatte kein Einfühlungsvermögen. Er tätschelte mich wie die Seiten seiner Bücher. Es nutzte auch nichts, wenn ich mich auf den Schreibtisch setzte und ihm meine Reize offenbarte. Er schaute mich nicht einmal an. Im Gegenteil, er fühlte sich durch mich gestört und murmelte: »Laß das, geh schon. Du siehst doch, daß ich arbeite.« Das waren ernüchternde Momente, dabei hatte ich mir wirklich Mühe gegeben und mich für ihn herausgeputzt. Kein Wunder, daß ich weiterhin von dem anderen träumte.

Eines Tages hielt ich es nicht mehr aus. Heute oder nie, sagte ich mir, es ist vielleicht meine letzte Chance. Raul war unterwegs, er wollte erst am nächsten Tag wieder zu Hause sein. Er hatte sein Köfferchen gepackt und war mit dem Auto abgedampft. Ich war wieder einmal allein. Raul hatte sich in Schale geworfen, sogar beim Friseur war er gewesen und hatte sich den Bart stutzen lassen. Ich erinnere mich genau. Bei aller Fairneß und allem Respekt, den ich ihm zollte – wir lebten zu jener Zeit beinahe ein Jahr zusammen: Er schnarchte, während ich wachlag und nicht wußte, wohin mit meiner Begierde.

Ich bin schließlich eine Frau, was ihm offensichtlich gleichgültig war. Seine Schuld, ich würde es ihm beweisen. Plötzlich war es mir egal, was er von mir denken würde. Ich begehrte, ich wollte begehrt werden. Ist das etwa unmoralisch? Auch wollte ich Kinder. Und hätte ich Kinder, das wußte ich, würde ich mich nicht mehr langweilen oder einem Kerl hinterherschleichen, den ich nicht einmal kannte.

Ich hätte eine Aufgabe, einen erfüllten Tag, und Raul könnte auch seinen Spaß daran haben.

Ich war der festen Überzeugung, daß Raul mir diesen Wunsch aus purem Geiz verweigerte. Kinder sind teuer, nicht in der Anschaffung, aber doch in der Haltung. Auch kosten sie Kraft, Nerven und Geduld. Anscheinend war ihm das zu anstrengend, sonst hätte er mich nicht eingesperrt.

Ach, Raul, du hast mich bis zum Äußersten getrieben. Du warst schuld, daß ich fortwährend an den anderen denken mußte, daß sich meine Phantasien zu einem uferlosen Meer ausweiteten. Damals hatte ich noch nicht erkannt, daß Raul mir einfach nicht geben konnte, was ich begehrte.

Beim Gedanken an den anderen Mann flatterte mein Herz, in meinem Bauch rieselten kleine Steine, wie von Wellen umspült. Ich stellte mir vor, wie ich ihm zärtlich in den Nacken beißen, mich in seinem Brustfell vergraben, meinen Kopf in seine Bauchgrube stemmen und ihm sämtliche Zärtlichkeiten ins Ohr säuseln würde. Ich weiß, es klingt albern, aber so fühlte ich. Danach sehnte ich mich. Heute bin ich klüger, gereifter und abgeklärter. Ich habe gelernt, mit der Begierde hauszuhalten.

Nachdem Raul an jenem Vormittag die Wohnung verlassen hatte, quälte mich die Erwartung, ich mußte mich noch bis zum Abend gedulden. Also legte ich mich auf die Couch, druselte, aß etwas, hörte der Dudelei im Radio zu, schlief wieder ein und träumte wirres Zeug. Als ich bemerkte, daß die Zeit gekommen war und der andere gleich unten am Haus vorübergehen würde, fiel mir ein, daß ich mich noch nicht einmal zurechtgemacht hatte. Verflucht!

Ich war entschlossen. Heute wage ich es, bestärkte ich mich.

Und wenn er mich überhaupt nicht bemerkt? Wie sollte ich es anstellen? Wenn ich ihm nicht gefalle, wenn er ausgerechnet heute nicht kommt? Ich stellte die absurdesten Überlegungen an, war hin- und hergerissen, bis ich alle Zweifel abstreifte wie eine zerschlissene Haut. Mein Entschluß stand fest. Und ich konnte mich nicht einmal dafür verabscheuen, daß ich einem fremden Kerl auflauerte.

Zwar ahnte ich, daß es Raul gegenüber niederträchtig war, doch wer kann sich schon Skrupel leisten, wenn es um die elementarsten Bedürfnisse geht? Also sprach ich mir Mut zu. Wenn es mißglückt, so redete ich mir ein, käme ich eventuell mit ein paar Schrammen davon. Wer wagt, gewinnt – ich wollte es wagen. Meine Herzklappen begannen zu flattern, und ich zitterte wie eine Espe im Sturm – so aufgeregt war ich. Ahnte ich doch, daß derartige Naturgewalten die innere Landschaft verwüsten, ja orkanartig darin wüten können. Ich verbot mir, an die Konsequenzen meines Tuns zu denken.

Im Flur überprüfte ich meine Erscheinung noch einmal im Spiegel. Dann schob ich behutsam die Gardine beiseite und nahm meinen Platz ein. Ich machte es mir bequem, drapierte mich auf die linke Seite, denn von rechts betrachtet, kommen meine Rundungen und Kurven wirkungsvoller zur Geltung. Es ist nicht leicht, den eigenen Körper so zu präsentieren, daß seine Vorzüge auch wirklich zum Vorschein kommen. Aber ich hatte es oft genug bei Raul geübt.

Ich streckte mich, schob die linke Schulter etwas vor, winkelte die Beine leicht an und knabberte vor Aufregung an den Nägeln. Bis ich ihn endlich um die Ecke biegen sah! Sofort erkannte ich ihn an seinem Gang. Er wechselte auf meine Straßenseite, und als er in Höhe meines Fensters war, gab ich einen leise erschrockenen Laut von mir, als sei mir etwas zu Boden gefallen. Er schaute zu mir herauf, und ich lächelte ihn an.

Verwundert blieb er stehen. Mit Genugtuung beobachtete ich, wie seine Augen prüfend meinen Körper musterten, und dann lachte er zurück: »Kennen wir uns?«

»Noch nicht«, antwortete ich und setzte mich auf.

Heute wundere ich mich über meine Naivität. Meine Stimme bebte, als wir die ersten Worte wechselten. Langsam gewann ich an Sicherheit, er floskelte mit mir herum. Spielerisch ging ich darauf ein. Es wurde dunkel, ohne daß wir es bemerkten. Schließlich fragte er mich, ob ich ihn auf seinem Spaziergang begleiten wolle. Seine Augen funkelten verheißungsvoll. Er habe sowieso nichts Besseres vor, und es wäre doch schön, diese angenehm warme Abendluft gemeinsam zu genießen, nicht wahr?

Ich zögerte ein wenig, um mir selbst und ihm vorzumachen, daß ich nicht so leicht zu überreden und schon gar nicht eine von dieser rothaarigen, krummbeinigen Sorte war, die an jeder Straßenecke rumlungert. Wir ließen die Spielbälle hin- und herfliegen. Aber unsere Augen und Blicke hatten sich schon ineinander verfangen und waren beredter als Worte. Ich sah, daß sein Brustkorb sich vor Erwartung hob und senkte, sein Nacken sich straffte und die innere Unruhe ihn von einem Bein auf das andere treten ließ. Endlich gab ich mir einen Ruck und sprang vom Fensterbrett, um mit ihm zu gehen. Er freute sich, das konnte ich spüren.

An jenem Abend war der Himmel wolkenlos und die Sterne schimmerten. Es roch nach Sommerabend in der Großstadt. Ein Flirren und Flimmern lag in der Luft, es elektrisierte mich. Wir spazierten zum Park hinüber, und er erklärte mir, daß er jeden Abend hierher komme, um später an der Eckkneipe ein paar Bekannte zu treffen, zu reden oder einfach nur herumzustehen und die Zeit totzuschlagen. Irgend etwas passiert immer, sagte er und lächelte wissend.

Ich war leichtsinnig und seiner männlichen Ausstrahlung erlegen. Auf dem Weg zum Park näherte er sich mir vorsichtig. Ich spürte seinen Atem nah an meinem Haar. Er schnaufte hörbar, wie Männer es tun, wenn sie begehren. Ich spürte seine Blicke, die meinen Körper abtasteten. Wir setzen uns ins Gras, das noch tagwarm war, und schwiegen.

Nah rückte ich an ihn heran, um seinen Geruch aufzunehmen. Er lehnte sich an mich, ertastete die Ränder meines Ohres mit seiner Zunge, strich mir sanft übers Haar, über den Rücken. Mein Körper geriet in Aufruhr. Er begann, mich inniger zu liebkosen, und ich genoß es. Seine Augen leuchteten grün und schwarz, und ich sah darin, was ich sehen wollte. Verrucht. Er berührte mich dort, wo ich begehrte, berührt zu werden. Ich zog mich zurück und tat, als wolle ich mich ihm verwehren. Doch er hielt mich fest mit seinen Pranken, seine Sehnen spannten sich, ich stemmte mich gegen ihn. Er war kräftiger und männlicher, als ich es erwartet und erhofft hatte. Dann ließ ich ihn gewähren und öffnete mich ihm.

Ich wimmerte vor Glück, während er stöhnte, bis ein reißender Schmerz meine Eingeweide durchbohrte und ich begriff, was mir geschah, was ich tat. Ich schrie vor Verwirrung und Wonne, biß ihn, schlug um mich, bohrte meine Nägel in sein Fleisch. Gleich werde ich ihn wieder verlieren, fürchtete ich. Er fauchte mich an, fragte, was mit mir los sei.

Erschöpft ließ er von mir ab. Ich hatte erreicht, was ich wollte, und ich schämte mich dessen nicht. Er begleitete mich noch ein Stück, bis er in eine Seitenstraße einbog und verschwand. Eine Weile folgte ich mit den Augen noch seiner dunklen Silhouette, die sich im Gegenlicht der Straßenlaterne abzeichnete.

Nachdem ich heimgekehrt war, unterzog ich meinen Körper einer gründlichen Reinigung. Ich sah mitgenommen und reichlich zerzaust aus. Raul sollte, und sei es erst anderntags, nicht bemerken, daß ich ihn hintergangen und die Wohnung verlassen hatte.

In den Wochen darauf fühlte ich mich oft niedergeschlagen und elend. Raul sorgte sich sehr um mich. Er schlug vor, mit mir zum Arzt zu gehen, aber ich sträubte mich. Schließlich wußte ich, was mit mir los war. Mein Körper hatte sich verändert, mein Bauch begann, sich verräterisch zu wölben. Wie hätte ich ihm das erklären sollen? Schamhaft versteckte ich mich vor Raul, so gut es eben ging, in unserer kleinen Wohnung.

Doch eines Morgens setzten plötzlich und unerwartet die Wehen ein. Ich war nicht darauf vorbereitet. Es geschah an einem Samstag. Raul war einkaufen gegangen. Ich verkroch mich im Schlafzimmer. Krampfhaft preßte ich die Zähne zusammen, versuchte regelmäßig zu atmen, doch es half nichts. Aus meinem Körper quoll schon das Fruchtwasser.

Hilflos harrte ich dessen, was aus meinem Leib drängte.

Es schmerzte, und ich litt. Ohne daß ich es gehört hatte, stand auf einmal Raul vor mir, mit weit aufgerissenen Augen. Vergeblich versuchte ich, die Spuren zu verdecken. Entsetzt schlug er die Hände vor die Augen und stammelte: »Mein Gott, was machst du da? Was ist los?«

Raul ließ die Einkaufstüten fallen, kniete sich zu mir und fragte, wie das hatte passieren können. Ich mußte ihm eine Antwort schuldig bleiben, starr vor Schmerz. Aus meinem Körper waren bereits drei kleine Wesen gerutscht, schwarzfellig, blind und naß. Sie sahen ihrem Vater unglaublich ähnlich und wimmerten. Nie werde ich Rauls verzweifelten Gesichtsausdruck vergessen. Mitleidig strich er mir übers Fell, bis auch das siebte und letzte Kätzchen aus meinem Körper gekrochen war. Ein Mädchen, schwarz mit weißen Pfoten. Er nannte sie Lolo.

Natürlich war die Wohnung für uns alle nun doch zu klein geworden. Sieben Fellkugeln wuselten durch die Zimmer.

Während ich vollauf damit beschäftigt war, mich um meine Kinder zu kümmern, studierte Raul die Zeitungen und telefonierte unentwegt. Eines Tages pferchte er uns alle zusammen in einen Korb und dann in sein Auto. Ich bangte um unser Leben.

Er brachte uns in ein fremdes Haus. Seither ist ein gutes Jahr vergangen, und wir leben jetzt hier draußen, auf dem Land. Es scheint ihn nicht zu stören, daß ich mittlerweile mehrere Liebhaber habe, im Gegenteil. Allerdings muß ich gestehen, daß es mich zutiefst kränkt, daß er seit kurzem eine rothaarige Freundin hat, noch dazu mit einem krummbeinigen Hund.

Gaby Hauptmann
Sechs Schwestern und ein Geheimnis

Seit Tagen tat unsere große Schwester so geheimnisvoll, daß uns das erheblich auf die Nerven zu gehen begann. Wenn wir sie fragten, was eigentlich los sei, meinte sie nur, daß wir dazu noch zu klein seien. Das ärgerte uns noch mehr. Sie brauchte nicht so anzugeben, nur weil sie schon vierzehn war. Anna war schließlich nur ein Jahr jünger als sie, und ich war immerhin auch schon fast zwölf. Die wirklich Kleinen waren Martha, Sophie und Clara, sie waren erst elf, neun und sechs. Daß Clara, das Nesthäkchen, bei so manchem nicht mitreden konnte, war klar. Aber uns gegenüber war es eine Frechheit. Anna und ich beschlossen, ihrem Geheimnis auf die Spur zu kommen. Es konnte eigentlich nicht weiter schwierig sein, denn wir Großen schliefen zu viert in einem Zimmer, und es gab nichts, was man lange Zeit voreinander verheimlichen konnte.

Doch dann merkten wir, daß Heidi selbst viel zu aufgeregt war, um das Geheimnis lange für sich behalten zu können. Eigentlich platzte sie vor Mitteilungsbedürfnis. Und so kündigte sie an, uns demnächst in eine sensationelle Enthüllung einweihen zu wollen. Falls wir uns einer solchen Offenbarung würdig erweisen sollten. Was nichts anderes hieß, als daß sie von unserer abendlichen Apfelration etwas abhaben wollte. Wir mußten flüstern, denn wir lagen bereits in unseren Stockbetten – viel zu früh, wie wir fanden, aber unsere Eltern zeigten sich in diesem Punkt nicht einsichtig.

Um sechs Uhr, pünktlich zur Abendmesse, hieß es zu Hause zu sein, und wer sich nicht daran hielt, wurde von Vater empfangen. Er stand, kaum daß der letzte Glockenschlag der gegenüberliegenden Kirche verklungen war, mit dem Stock hinter der Türe. Dabei machte er keinen Unterschied, ob man mit vierzehn diese Geste unwürdig fand oder nicht.

Kurz nach sechs saßen dann alle mit frisch gewaschenen Händen und gebürsteten Haaren am Eßtisch.

Für Mutter war es nicht leicht, jeden Tag etwas auf den Tisch zu bringen, der Erste Weltkrieg war noch nicht lange vorbei, Arbeit und Brot waren rar, die Straßen voller Kriegsveteranen, die zu Bettlern geworden waren. Unsere Mutter schaffte es, jedem noch so armseligen Mann, der an unserer Haustüre klingelte, eine kleine Mahlzeit zu geben, obwohl unser Vater selbst arbeitslos war. Aber unsere Mutter war gläubig, und sie dankte vor jedem Abendessen in einem Gebet unserem lieben Gott für das tägliche Brot, selbst wenn keines da war und wir uns von Kartoffelschalen ernährten. Wir hatten zwar ständig Hunger, aber wir fanden nichts dabei, und wir waren glücklich. Mutter stopfte und flickte unermüdlich unsere Sachen, vor allem die, die schon von den älteren Geschwistern getragen und auf die jüngeren vererbt worden waren, und wir fanden in jedem Ding ein Spielzeug. Ob eine Kastanie oder eine alte, rostige Dose – mit ein paar Handgriffen wurde eine Puppe und ihr Heim daraus. Langeweile, nein, die kannten wir nicht – einer von uns fiel immer etwas ein, schließlich waren wir zu sechst.

So war eigentlich auch von vornherein klar, daß Heidi mit ihrem Geheimnis auf Dauer nicht hinterm Berg halten konnte. Und tatsächlich, als wir, Heidi, Anna und ich, die drei Ältesten, zufällig alleine in unserem Zimmer waren, konnte sie es nicht mehr für sich behalten – obwohl bislang keinerlei Bestechungsversuch unsererseits erfolgt war.

»Habt ihr euch schon einmal überlegt, wie Papa aussieht?« fragte sie wichtigtuerisch und warf ihre beiden Zöpfe zurück. Ich fand die Frage doof.

»Papa hat einen Bart«, sagte ich lakonisch.

»Quatsch!« Sie schaute mich an, als ob ich nicht mehr alle richtig stehen hätte. »Unten herum, meine ich!«

»Unten herum?«

Ich überlegte. Heidis Augen blitzten, als sie unter ihrer Bettdecke ein dickes, abgegriffenes Buch herauszog und uns triumphierend vor die Füße warf. Wir setzten uns schnell darum herum, Heidi mit dem Rücken zu Türe, um sie notfalls zuzuhalten.

Jetzt wurde es wirklich spannend. Ein Buch, noch dazu ein in Leder gebundenes, war eine Rarität.

»Wo hast du das denn her?« fragte Anna mißtrauisch. Sie war der Angsthase in der Familie.

»Aus Vaters Bücherregal«, flüsterte Heidi und blinzelte verschwörerisch.

Mich traf fast der Schlag. Aus Vaters Bücherregal! Eine Todsünde. Wir würden es nächsten Sonntag beichten müssen – falls wir dann überhaupt noch lebten!

»Wenn er das merkt!« hauchte ich atemlos.

»Wird er schon nicht«, entgegnete Heidi leichthin.

Ich bewunderte sie, sie war wirklich mutig. Sie überkreuzte ihre nackten Beine, so daß sie das Buch bequem vor sich aufblättern konnte. Ich betrachtete sie. So wie sie mit ihren braungebrannten, völlig verschrammten Beinen und dem entschlossenen Blick vor mir saß, wirkte sie trotz ihres leichten Schürzenkleides und der nußbraunen, langen Zöpfe eher wie ein Junge denn wie ein Mädchen. Ihre Wangen glühten, als sie das schwere Buch aufschlug.

»Was ist denn jetzt mit Vater unten herum?« wollte ich wissen.

Was sollte damit schon sein, sagte ich mir, aber ich wollte nicht unwissend erscheinen oder gar zu jung. Schließlich saß ich im Kreis der Älteren.

Mit einem gezielten Griff, offenbar hatte sie es geübt, schlug Heidi das Buch an der Stelle auf, die ihr so sensationell erschien. Wir beugten uns atemlos darüber. Das Bild zeigte einen Menschen. Nein, exakter, einen aufgeschnittenen Menschen. Mir wurde fast schlecht.

»Was soll daran toll sein?« fragte ich.

»Was für ein Buch ist das überhaupt?« wollte Anna wissen.

»Ein Medizinbuch«, gab Heidi preis. »Das ist ein Mann!«

Sie tippte mit dem Finger auf die Seite. Ich konnte keinen Unterschied erkennen. Um ehrlich zu sein: Ich konnte überhaupt nichts erkennen außer roten, langen Strängen, ekligen braunen Gedärmen und gezeichneten Knochen. Ein Knochenmann mit Fleisch dran.

»Ein Mann ist anders gebaut als eine Frau!« setzte Heidi jetzt hinzu, weil unsere langen Gesichter sie offensichtlich um den erhofften Beifall brachten.

»Er hat keinen Busen, das weiß ich schon!« Ich zuckte die Schultern. Und deshalb hatte sie über Tage hinweg so wichtig getan. So ein blödes Geheimnis!

»Du Küken!« Heidi warf mir einen vernichtenden Blick zu. »Hier meine ich!« Sie zeigte bedeutsam auf ihr Kleid, genau auf die Stelle, wo sich ihre Beine vereinigten.

Jetzt wurde es schon interessanter. Daß da etwas anders sein mußte, darüber hatte ich noch nicht nachgedacht, aber eigentlich war es klar. Bei Hunden und Katzen war das ja auch anders. Aber Vater? Jetzt beugte ich mich doch interessiert über das Buch und musterte die Stelle. Nichts war zu sehen. Dieses Anderssein war entweder vom Zeichner unterschlagen worden, oder Heidi schwindelte, um sich aufzuspielen. Sähe ihr ähnlich.

»Da ist nichts zu sehen!« stellte jetzt auch Anna sachlich fest. Sie hatte ihre geflochtenen Haare zu einem Kranz um ihren Kopf geschlungen, so daß nicht zu übersehen war, wie ihre Ohren glühten. Stimmt, aufregend war das schon. Wahrscheinlich hatte auch ich die Farbe gewechselt.

»Das dagegen ist eine Frau!« Heidi blätterte rasch um. Wir beugten uns so schnell darüber, daß unsere Köpfe über dem Buch zusammenstießen. Der Busen war zu sehen. Rote Striemen durchfurchten die leichte Anhebung, die der Zeichner seinem Werk zugebilligt hatte. Unten war nichts. Klar, bei uns war da ja auch nicht viel zu sehen. Ratlos schauten Anna und ich unsere große Schwester an.

»Und jetzt?« fragte ich.

»Ist das nicht toll?« hielt sie dagegen.

»Nein!« fand ich.

»Wenn's da bei Vater was zu sehen gibt, sollten wir vielleicht auch bei ihm nachschauen …«, schlug Anna vor.

Mir stockte der Atem. Alleine der Gedanke daran führte garantiert direkt ins Fegefeuer. Da würde jede Beichte zu spät kommen.

Wir schwiegen eine Weile und schauten uns an. Das Getrampel auf der anderen Seite der Türe schreckte uns auf. Unsere kleinen Schwestern waren im Anmarsch. Heidi schlug das Buch zu, sprang auf und versteckte es eiligst unter ihrer Bettdecke. Keine Sekunde zu früh, schon wurde die Türe aufgerissen, Martha stand im Türrahmen.

»Was macht ihr denn?« Sophie und Clara versuchten an ihr vorbei in das Zimmer zu spähen.

»Ihr habt das Geheimnis besprochen!« Ungläubig starrte Martha uns an. »Ohne uns!«

»Ohne uns«, echoten die Kleinen.

»Ihr seid so gemein!« Sie war den Tränen nahe.

Ich spürte, daß die Katastrophe ihren Anfang nahm. Sie würde direkt nach unten laufen und Mutter alles verpetzen, und Mutter würde in der nächsten Sekunde das Buch finden. Nicht auszumalen, was dann passieren würde.

Heidi schien das Gleiche zu denken, denn sie versuchte sofort, Martha zu beschwichtigen.

»Es liegt doch nicht an dir«, sagte sie mit einem bezeichnenden Augenrollen und einer schnellen Kopfbewegung zu den Kleinen hin. Das beruhigte Martha aber nicht wirklich. Sie zog die zwei Kleinen herein, schloß die Türe und blieb mit dem Rücken gegen den Türrahmen gelehnt stehen. Irgendwie sah sie aus wie eine Katze auf dem Sprung.

»Sophie und Clara sind noch zu klein dafür«, versuchte ich ihr wispernd klarzumachen.

Aber Clara kreischte sofort: »Wofür sind wir noch zu klein? Wir sind nicht zu klein!«

»Wir haben ein medizinisches Buch, in dem gezeichnet ist, wie ein Mann aussieht«, gestand Heidi endlich mit einem Seitenblick auf die Kleinen, als seien das die gegnerischen Anwälte.

»Und?« fragte Martha und kratzte sich mit ihrem linken, bloßen Fuß am rechten Schienbein.

»Man sieht nichts!« sagte ich.

Sie schaute mich an, ihr Stupsnäschen rümpfte sich ein wenig. »*Was* soll man denn sehen?«

»Wissen wir eben auch nicht«, antwortete Anna. »Aber irgendwas soll an Männern anders sein als an Frauen.« Sie stockte. »Untenrum«, setzte sie dann erklärend nach.

Martha sagte erst nichts. Dann kratze sie sich mit den rechten Zehen ausgiebigst das linke Bein.

Schließlich meinte sie: »Und warum schauen wir dann nicht nach?«

Alle waren ruhig. Die Kleinen, weil sie es nicht verstanden, und wir, weil es uns den Atem verschlug. Unsere Martha, die im Religionsunterricht und in der Bibelkunde jede Menge Fleißkärtchen einsammelt, erklärt uns, wir sollten einfach nachschauen. Sie stand Anna in nichts nach!

»Ja, wie denn?« wollte ich wissen.

»Jetzt! Er schläft doch«, sagte sie in einem Ton, als ginge es darum, einen Apfel aus dem Keller zu holen. Aber sie hatte recht.

Um diese Zeit hielt unser Vater immer seinen Mittagsschlaf. Es war eine Gelegenheit.

»Und wie?« wollte ich wissen.

»Wir schauen unter sein Nachthemd!«

Mich schauderte. Es war ungeheuerlich. Und zudem ungeheuerlich faszinierend. Unserem Vater unter das Nachthemd zu schauen, das war mörderisch.

»Und Mutter?«

»Ist bei Frau Oberstudienrat Kleinhofen, die Wäsche machen.«

Die Gelegenheit war günstig, keine Frage. Ohne groß weiter darüber nachzudenken, stellten wir uns im Gänsemarsch auf.

»Wer hebt die Bettdecke?« wollte Anna wissen.

»Ich«, sagte Martha.

»Und wer das Nachthemd?«

Keine meldete sich.

»Ich«, sagte schließlich Heidi. Sie konnte vor Martha, die

40

schließlich drei Jahre jünger war als sie, schwerlich zurückstehen, ohne auf lange Sicht ihre Führungsrolle einzubüßen.

»Und ihr müßt mucksmäuschenstill sein«, bleute ich Sophie und Clara ein, zweifelte aber gleichzeitig an dem Erfolg dieser Ermahnung.

Wir schlichen los. Barfüßig, wie wir alle waren, raschelten nur unsere Kleider leicht. Heidi ging voran. Vor dem Schlafzimmer unserer Eltern, einem Heiligtum, das bis zu diesem Zeitpunkt keine von uns ohne ausdrückliche Aufforderung zu betreten wagte, blieben wir nochmals stehen und schauten uns an.

»Keinen Mucks«, warnte Heidi nochmals, bevor sie die eiserne Türklinge vorsichtig hinunterdrückte.

Sie knarrte. Wir hielten den Atem an, doch nichts rührte sich. Heidi drückte sie ganz hinunter und schob die Türe langsam auf. Sie schleifte ein bißchen auf den Bretterbohlen des Fußbodens, aber es war nur ein kaum wahrzunehmendes Geräusch. Wir standen wie angewurzelt und starrten auf das Bett.

Tatsächlich, vor uns lag unser Vater. Er war nur mit einer leichten Sommerdecke zugedeckt, das würde unser Unternehmen erleichtern. Trotzdem traute sich keine näher. Irgendwie sah er furchterregend aus mit seinem weißen Schnurrbartschoner, den er sich vor das Gesicht gebunden hatte. Wir standen eine Weile, bis sich Martha ganz sichtbar einen Ruck gab und an Heidi vorbei das Zimmer betrat.

Wenn er jetzt die Augen öffnet, dachte ich voll Schrecken, und ich fixierte, um mich abzulenken, das Muttergottesbild über dem Bett. Und dann fiel mir ein, daß sie bei dieser unheiligen Tat zuschauen würde, die Heilige Mutter mit dem Jesuskindlein im Arm. Ich schaute schnell weg und sah, wie Martha ganz vorsichtig die Decke im unteren Bereich unseres Vaters hochhob. Mir wurde ganz schlecht vor Angst. Aber da war noch das lange, gestärkte Nachthemd.

Heidi trat vor und streckte die Hand aus. Sie zippelte und zog, wir alle schauten gebannt zu, selbst den Kleinen war der Kiefer heruntergeklappt. Da entfuhr Vater plötzlich ein lau-

41

ter Schnarchton. Martha zog erschrocken die Hand zurück, und wir starrten ihn wie gebannt an. Aber er wachte nicht auf. Er drehte sich im Schlaf ein bißchen, was uns gelegen kam, denn es geschah in unsere Richtung.

Martha ging vor dem Bett in die Hocke und begann unverfroren sein langes Nachthemd von unten her aufzuknöpfen. Es war natürlich genial, denn so mußte sie nicht am Stoff zerren. Wir anderen standen da wie angewachsen. Die Geschicklichkeit hatte sie von unserer Mutter geerbt, die eine Meisterin in Handarbeiten war. Jetzt kam es uns zugute. Wir beugten uns erwartungsvoll vor.

Gleich kam die Stelle, gleich würden wir wissen, was an Vater untenherum so anders sein sollte als an uns. Martha knöpfte den entscheidenden Knopf auf, hielt den Stoff auseinander, fuhr aber zurück, als Vater wiederum einen lauten Ton von sich gab und sich schlaftrunken etwas aufrichtete. Wir standen wie zu Salzsäulen erstarrt, keine regte sich. Er ließ sich sinken, drehte Martha mit einem Ruck den Rücken zu und schlief weiter. Mit weichen Knien schlichen wir hinaus und zogen die Türe möglichst leise hinter uns zu. Dann sausten wir zurück in unser Zimmer.

»Jetzt, was hast du gesehen?« überfielen wir Martha, die uns völlig ausdruckslos ansah.

»Keine Ahnung, was das war«, sagte sie schließlich ratlos.

»Wie sah's denn aus?« wollte Heidi wissen.

»Irgendwie …«, und sie wurde rot, »irgendwie seltsam. Wie ein gekrümmter Wurm!«

Wir schauten sie an. Sie log uns was vor. War Vater krank? Ein gekrümmter Wurm? Da, an dieser Stelle? Entsetzlich!

»Mutter wird's nicht mögen!« sagte ich bestimmt.

Und meine fünf Schwestern nickten mir bestätigend zu.

MONIKA HELFER
Stric

Wir saßen mit Freunden zusammen, hatten Lamm gegessen und Wein getrunken. Es wurde erzählt, angeknüpft und beigefügt, bis Karl die Idee hatte, jeder sollte das Peinlichste erzählen, was ihm je passiert sei.

Seine Geschichte handelte von einer Französischlehrerin, die er jahrelang aus der Entfernung verehrt hatte, eine Unnahbare. Bis zu dem Punkt, als sie auf der öffentlichen Toilette laute Geräusche von sich gegeben hatte.

»Laute Geräusche«, sagte Karl, und da sei ihm alles vergangen. Auf einen Schlag. Das ist, wie wenn du merkst, daß deine Lieblingsspeise versaut ist.

Die Frau eines Freundes öffnete anstelle einer Geschichte ihre Bluse und fragte meinen Mann, ob er ihren Busen anfassen wolle. Eine Pause entstand.

Da betrat ein später Gast die Szene, er brachte Schneegeruch mit, streifte Schuhe und Mantel ab. Er aß alles, was übriggeblieben war, trank einige Gläser Wein. Er sprach von einer wahren Begebenheit und zerstörte damit unsere Plaudereien.

Der späte Gast war Grundschullehrer und vom Unterrichtsministerium ausgezeichnet worden. Er hatte eine Integrationsmethode entwickelt und erstaunliche Erfolge erzielt. Drei Flüchtlingskinder waren in seine Klasse aufgenommen worden, und er hatte die Idee, ihnen anhand von Zeichnungen ihre Alpträume zu nehmen.

Vinka zum Beispiel. Sie zeichnete einen Herd und schrieb darunter »sporet«. Tisch: »astal«, Stuhl: »stolica«, Bett: »krevet«. Auf dem Bett liegt ein Mann. Den zeichnete Vinka genau. Er hat Haare wie eine Kappe. Über den Kopf des Mannes schreibt sie: »stric«. Das heißt Onkel. Vor dem Mann steht ein gestricheltes Mädchen. Lange Haare, kurzer

43

Rock. Das ist Vinka selbst. Vinka nimmt den schwarzen Filzstift und verbindet die beiden Figuren miteinander. Mit einem roten Filzstift streicht sie den Onkel durch. Sie macht ihre Finger naß und verschmiert das Rot. Es sieht nach einem Unglück aus. Hat man den Onkel getötet? Ist er an einer Krankheit gestorben? Hat Vinka mit seinem Tod zu tun?

Der Zeichenblock war voll gezeichnet, kein weißes Blatt mehr übrig.

Immer wieder taucht der Onkel auf. Es gibt eine Mutter, die weggeht. Keinen Vater. Keine Geschwister. Ist der Onkel der Bruder der Mutter, ihr Schwager, ihr Lebensgefährte? Einmal liegt das gestrichelte Mädchen, lange Haare, kurzer Rock, auf Onkels Bett, und der Onkel steht vor ihr.

Aus Vinkas Bildergeschichte spricht keine Hoffnung.

Seit einem Jahr, seit sie zum erstenmal die Periode bekommen hat, alle vier Tage hintereinander, zwingt der Onkel Vinka auf sein Bett, auf dem ein Wachstuch ausgebreitet ist. Was muß Vinka tun? Vinka steht wie ein Stück Baum und läßt sich von ihrem Onkel bis auf die Haut ausziehen. Der Onkel legt Vinka auf das Wachstuch, knöpft seine Hose auf, entkleidet sich unten. Er trägt sein Unterleibchen. Der Onkel stinkt nach Achselschweiß und Magen. Er wirft sich auf Vinka drauf und zwingt seinen Schwanz in Vinkas Blutloch. Vinka hat die Augen zu, und der Kopf liegt auf der Seite. So weint sie. Die ersten paarmal hat Vinka dem Onkel ihre Zähne in sein Fleisch gehackt, ihn gekratzt mit den Fingernägeln. Vinkas Fingernägel eignen sich schlecht. Vinka ist nämlich eine Nägelbeißerin. Sie hat versucht, den Onkel an den Haaren zu ziehen. Leider sind seine Haare kurz wie eine enge Kappe, und es gibt kaum etwas zu greifen.

Einmal hat sich Vinka getraut, ihren Onkel mit aller Kraft in seinen Schwanz und in die Eier zu krallen. Er schrie und schlug ihr ins Gesicht und hat sich rasch selbst befriedigt, weil er so knapp vor dem Ende gewesen war, und hat sich vor das Kind hingekniet und hat geweint und gejammert. Verzeih mir, Vinka, bitte, verzeih mir! Zehn Monaten lang lag Vinka viermal pro Monat unter ihrem Onkel, das ergibt vierzigmal.

Vierzigmal auf dem Wachstuch operiert worden und um Verzeihung gebeten worden. Wenn es blutet, ist die beste Zeit, sagt der Onkel, der riskiert nichts. Vinka ließ Wasser auf einen saugkräftigen Lumpen laufen, schmierte Seife darüber, drückte den Lumpen aus, ging zum Bett des Onkels und säuberte das Wachstuch, holte ein frisches Handtuch und trocknete das Wachstuch, bis es glänzte. Der Onkel schrie, sie soll sich gefälligst anziehen.

Sie faltete das Wachstuch in der Mitte, dann faltete sie die Hälfte und von der Hälfte noch einmal die Hälfte, bis das Wachstuch schmal genug war und in Onkels Schublade paßte. Sie räumte Onkels Socken aus und legte das Wachstuch auf den Schubladenboden, dann schichtete sie wieder die Socken und die Hemden darüber und schloß die Schublade.

So war es immer.

»Ich sage nie etwas, sonst bin ich tot.« Das sagte Vinka.

Vinka kann sich alles wünschen. Sie bekommt alles vom Onkel. Und alles, was er ihr schenkt, spült sie ins Klo hinunter, wenn es ins Klo hinunter paßt. Einmal fragte der Onkel, wo die goldene Kette mit der Madonna ist.

Vinka sagte: »Hab ich ins Klo gespült.«

Und der Onkel schlägt sich mit der Faust auf die Brust und sagt, daß es seine Schuld sei, seine übergroße Schuld, und daß er sich erschießen muß, heute noch nicht, morgen noch nicht, aber bald, ganz bestimmt bald.

Dann könne Vinka es allen erzählen, wenn er tot sei und in seinem Blut liege, dann könne sie es allen erzählen, und die letzten Kugeln könne sie ihm in sein Grab hineinschießen.

Der Lehrer schenkte sich Rotwein in sein Glas. Er wollte noch mehr, aber alles war ausgetrunken.

Margit Schreiner
Rot

Heute hat es geregnet. Zwischendurch Schneeregen. Kein Wunder, in gut zwei Wochen ist Weihnachten. Aus dem Lautsprecher kommt »Leise rieselt der Schnee«. Ich wische den Anflug von Ärger über die Belästigung mit einem Anflug von Sentimentalität weg. Das Wartezimmer ist mit einer Glasfront von der Anmeldung getrennt. Ich sitze allein an einem der vier Glastische in dem hellen Raum. Lesen mag ich nicht. Bei den Ärzten liegen immer die gleichen uninteressanten Zeitschriften aus. Na ja. Ich schaue zum Fenster hinaus. Im Hof hinter der Arztpraxis steht eine Blautanne. Die Fensterscheiben sind frisch geputzt. Müßte ich eigentlich auch tun bei mir daheim. Noch vor Weihnachten. Werde ich aber nicht!

Schon wieder Schneeregen. Alles so naß. Ich werde zum Blutdruckmessen aufgerufen. Sie haben hier extra dafür eine Krankenschwester. Sie bewundert meine Venen. Wahrscheinlich bedauert sie, daß sie nicht hineinstechen darf. Auch im Schwesternzimmer ist »Leise rieselt der Schnee« zu hören. Sollte ich doch noch Kekse backen? Nein, ich lasse mich nicht anstecken von dieser Weihnachtshysterie. Wer soll denn das viele Zeug zu Weihnachten essen? Die Schwester bescheinigt mir, daß mein Blutdruck in Ordnung ist. Sie scheint von ihm richtig begeistert zu sein. Gleich darauf empfiehlt sie mir einen Osteoporosetest. Mit Ultraschall an den Fingerspitzen zu messen, bar zu bezahlen. Sie sagt, der Test sei ein Muß für jede Frau über vierzig. Ich weiß nicht, ob es nur an ihrem geschäftstüchtigen Ton liegt, daß ich ablehne.

Der Schneeregen geht jetzt in richtigen Schneefall über. Es sind dicke, weiche Flocken. Alles wird so lautlos. In sechzehn Tagen bin ich sechsundvierzig! Ich werde das Geburtstagsmenü kochen, das ich schon voriges Jahr zu meinem Geburtstag in Italien gekocht habe.

Die Schwester schaut mich fragend an. Hat sie »Turin« gesagt?

»Nein«, sage ich, »nicht Turin, sondern ein kleiner Ort bei Neapel.«

Sie seufzt und schüttelt den Kopf. Wahrscheinlich nimmt sie mir übel, daß ich den Osteoporosetest abgelehnt habe. »Urin, sagte ich«, sagt sie und gibt mir ein klebriges Zettelchen in die Hand.

Ach so! Ich stehe auf. Aus dem Lautsprecher kommt jetzt »Jingle Bells«.

Ich gehe auf die Toilette. Alles in Hellblau gehalten. In einer hellblauen Nische steht ein Stapel Plastikbecher. Ich nehme den zweiten von oben, klebe das Zettelchen drauf. Zur Musik von »Jingle Bells« pinkle ich in den Becher. Ich stelle ihn in die Halterung in der Nische. Alles sehr diskret hier. Ich verlasse die Toilette und setze mich wieder in den hellen Warteraum. Eine stark geschminkte ältere Dame sitzt jetzt an einem der anderen Glastischchen.

»Frau Professor«, sagt die Sprechstundenhilfe, »bitte zum Blutdruckmessen.« Die ältere Dame steht auf. An der beigegetünchten Wand gegenüber hängt ein Plakat: »Darmkrebsuntersuchung ab fünfunddreißig Jahren!«

Die Sprechstundenhilfe kommt mit einem Fragebogen und einem Kugelschreiber. »Wenn Sie das bitte ausfüllen.« Der Fragebogen ist kleingedruckt, und ich habe meine Brille nicht dabei. Während die Sprechstundenhilfe zum Fenster hinausschaut, fülle ich den Fragebogen eher schlecht als recht aus. Sie nimmt ihn mir wieder ab und verschwindet durch eine lautlos auf- und zugehende Glastür. Überall in der Praxis stehen exotische Pflanzen. Palmen, Kakteen, Orchideen. Alles scheint hier prächtig zu gedeihen. Eine Kaktee hat eine große gelbe Blüte.

Die Sprechstundenhilfe kommt zurück. »Sie haben vergessen, den ersten Tag Ihrer letzten Regel anzugeben«, sagt sie. Ich habe auch meinen Kalender nicht dabei. Sie gibt mir

ihren. Ich blättere im Kalender zurück und rechne nach. Am
10. November war meine Scheidung. Zwei Wochen vorher
hatte ich die Regel. »Der 28. Oktober«, sage ich zur Sprechstundenhilfe. Ich weiß selbst nicht, warum mir plötzlich heiß
wird. Ich glaube, ich bin feuerrot im Gesicht. Ich wende
mich schnell ab und schaue zum Fenster hinaus. Die Blautanne im Hof hinter der Arztpraxis hat jetzt einen weißen
Zuckerguß. Der Schnee wird nicht liegenbleiben, denke ich.
Da werde ich aufgerufen. Zur Musik von »Es wird scho glei
dumper« gehe ich ins Ordinationszimmer.

Der Frauenarzt ist groß, schlank, trägt eine Brille und sitzt
hinter einem mächtigen Mahagonischreibtisch. Er ist mir
von einer Freundin empfohlen worden.

»Was kann ich für Sie tun?« fragt er, wobei er mir direkt
in die Augen schaut. Das ist nicht üblich bei Frauenärzten.
Hier in der Ordination ist keine Musik. »Ich hätte«, sage
ich, »vor zwölf Tagen die Regel bekommen müssen.« Der
Frauenarzt steht auf. Er ist offenbar ein Sitzriese. Stehend
wirkt er viel kleiner. »Wenn Sie sich bitte freimachen wollen«, er deutet mit einer routinierten Bewegung zu einem
weißen Wandschirm in einem kleineren Raum.

Hier sind die Jalousien zugezogen. Halogenlampen, alles
wirkt taghell. Besonders der Stuhl in der Zimmermitte. Ich
trete hinter den Wandschirm und schaue auf die Uhr, bevor
ich mich ausziehe. Es ist halb vier. Draußen beginnt es wahrscheinlich schon zu dämmern. Vor ein paar Monaten hinter
dem Wandschirm des italienischen Frauenarztes, in der
Nähe von Neapel, wo ich damals wohnte, bemerkte ich
Blutspritzer auf der weißen Stoffbespannung. Sie hatten die
Form eines Vogelfußabdruckes im Schnee. Auch damals war
meine Regel überfällig.

Auf den Gynäkologenstuhl kletternd, fühle ich mich wie
fünfzehn. Und, genau wie damals, kommt die Anweisung:
»Weiter nach vorne rücken, bitte!« Der Arzt sitzt sehr aufrecht zwischen meinen Beinen. Jetzt wirkt er wieder groß.
Ich schaue zu meiner Linken auf einen Monitor. Ein kalter,
glatter Gegenstand flutscht in mich hinein. Auf dem Moni-

tor erscheinen rote Fleischwülste. Welche Weihnachtslieder jetzt wohl im Wartezimmer gespielt werden? »Schniwi, schnawi, schneibn, magst im Stüberl bleibn?« hat meine Tochter im hiesigen Schulchor gelernt. Bei der Adventsfeier hat sie sogar eine Rolle im Krippenspiel übernommen.

Auf dem Monitor ist ein hellroter Fleischlappen zu sehen. Ein Gegenstand stupst dagegen. »Sehen Sie«, sagt der Frauenarzt, »vermutlich ein ganz harmloser Polyp. Wir zwicken ihn ab.« Es gelingt mir erst jetzt, eine Verbindung zwischen meinem Inneren und dem Bild auf dem Monitor herzustellen. »Tut das weh?« frage ich. Jetzt fühle ich mich wie zwölf.

»Nein«, sagt der Arzt, »das spüren Sie nicht.«

Ich sehe auf dem Monitor, wie eine kleine Zange einen kleinen roten Fleischlappen abzwickt. Blut sickert um die Stelle herum. Mir wird schlecht. Ich schaue auf die rechte Seite des Gynäkologenstuhls. Dort steht ein Blumentopf mit einem prächtigen samtroten Weihnachtsstern. Über ihm hängt eine Lampe.

Der Gynäkologe in Italien hatte eine Art Scheinwerfer auf drei Beinen, den er vor den Behandlungsstuhl placierte. Als er ihn einschaltete, flackerte kurz helles Licht auf, dann knisterte es, und die Birne war kaputt. »Molto male«, sagte er, »sehr schlecht«. Er verließ die Ordination und rief etwas durch die Gesundheitsstation, in die einmal in zwei Wochen ein Gynäkologe kommt. Einmal die Woche kommt der Zahnarzt. Ersatzbirne war offensichtlich keine vorhanden. Der Frauenarzt untersuchte mich damals mit einer Taschenlampe, die er sich geschickt zwischen die Beine klemmte.

Auf dem Monitor ist jetzt eine hellrote Blutlache zu sehen. Der Arzt hält kurz ein winziges Hautfetzchen mit einer Zange hoch, wie eine Trophäe. Dann schiebt er es in ein Glasröhrchen. »Das schicken wir ein«, sagt er und dreht den Monitor ab. »Sie können runterkommen.« Ich rutsche zuerst nach hinten, richte mich auf und verlasse dann mit einem kleinen Hüpfer den Stuhl. Wie kommt man eigentlich von einem Frauenarztstuhl herunter, ohne zu hüpfen? Ob die Frau Professor auch hüpft?

Ich beginne mich hinter dem Wandschirm wieder anzukleiden. Neben der Kleiderablage steht ein Schränkchen, auf dem liegen vier Päckchen. Auf der Hülle ist ein sehr blauer Himmel zu sehen, mit weißen Schäfchenwolken darauf, links in einem roten Dreieck steht: »Gratis. 2 Alldays Slipeinlagen zum Testen.« Ich nehme eine und klebe sie in meine Unterhose.

Kurz darauf sitze ich wieder vor dem Mahagonischreibtisch. Der Frauenarzt hält das Glasröhrchen gegen das Licht. »Ganz sicher harmlos«, sagt er. »Falls nicht, verständigen wir Sie in den nächsten Tagen.« Er klebt einen Zettel mit meinem Namen auf das Glasröhrchen und steckt es hinter sich in eine Vorrichtung, in der schon andere Glasröhrchen stecken. Dann sieht er mir wieder direkt in die Augen. Ein ungewöhnlicher Frauenarzt. Er hat blaugrüne Augen und sehr lange Wimpern. Das mildert seine Sachlichkeit.

»Sie haben eine Zyste«, sagt er, »nichts Außergewöhnliches in Ihrem Alter. Wahrscheinlich eine Fehlfunktion des Eierstocks. Es ist ja so ...«, er nimmt nun seine Brille ab und wischt sich mit der Hand über die Augen, plötzlich sieht er richtig erschöpft aus, »daß die befruchtungsfähigen Eier bei einer Frau seit ihrer Geburt vorhanden sind. Im Gegensatz zum Samen des Mannes, der stets frisch produziert wird. Im Laufe der Zeit ...«, er setzt seine Brille wieder auf und wirkt nachgerade erfrischt, als er mir aufs neue direkt in die Augen sieht, »altert natürlich der Eibestand. Leiden Sie unter plötzlichen Schweißausbrüchen, psychischer Instabilität, innerer Unruhe?« Ich nicke. »Seit je«, sage ich.

Als ich die Ordination verlasse, kommt »O Tannenbaum, o Tannenbaum, wie treu sind deine Blätter« aus dem Lautsprecher. Ich beschließe, wenigstens Vanillekipferl zu bakken. Vielleicht sogar Kokosbusserl.

Die Sprechstundenhilfe händigt mir ein Rezept aus. »Ein Hormonpräparat«, sagt sie, »eine Woche täglich zwei Tabletten, dann müßten Sie innerhalb der nächsten zwei Wochen die Regel bekommen.« Ich nehme das Rezept entgegen und lasse mir einen Termin für den 23. Dezember geben. Die

Frau Professor, die gerade aufgerufen wird, trägt rote Stöckelschuhe.

Ich ziehe meinen dicken schwarzen Kunstpelzmantel an und verlasse die Praxis. Das Rezept halte ich in der rechten Hand. Draußen schneit es dicht. Die Stadt hat seit meiner Kindheit ein paarmal die Weihnachtsbeleuchtung geändert. Diesmal sind überall bunte Spiralen aufgehängt, dazwischen turnen nackte, pausbäckige Engel über den Straßen.

Auf der Hauptstraße betrete ich eine große Buchhandlung, um letzte Weihnachtsgeschenke zu besorgen. Vor dem Regal »Autobiographien« fühle ich eine vertraute Feuchtigkeit zwischen meinen Beinen. Sofort stürze ich in den benachbarten Drogeriemarkt und kaufe dicke Einlagen. Dann gehe ich rasch wieder in die Buchhandlung. Ich fahre mit dem Lift in den vierten Stock. Dort sind das Café und die Toiletten. Am ersten Tag ist die Blutung am stärksten. Ich stopfe mir gleich zwei Binden in die Hose. Die oberste verfärbte sich sofort dunkelrot. Ich werfe das Rezept für das Hormonpräparat in den Behälter für Damenbinden.

Nun habe ich das deutliche Gefühl, mir etwas Gutes tun zu müssen. Ich setze mich in das Café und bestelle ein Glas Sekt. Dazu rauche ich eine der beiden Zigaretten, die ich am Vorabend von meiner Freundin geschnorrt habe. Als eiserne Reserve. Ich will mir das Rauchen abgewöhnen. Der Sekt und die Zigarette tun mir gut. Ich sitze da und schaue zum Fenster hinaus in einen jetzt schon dunklen Himmel, vor dem ununterbrochen dicke weiße Flocken wirbeln. Das habe ich schon als Kind gern gehabt.

Je länger ich in das Schneegestöber starre, desto mehr kommt es mir wie in meiner Kindheit vor: als fielen die Flocken gar nicht von oben nach unten, sondern umgekehrt, von unten nach oben. Gott sei Dank werden in dem Café keine Weihnachtslieder gespielt.

Nach dem Glas Sekt gehe ich noch einmal auf die Toilette, um zu überprüfen, ob alles dicht ist. Die Toilette ist besetzt. Ich warte in einem kleinen Vorraum. Ein Aschenbecher ist unter dem Spiegel. Ich rauche die zweite Zigarette.

Den jungen Mann, der aus der Herrentoilette kommt, nehme ich zunächst nur aus den Augenwinkeln wahr. Ich sehe, daß er, den Kopf gesenkt und die Hand auf dem Türgriff, dasteht, als überlegte er. Plötzlich dreht er sich zu mir um und lächelt. Wie der Frauenarzt schaut er mir dabei direkt in die Augen. Ich hole tief Luft. Dann lächle ich auch. Mir ist zumute, als ob ein Panzer um meine Brust geborsten wäre. »Schneeflöckchen, weiß Röckchen« kommt nun doch aus dem Toilettenlautsprecher.

»Ich habe es nicht genommen«, antworte ich dem Frauenarzt bei meinem Termin am Morgen des 23. Dezember auf seine Frage, ob das Hormonpräparat geholfen habe. Eine Weile schweigen wir beide. Dann steht er auf und macht wortlos die routinierte Geste zum Wandschirm. Er ist tatsächlich kleiner als ich. Ich ziehe mich diesmal rasch aus und besteige den Stuhl sofort. Der Monitor ist mit einem dunklen Tuch verhängt wie ein Vogelkäfig in der Nacht. Die Untersuchung geht viel schneller als beim letzten Mal.

»Die Zyste ist weg«, sagt der Arzt. Da ist er schon wieder auf dem Weg zu seinem Schreibtisch. Ich ziehe mich an. Heute brauche ich keine Slipeinlage. Wieder vor dem Schreibtisch sitzend, sage ich dem Frauenarzt, daß ich die Regel als junges Mädchen, als die Eier alle noch frisch waren, nur ein- bis zweimal im Jahr bekommen hätte. Erst mit den Jahren hätte ich sie dann immer öfter bekommen, und erst in den letzten Jahren hätte ich überhaupt regelmäßig eine Regel. Normalerweise alle achtundzwanzig bis dreißig Tage, sage ich. Ich schaue ihm dabei in die Augen.

Der Frauenarzt schiebt seine Brille zurecht. Der Polyp sei, sagt er, wie erwartet, ganz harmlos gewesen. Der Hormontest habe ergeben, daß keine Anzeichen der Wechseljahre vorhanden seien. Die Eierstöcke funktionierten ausgezeichnet.

Der Arzt steht auf und gibt mir die Hand: »Schöne Feiertage«, sagt er.

Dorothea Keuler
Adam und Eva – eine Biedermeier-Version

»Teufel auch, Hagerland, diese Tierleiche schmeckt ja wirklich nach Rehrücken in Burgunder. Wie kommt's? Hast du
deinen Koch geschaßt? Wie konntest du diesen Stümper, der
dein Jagdwild malträtiert hat, nur so lange ertragen?«

»Pietät, Kühnspan, Pietät. Friese hat meinem Onkel
zwanzig Jahre lang gedient, da konnte ich ihn doch nicht
einfach vor die Tür setzen. Nein, er hat seinen Abschied freiwillig genommen. Er heiratet.«

Adam Hagerland und sein Tischgast Friedrich Kühnspan
ließen sich noch einmal auflegen. Adam Hagerland aß gerne,
und man sah es ihm an. Er war kräftig und wohlgenährt und
überragte die meisten Männer um Haupteslänge. Schon als
Student war er damit gehänselt worden, so recht ein Mann
nach dem Herzen des Shakespeareschen Caesars zu sein:
Laßt dicke Männer um mich sein, die eine Glatze haben und
des Nachts gut schlafen. »Mit der Glatze hat es aber noch
gute Weile«, hatte Hagerland dann gepoltert und allenfalls
eine »hohe Stirn« konzediert.

Von Haus aus mittellos, hatte Hagerland vor zwei Jahren
einen geographisch wie genealogisch ziemlich entfernten
Cousin seines Vaters beerbt und war Gutsherr in Schlesien
geworden, nachdem er sich bereits auf ein Leben mit dem
eher ungeliebten Brotberuf eines Juristen eingerichtet hatte.

»Wo hast du denn diesen Zauberer aufgetrieben?« erkun-
digte sich Kühnspan.

»Genaugenommen ist es eine Zauberin«, erwiderte Hagerland.

Wahrscheinlich stellte sich Kühnspan jetzt etwas Rundes,
Apfelbackiges, matronenhaft Gestandenes oder gar Ält-
liches vor, vermutete Hagerland, so wie er selbst auch, als
ihm sein Verwalter die neue Köchin angekündigt hatte.

Die Frau, die vor ihm geknickst hatte, als Hagerland von seiner Lektüre aufblickte, war nicht mehr ganz jung gewesen, vielleicht fünfundzwanzig Jahre alt, aber schön. Hochgewachsen, schlank und sehr anmutig. Ihre Lippen deuteten ein Lächeln an, ihr Haar – weißblondes Gekräusel – hob sich kaum vom feingeflochtenen Stroh ihres Schutenhutes ab, war zu zwei widerspenstigen Flechten gebändigt und zu beiden Seiten ihres schönen Kopfes festgesteckt.

»Keine Sorge, gnädiger Herr, zum Kochen binde ich mir ein Tuch um«, lächelte sie. Hagerland war rot geworden.

Eva hieß sie, Eva Schönlein. Was für eine Untertreibung, hatte Hagerland gedacht. Und seit Mamsell Schönlein in seinen Diensten stand, frönte er seiner nur mäßig ausgeprägten Jagd- und Anglerleidenschaft mit gesteigertem Eifer. Er ließ es sich auch nicht nehmen, die Jagdbeute selbst in der Küche abzugeben.

Mehr als ein paar Minuten Plaudern mit Mamsell Schönlein gestattete sich Hagerland jedoch selten. In der Nachbarschaft lebte ein alter Kauz mit seiner Haushälterin zusammen, hatte sogar ein paar Bankerte mit ihr und war das Gespött der ganzen Umgebung. Das sollte Hagerland nicht passieren. Und doch nahmen seine kurzen Besuche in der Küche einen immer wichtigeren Platz in seinem Tageslauf ein. Die Einladung an Kühnspan war mehr oder weniger ein Vorwand für eine längere Küchenkonferenz gewesen.

Und von alledem hatte der Gute, der sich nach dem Rehrücken ein köstliches Dessert schmecken ließ, keine Ahnung.

Der Abend war lang und vergnügt geworden. Die beiden Herren hatten dem Rot- und später dem Portwein stärker zugesprochen als gewohnt, und Hagerland fiel nicht wie sonst sofort in tiefen Schlaf, sobald sein Kopf das Kissen berührte.

Im Halbschlaf hörte er Schritte auf dem Korridor. Er warf sich den Schlafrock um und trat hinaus. Es war Mamsell Schönlein. Im Hemd, mit aufgelöstem Haar. Sollte sie und Kühnspan ...?

»Was tun Sie hier, Mamsell?« herrschte er sie an.

Doch nein: Kühnspan schlief in einem der Gästezimmer des Ostflügels. Der gerechte Zorn des gottesfürchtigen Hausherrn legte sich so schnell, wie er aufgeflackert war, und machte Besorgnis Platz.

»Mamsell Schönlein, was ist geschehen? Warum sind Sie nicht zu Bett?«

»Ich bin eben auf dem Weg in Ihres, gnädiger Herr«, sagte sie.

Hagerland glaubte, sich verhört zu haben.

»Das ist es doch, was Sie sich die letzten zwei Wochen gewünscht haben, nicht wahr?« setzte sie mit einem Lächeln, das nur in ihren Augen spielte, hinzu.

Die Frau sagte die Wahrheit. Doch der Gedanke, daß sich der Wunsch irgendwann in Wirklichkeit verwandeln könnte, hatte Hagerland noch nicht einmal gestreift.

»Wollen wir hier draußen stehenbleiben?« fragte die Mamsell.

Hagerland gab die Tür frei. Sie trat ein und ließ ihr Hemd über die Schultern auf den Boden gleiten. Obwohl Hagerland schon als Student und auch später ein fleißiger Bordellbesucher gewesen war, wann immer seine Mittel es ihm gestatteten, hatte er in seinem fast dreißigjährigen Leben noch keine vollständig nackte Frau gesehen.

Versunken in ihren Anblick stand er da. Zwischen ihren Schenkeln loderte ein feuerrotes Dreieck. Sie war herrlich gewachsen, ihre Brüste waren fest und voll, ihre Schultern gerade, ihre Hüften üppig, die Taille war erstaunlich schmal. Sie trat auf ihn zu, löste den Gürtel seines Schlafrocks und legte ihm die Hände auf die Brust.

Diese Frau unterstand seinem Hauswesen und seiner Gerichtsbarkeit als Patrimonialherr, sie hatte ein Recht auf seinen Schutz, er konnte ihr doch nicht beiwohnen!

»Ich kann nicht ...«, begann er.

Sie strich über sein zu beträchtlicher Größe aufgerichtetes Gemächt.

»Das würde ich nicht sagen«, lächelte sie und lehnte sich an ihn.

Er spürte ihre nackte Haut auf seiner. Einen Augenblick lang wurden ihm die Knie weich.

»Wir dürfen das nicht tun«, stöhnte er und zog sie enger an sich.

»Wir dürfen alles, was uns gefällt«, sagte sie und hob ihren Kopf, seinem Kuß entgegen.

Der Himmel mochte ihm die Sünde verzeihen, dachte er, als er sie zum Bett drängte. Dann dachte er nichts mehr.

Stunden vergingen, in denen sie sich liebten: gierig, sinnlich, wild, innig, zärtlich. Bei Adam hatte sich das Gewissen verflüchtigt. Es war ihm egal, wer die Lampe in seinem Schlafzimmerfenster brennen sah, das Stöhnen oder das Knarren der Bettlade hörte. Schamlos wie eine Hure, schön wie eine heidnische Göttin und souverän wie eine Königin hatte ihm diese Frau, von der er nur wußte, daß sie bezaubernd, anmutig, unwiderstehlich war, seine heißesten Wünsche erfüllt, kaum daß er sie sich einzugestehen wagte.

Ein ungeheures Hochgefühl erfaßte ihn. Wer ist wie Gott, dachte er übermütig. In der Tat: So mochte Gott sich gefühlt haben, als er die Erde schuf. Kein Wunder, daß die Pfaffen ihren Schäfchen Abstinenz und Keuschheit predigten.

Als er am Morgen erwachte, war der Platz neben ihm leer. Hagerland glaubte einen Augenblick, geträumt zu haben. Aber kein Traum ließ einen so gelöst, ausgeruht und gestärkt zurück und mit dem Gefühl, Bäume ausreißen oder doch wenigstens laut singen zu wollen.

»Du bist heute morgen aber sehr aufgeräumt«, lächelte Kühnspan beim Frühstück, »fast wie ein Bräutigam nach der Hochzeitsnacht.«

Bald darauf verabschiedete sich der Gast. Mamsell Schönlein sei noch nicht in der Küche erschienen, sagte Jakob, der Diener. Nach dieser Nacht, dachte Hagerland, würde sie wohl etwas Schlaf gebrauchen können. Als man ihm zwei Stunden später meldete, nicht nur die Mamsell, sondern auch all ihre Habseligkeiten seien verschwunden, begriff er, daß etwas nicht so war, wie es sein sollte.

Er ließ sein Pferd satteln und jagte zur Poststation. Eva

mußte gleich nach Tagesanbruch fortgegangen sein, wenn sie eine Kutsche erreichen wollte, ehe man ihr Verschwinden bemerkte.

Aber warum diese Flucht? War sie nachträglich von Scham überwältigt worden, oder hatte sie Angst vor ihrer eigenen Courage bekommen? So wenig Hagerland sie kannte, war er doch gewiß, daß dergleichen nicht zu ihr paßte. Weit würde sie nicht kommen. Der klapprige Bretterwagen, der als Postchaise diente, brauchte einen vollen Tag bis zur nächsten Station.

Hagerlands Erscheinen in der Schankstube erregte Aufsehen unter den wartenden Passagieren, aber niemand hatte Mamsell Schönlein gesehen oder konnte ihm sagen, wohin sie sich gewandt hatte. Schließlich trat ein magerer junger Mann in schwarzem, hochgeknöpftem Mantel auf ihn zu.

»Herr Adam Hagerland?« fragte er.

»Derselbe«, Hagerland deutete eine Verbeugung an, »zu Ihren Diensten.«

»Gestatten, Michaelis, Assessor am Oberamt von A. Ich muß annehmen, daß sich ein Frauenzimmer namens Lilli Brannt in Ihren Diensten befindet. Sie könnte sich als Kammerzofe Ihrer Frau Gemahlin oder auch als Köchin verdingt haben.«

»Ich bin nicht verheiratet«, unterbrach ihn Hagerland, »und meine Köchin heißt Eva Schönlein.«

»Sie wird sich kaum unter ihrem wahren Namen bei Ihnen eingeschlichen haben. Ich brachte bereits in Erfahrung, daß Sie vor zwei Wochen eine Frau in Ihren Dienst genommen haben, deren Beschreibung auf die Brannt paßt. Sie hat sich einer gerichtlichen Untersuchung durch die Flucht entzogen, und ...«, er seufzte, »sie ist mir wohl auch diesmal wieder durch die Lappen gegangen.«

Mit einer gesuchten Delinquentin hatte Hagerland die letzte Nacht – die aufregendste und schönste seines Lebens – verbracht! War sie auf einem Diebeszug gewesen und hatte sich ihm hingegeben, um ihn abzulenken? Oder war sie seine Geliebte geworden, weil sie hoffte, er würde sie vor Verfolgung schützen? Es mußte etwas Kapitales sein, wenn der Oberamtmann einen Assessor ausschickte.

»Was legt man ihr denn zur Last?« fragte er.

»Sie steht unter dem Verdacht, ihren Mann ermordet zu haben. Im Schlaf erstochen.«

Adam erbleichte.

Karen Duve
Ausritt auf meinem Zentauren

Es war noch ziemlich früh am Morgen, als ich zur Koppel kam – jedenfalls für mich war es früh –, gerade mal neun, und das Gras, über das die Pferde aus weichen Nüstern ihren warmen Atem bliesen, hing voller Tautropfen, die in der Sonne glitzerten. Großartiges Wetter für einen Ausritt. Die beiden braunen Pferde, die meinem Nachbarn gehörten, grasten nahe beim Gatter, aber Sam – Sam wie Samt (von Samson), nicht das englische Säm – stand natürlich wieder ganz am anderen Ende beim Stall und bei den Futtertrögen. Das rechte Hinterbein hielt er zur Schonung angewinkelt. Ich rief seinen Namen, Sam blinzelte verschlafen in meine Richtung und hob die Hand, mit der er sich gerade am Bauchnabel gekratzt hatte, zu einem schlaffen Gruß.

Da er keine Anstalten machte, zu mir herüberzukommen, kletterte ich über den Zaun und überquerte die nasse Wiese. Als ich an den Pferden vorbeikam, hoben sie die Köpfe, und ich sagte »Guten Morgen«, weil ich auch zu Tieren höflich bin, besonders seit ich einen Zentauren besitze, der mir ständig Speziezismus vorwirft. Sam hatte sich mal wieder in einer der großen Pfützen gewälzt: Sein schönes, weiches, rot und weiß geschecktes Fell war auf dem Rücken und an den Flanken völlig mit Schlamm verkrustet. Aber ich wollte mir den Tag nicht verderben lassen, und darum schluckte ich meinen Ärger herunter und tat, als wenn ich es gar nicht sehen würde, und sagte: »Na, Fury, wie wär's mit einem kleinen Ausritt?«

»Na, dann los«, rief Sam, auf einmal hellwach, packte mich und hob mich auf seine Arme, als würde ich nicht mehr als ein Sack Katzenstreu wiegen. Er drückte sein Gesicht in meine rot karierte Bluse und galoppierte blind mit mir einmal um die ganze Koppel herum. Die Pferde, angesteckt von so viel Tempo, liefen ein Stück nebenher. Das machte Sam jedesmal. Und ich bin jedesmal stocksteif vor Angst. Eines Tages wird er gegen einen Apfelbaum rennen. Ich weiß das.

Nachdem er die Runde beendet hatte, stellte Sam mich neben dem Stall auf den Boden, und als ich schwankte, hielt er mich von hinten fest und legte sein Kinn auf meine Schulter. »Striegelst du mich, während ich mich rasiere?«

»Kommt ja überhaupt nicht in Frage. Die Dreckplacken kannst du dir selber abbürsten.«

»Ach bitte«, sagte Sam und rieb seine kratzige Wange an meinem Gesicht, »du kannst das so gut.«

Er holte sein Rasierzeug und den Putzbeutel aus der Sattelkammer, deren Tür auf der Rückseite des Stalls lag, und hängte einen kleinen Spiegel an die Dachrinne. Ich nahm die Wurzelbürste und machte mich daran, den Dreck aus seinem Fell zu schrubben.

»Nicht so doll«, sagte Sam, während er sich den Rasierschaum mit dem Pinsel um den Mund klatschte, »sonst schneide ich mich. Erst mit dem Gummistriegel in kleinen Kreisen gegen den Strich und dann mit der Kardätsche sanft, aber fest mit dem Strich ausbürsten.«

»Erzähl mir nicht, wie man das macht«, knurrte ich, »du findest auf der ganzen Welt keinen Menschen, der dich so sanft und gleichmäßig striegelt wie ich – nirgends.«

»Wer weiß, wer weiß. Noch ein bißchen tiefer, bitte!«

Sam spülte seinen Dachshaarpinsel in der Tränke aus und bat mich, auch noch seine Hufe auszukratzen. Aber ich weigerte mich, weil er sofort wieder an meinem Hintern rumgefummelt hätte und wir dann gar nicht mehr losgekommen wären.

»Ich hole schon mal den Sattel«, sagte ich.

»Nein, keinen Sattel! Ich will deine Möse auf meinem Rücken spüren.«

Manchmal kann er unglaublich ordinär sein. Wenn er sich wenigstens vor anderen Leuten zusammenreißen würde. Während Sam nachlässig mit dem Kratzer in seinen Hufen popelte, brachte ich das Putzzeug und seinen Kulturbeutel in die Sattelkammer. Als ich zurückkam, schlug er gerade bösartig nach dem braunen Wallach aus, der um Brot betteln wollte und in die Nähe des Stalls getrottet war. Ich nahm den Hufkratzer, der im Dreck lag, und steckte ihn ein.

»Hopp«, sagte Sam, packte mich um die Taille und setzte mich auf seinen Pferderücken. Von hier oben konnte ich sehen, daß der kahle Fleck auf seinem Hinterkopf wieder etwas größer geworden war. Aber das sagte ich ihm nicht, denn Sam ist eitel und schnell beleidigt. Er legte die Hände hinter seinem Menschenrücken auf meine Schenkel und schlenderte über die Wiese zum Gatter, hob den Riegel hoch und schloß das Gatter wieder ordentlich hinter uns. Wenn er so die Hände auf meine Beine legt, muß ich jedes Mal an meinen Ex-Freund denken, der ein Motorrad hatte und der dasselbe getan hat, wenn ich hinter ihm auf der Maschine saß und wir an einer Ampel warteten. Das sagte ich Sam natürlich auch nicht, denn er ist nicht nur eitel, sondern auch schrecklich eifersüchtig.

Wir brauchten bloß eine Straße zu überqueren, schon waren wir im Wald, der die neuesten Mai-Kollektionen trug. Die Bäume hatten ihre Blätter bereits vollständig entrollt, aber noch waren sie frisch und hellgrün, so daß der Wald gleichzeitig üppig und jung aussah. Eine Woche höchstens –, dann würde schon Staub auf den Bäumen liegen, und das Laub würde die Farbe englischer Kramladenschilder annehmen.

Sam fiel in leichten Trab. Der weiche Boden schluckte das Geräusch seiner Schritte bis auf ein leises Dunk-Dunk, Dunk-Dunk; das klang wie der Herzschlag des Waldes. In den feuchten patschigen Senken standen zarte weiße Blumen – manchmal auch eine blaue dazwischen, die sehr geheimnisvoll tat. Ein Zweig schlug mir ins Gesicht. Ich riß ihm zur Strafe die Blätter ab und gab sie Sam, der sie aufaß. Mit dem letzten Blatt kitzelte ich ihn hinter den Ohren. Sam schüttelte den Kopf und brummte zufrieden. Ich hieb ihm die Fersen meiner Turnschuhe in die Flanken. Er streckte sich, und wir galoppierten aus dem Wald hinaus auf eine Wiese, wo

Sam so schnell wurde, daß ich mich mit den Armen an seinem Bauch festklammern mußte – dem Bauch seiner menschlichen Hälfte natürlich.

Er lief immer schneller und schneller, reckte die geballten Fäuste gegen den Himmel und schrie mit zurückgeworfenem Kopf, »huhuhu« und »jippie«, machte Bocksprünge und keilte mit den Hinterhufen aus. Er begann zu schwitzen. Ich merke das immer zuerst an den Innenseiten meiner Beine. Der Schweiß dringt durch die Jeans und juckt auf der Haut. Endlich fiel Sam wieder in Trab und dann in Schritt. Keuchend wandte er sich zu mir um. In dem krausen Haar auf seiner Brust, das ebenfalls rotweiß gescheckt ist wie sein Fell – aber natürlich ist es längst nicht so dicht –, glitzerten Schweißperlen.

»Wie die Tautropfen heute morgen im Gras«, sagte ich, beugte mich vor und preßte mein Gesicht auf seine Brust.

»Nein, wie Diamanten«, bestimmte Sam und drückte meinen Kopf tiefer, obwohl das bei ihm ja nun nicht besonders viel Sinn macht.

»Fühlte sich gut an, der kleine Galopp, was? Das wird schon seinen Grund haben, warum Mädchen so gern reiten.«

Ich zog mein Gesicht aus dem Urwald seiner Bauchhaare.

»Fängst du jetzt auch noch damit an? Mir reicht schon, was ich mir deinetwegen für Anzüglichkeiten anhören muß.«

»Wegen mir? Wann hat denn jemand was gesagt?«

»Andauernd. Gestern erst fragt mich die Kassiererin im Supermarkt: ›Wie macht man das eigentlich mit einem Zentauren?‹«

»Was hast du geantwortet?«

»Ich habe gesagt: ›Genauso wie mit einem Mann – ausziehen, hinlegen und das Maul halten.‹ Und daß *sie* damit bestimmt keine Schwierigkeiten hätte.«

Sam lachte. Dann wurde er plötzlich unaufmerksam und witterte mit hochgekrempelter Oberlippe zum Waldrand rüber. Ich legte die Hand über die Augen. Ein Pferd mit Reiter kam zwischen den Bäumen hervor und auf die Wiese. Sie waren vielleicht sechshundert Meter entfernt. Sam begann den Boden zu stampfen, daß die Grassoden nur so flogen. Dann trabte er mit hochgeworfenen Beinen denselben Weg zurück, den wir eben gekommen waren. Ich wußte, was das bedeutete.

»Sam«, rief ich wütend, »Sam, bleib sofort stehen! Es ist mir scheißegal, was du machst, wenn ich nicht dabei bin, aber wenn wir zusammen ausreiten, dann hast du nicht mit irgendwelchen Stuten anzubandeln. Das ist grob unhöflich. Das ist eine Unverschämtheit!«

»Halt den Mund«, sagte Sam, »oder ich schmeiß dich runter. Das ist meine Natur. Dagegen bin ich machtlos. Außerdem will ich bloß mal guten Tag sagen.«

»Toll!« rief ich, »großartig! Genauso habe ich mir unseren Ausflug vorgestellt! Ein durch und durch gelungener Tag!«

Das Pferd war eine feingliedrige Fuchsstute mit weißen Stiefeln. Ihr Reiter war ein hübscher junger Mann, selber schmal und elegant wie ein Rennpferd, mit einer teuren Brille im klugen Gesicht. Er sah etwas befremdet auf diesen Riesenkerl von einem Zentauren, der da auf seine Stute zugestampft kam und sofort daran ging, sie zu betatschen und ihr etwas ins Ohr zu flüstern. Gott, war das wieder peinlich!

Die Stute quiekte und schlug aus. Jeder andere Mann hätte jetzt die Zügel kurz genommen und seinem Pferd die Sporen gegeben, sozusagen das Gaspedal im Leerlauf durchgetreten. Aber der hier blieb ganz gelassen, klopfte der Stute nur beruhigend den Hals, und als er merkte, wie unangenehm mir die Situation war, lächelte er mich sehr lieb an und behauptete, mir schon einmal begegnet zu sein. Das war zwar nicht originell, aber nett.

»Friedemann Riedel«, sagte der junge Mann mit einer Verbeugung, »und wir sind uns letzten Sonntag in der Kunsthalle begegnet. Ich habe mit Ihnen die Führung durch die Munch-Ausstellung gemacht.«

Herrje, er hatte recht! Am letzten Sonntag war ich in der

Kunsthalle gewesen. Und dieser charmante und kluge Gruppenleiter, in den sich alle Frauen – mich eingeschlossen – sofort verliebt hatten: Das war er! Was sollte ich nur mit ihm reden? Mit Männern, deren IQ über 95 liegt, habe ich keine Erfahrung.

»O ja, ich erinnere mich«, und dann nannte ich ihm meinen Namen.

»Ich mache das nur nebenbei«, sagte er. »Eigentlich studiere ich Kunstgeschichte.«

»Woran arbeiten Sie denn im Augenblick?«

»Stuck. Ich werde meine Doktorarbeit über Franz von Stuck schreiben.«

Inzwischen war Sam mehrmals ziemlich heftig von der Stute gebissen worden. Sie biß und trat nach ihm, sowie er sie auch nur berührte. Der Schaum von ihrem Maul hing überall in seinem Fell. Sam gab es auf und wandte seine Aufmerksamkeit wieder mir zu und Friedemann Riedel. Mir war klar, daß das nicht lange gutgehen würde.

»Wissen Sie, warum von Stuck dem Maler Böcklin allemal vorzuziehen ist?« fragte Friedemann Riedel.

»Nein«, antwortete Sam an meiner Stelle, »aber wissen Sie, warum eine Stute einer Frau allemal vorzuziehen ist?«

»Das möchte ich lieber nicht hören«, antwortete Friedemann Riedel vorsichtig. »Außerdem glaube ich nicht, daß wir denselben Geschmack haben.«

»Eine Stute bekommt keine Cellulitis«, sagte Sam, grunzte über seinen eigenen Witz und patschte mir die flache Hand auf den Schenkel. Ich hätte in diesem Moment gern mit jedem getauscht – meinetwegen auch mit jemandem aus einem Krisengebiet.

Friedemann Riedel griff nach meiner Hand.

»Es tut mir so leid. Das sind Momente, in denen ich mich beinahe schäme, ein Mann zu sein.«

»Noch ein Rätsel«, sagte Sam. »Kommt es Frauen eher darauf an, wie groß ein Schwanz ist, oder darauf, was man damit anstellen kann?«

Friedemann Riedel ließ meine Hand los, wendete seine

Stute, indem er sie brutal am Zügel herumriß, und galoppierte davon. Ich sprang von Sams Rücken.

»Du Arschloch«, sagte ich, »hau bloß ab!«

»Wetten, daß er 'nen kleinen Schwanz hat!« sagte Sam.

Ich antwortete nicht, sondern stapfte nach Hause. Sam trottete mit hängendem Kopf hinter mir her.

»Der war nichts für dich! Überleg doch mal: *Wissen Sie, was der Unterschied zwischen Hans von Stuck und Böcklin ist?* Wen interessiert denn so was?«

»Franz von Stuck. Franz – nicht Hans«, sagte ich.

»Ich finde, du solltest dein Haar wieder zu einem Pferdeschwanz zusammengebunden tragen«, sagte Sam.

»Was denn noch? Vielleicht noch Strapse und Fransen-BH?«

»Nee. Pferdeschwanz reicht völlig. Na komm schon, steig wieder auf.«

Der Weg war ganz schön weit, und da ich Sam sowieso nicht los wurde, konnte ich eigentlich genausogut auf seinem Rücken sitzen. Er hob mich hoch.

»Morgen kaufe ich mir Sporen«, sagte ich.

»Au ja«, sagte Sam, »das wird geil. Wenn du übrigens schon da oben sitzt, könntest du mir gleich den Nacken massieren.«

Ich bohrte meinen Daumen in seinen dicken Rücken.

»Du kannst das wirklich gut«, sagte Sam, »unglaublich gut. Damit kriegst du jeden Kerl. Was für ein Glück, daß du nur mich liebst.«

Er langte mit beiden Händen hinter sich und streichelte meine Arme entlang. Dann setzte er sich wieder in Trab. Dunk-dunk, dunk-dunk. Das klang wie der Herzschlag des Waldes.

SUSANNE MISCHKE
Der Schrankschnüffler

Es ist dunkel und eng. Ich rühre mich nicht, nur meine Nasenflügel vibrieren. Wie ein Raubtier wittere ich, nehme auf, spüre nach. Vornehm duftet das alte Leder, draufgängerisch und arrogant prahlt das neue. Zedernholz verspricht Abenteuer in grünen Dschungeln, an Degengeklirr und Kanonendonner erinnert das rostige Schloß, und ich lasse mich forttragen in andere Zeiten und Welten, ich bin Tarzan und Lancelot, Dracula und Robin Hood ...

Gerüche umhüllen mich wie eine Glocke. Das Holz bildet den Grundton in Moll, es erzählt Geschichten von Herren in steifen Krägen und Damen in bauschigen Gewändern, von Spitzen und Lavendelsäckchen ..., von Vergangenheit.

Ich fühle mich geborgen wie in einem Schoß. Filzig und heimelig müffelt die Wolle, ein Seidenhauch streichelt mir den Nacken, löst ein wohliges Frösteln aus. Tugendhaftigkeit strömt aus steifem Leinen, Persil und Hoffmanns Wäschestärke strahlen Vernunft aus, glätten die aufgewühlten Sinne, aber schon drängt sich eine Nylonachsel in den Vordergrund: Sünde und Verderbnis, dunkle Verheißung. Und über allem wabert das Parfum, ein betörender Ton in Dur, der sich mischt und paart, verleugnet und verrät, und doch bleibt er das beherrschende Thema dieser Symphonie aus Gerüchen, ich kann mich an ihm festhalten und dabei seine Nuancen kosten, und je mehr ich davon einsauge, desto hungriger macht er mich.

Es ist dunkel und eng, meine Beine sind taub, meinen Rücken spüre ich längst nicht mehr, ich bin nur noch Nase. Plötzlich stört ein neuer Geruch die Harmonie: Es ist mein eigener Angstschweiß. Da draußen sind Geräusche. Unheimliche.

Geflüster. Ihr Lachen ist ein perlendes Glucksen. Dann die

andere Stimme, ein heiseres Gurren, ein rauher Befehl, ein Reißverschluß. Ich öffne die Augen. Staub tanzt in dem Lichtstrahl, der durch ein erbsengroßes Astloch fällt und eine silberne Gürtelschnalle aufblitzen läßt wie den Abendstern.

Ich möchte sehen, was da los ist, aber ich darf mich nicht bewegen, keinen Laut darf ich verursachen, und wenn mir die Beine absterben und wenn ich ersticke. Wenn nur mein Herz nicht so laut hämmern würde. Denn was ich höre, darf ich nicht hören. Das schwere Atmen, das Ripsen von Stoff, das Klatschen, als würde man zwei Schnitzel aufeinanderwerfen, die unterdrückten Laute, das sich beschleunigende Plong-plong-plong der Federkernmatratze. Ich weiß nicht genau, was sie da draußen tun, aber ich ahne, daß es etwas Verbotenes ist. Noch verbotener als Küsse. Und noch viel, viel verbotener ist es, dabei zu sein, zu hören, was nicht für meine Ohren, und zu riechen, was nicht für meine Nase bestimmt ist. Eine Todsünde ist es, hier drin zu kauern, die eine Hand auf den Mund gepreßt, die andere in der Hose.

Stille.

Tausend Nadeln malträtieren auf einmal mein rechtes Bein, ich kann nicht mehr, ich muß es ausstrecken, es wird sonst auf der Stelle abfaulen, so was kann passieren, wenn das Blut nicht mehr durchkommt.

Ein Poltern. War ich das? Ein Luftzug, plötzliche Helligkeit, vor mir zwei bleiche, haarige Schenkel und – ein Ungetüm. Es steht schräg ab und zuckt geradewegs auf meine Nase zu wie eine Wünschelrute.

Weder bei den Pinkelwettbewerben mit meinen Freunden noch an dem alten Kerl im Park, der immer wie Batman hinter dem Kiosk hervorspringt, habe ich je einen so grottenhäßlichen Pimmel gesehen. Bläulichrot, mit einer dicken Ader, und die Spitze glänzt wie ein frisch geschältes Ei. Nein danke. Wenn alle Erwachsenenpimmel so aussehen, dann will ich lieber ...

Etwas Festes, Warmes streift über meine Stirn, und ich schreie, was meine Lunge hergibt. Licht sticht mir in die Pupillen. Ich schlage die Hände vor das Gesicht und spreize ganz, ganz vorsichtig die Finger. Das kühle Blau der Wand. Schwarzweiße Yin-und-Yang-Kreise auf dem Bettbezug. Der große Schrank, der Mondkalender, die Nachttischlampe aus Salzkristall. Ich kann meine Beine bewegen. Aufseufzend lasse ich mich zurücksinken, mein Herzschlag beruhigt sich. Katja drückt mir die kalte Hand.

»Warst du wieder bei deiner Tante im Schrank, du Ärmster?«

Ich taste nach der Flasche mit stillem Wasser neben dem Bett und nehme einen großen Schluck. »Ja. Tut mir leid, wenn ich dich geweckt habe.«

»Dafür kannst du ja nichts.«

Katja ist ein verständnisvoller Mensch.

»Muß schrecklich sein, dieser Schranktraum. Du solltest ihn analysieren lassen. Weißt du, auch scheinbar schlimme Träume können uns eine positive Botschaft vermitteln.«

Katja ist ein positiv denkender Mensch.

»Ich kenne da jemanden. Eine Frau, die mal mit mir im Tai-Chi-Kurs war ...«

Und sie weiß immer, was zu tun ist.

Ich gähne: »Laß uns morgen darüber reden, ja?«

Katja will stets über alles reden, was mich bewegt. Wir haben keine Geheimnisse voreinander. Fast keine.

»Gut. Nach dem Frühstück.« Katja findet, daß man während des Essens nicht über Probleme sprechen soll. Am besten sollte man während des Essens überhaupt nicht sprechen.

Katjas Hand streift noch einmal über meine verschwitzte Stirn, und ich atme den Duft ihrer Haut: ein windgetrocknetes Wäschestück. Katja duftet immer so. Frisch und sauber. Sogar ihr Schweiß riecht wie eine Atlantikbrise, und ihr Atem schmeckt nach Zitroneneis. Sie ernährt sich von Rohkost und Kräutertee und sieht aus, als wäre sie gerade vom Olymp gestiegen.

Seit drei Jahren teile ich ihre Lebensweise, und wenn wir uns zu zweit nackt vor den Spiegel stellen, blicken uns die klaren Augen von zwei athletischen Göttergestalten herrisch entgegen.

Nur noch ganz, ganz selten kommt es vor, daß ich heimlich eine Familienpackung Marshmallows verschlinge oder mich in ein Steakhaus stehle.

Katja knipst das Licht aus, und ich warte, bis ihre yogische Bauchatmung die Bettdecke gleichmäßig auf und nieder bewegt, dann widme ich mich der positiven Seite des Schranktraums. Ich muß selbst Hand an mich legen, denn es sind die blauen Tage. Katjas Mondkalender ist an die Tür des Schlafzimmerschranks gepinnt: rote Kreise für ihre Menstruation, blaue Pfeile für den Eisprung – lauter winzige Verkehrsverbotsschilder.

Kennengelernt habe ich Katja über eben diesen Schrank, denn – man ahnt es längst – ich bin ein Schrankschnüffler. Das hat um Himmels willen nichts zu tun mit diesen schmierigen Wäschefetischisten. Katjas herumliegende Dessous – selbst die gewagtesten Objekte aus dem Laden für Naturtextilien – lassen mich kalt. Kleidungsstücke, ob gewaschen oder getragen, faszinieren mich nur im Universum eines Schrankes.

Am liebsten mag ich alte Schränke, schon wegen des Moll-Tons des Holzes, aber letztlich kommt es auf den Inhalt an. Ein Schrank riecht wie sein Besitzer, ergänzt durch die Eigengerüche der diversen Materialien. Wildseide zum Beispiel riecht wie Kurkuma und beschwört Szenen eines marokkanischen Marktes herauf, während das vertrauliche Aroma eines Baumwollkleides schiere Mütterlichkeit verströmt, man denkt an Apfelkuchen und Waffeln mit Vanillesoße, an Kindheit.

Ein Schrankgeruch ist ein sensibles Gebilde, das einem steten Wandel unterliegt, und erfahrene Schrankschnüffler, zu denen ich mich nach zwanzig Jahren Praxis zählen darf, haben eine Nase für die kleinste Veränderung. Neue Textilien passen sich erst nach und nach den Gegebenheiten an, eine neue Körperlotion oder gar ein anderes Waschmittel haben spürbare Schrankklimaveränderungen zur Folge, ein Wechsel des Parfums bedeutet Revolution.

Der Schleiflack-Einbauschrank meiner Mutter zeichnet sich bis heute durch einen herb-pudrigen Duft aus, mit einer Kopfnote aus Uralt Lavendel, einer Basis von Niveacreme und einem Hauch Szegediner Gulasch im Abgang. Er blieb über die Jahre recht konstant, bis auf eine Ausnahme.

Ich war zehn oder elf, da wurde es im Schrank meiner Mutter plötzlich unangenehm. Es roch nach Schwefel. Ich glaubte sie schon vom Teufel besessen, denn das Weiß ihrer Augen hatte bereits jenen verräterisch gelblichen Schimmer angenommen, und ihr sonst so sanftes Wesen zeigte eine nie gekannte, ruppige Seite. Die Erklärung des Phänomens war zum Glück weitaus simpler: Meine Mutter machte eine Ei-erdiät. Gott sei Dank hielt sie das nicht lange durch, bald stellten sich die gewohnten Verhältnisse wieder ein.

Nur selten trieb es mich zum Schrank meiner Schwester, der eine stechende Mischung aus verschwitztem Dralon, Haschisch und Patchouli enthielt. Ihr unstetes, von wechselnden Spleens und Liebhabern bestimmter Lebenswandel läßt wenig Kontinuität aufkommen, noch heute riecht ihr Schrank alle paar Monate anders, und nur selten appetitlich. Damals ruinierte sie ihr rauhes Schrankklima vollends durch neue Joggingschuhe, die sie unglücklicherweise am Boden des Schranks verwahrte und die einen penetranten Dunst nach Fußschweiß und Gummi verbreiteten.

Die Wonnen des Schrankschnüffelns entdeckte ich an jenem Nachmittag im Kleiderschrank meiner Tante. Sie hatte mich darin eingeschlossen, als Strafe für den Diebstahl einer Tüte Marshmallows. Ich wunderte mich über die repressive Art der Strafe, denn Tante Hedda war weder rückständig noch autoritär, aber zwei Stunden im Schrank waren mir dann doch lieber als zwei Wochen ohne Nachtisch – was Tante Hedda mir als Alternative zur Wahl gestellt hatte.

Sie muß mich da drin vergessen haben ...

»Schlüsselerlebnis« nennt Katja diesen Vorfall. Katja kennt sich mit Psychologie recht gut aus. Allerdings kann sie mir nicht erklären, warum ich noch heute diese Angstträume habe, wo die Sache doch glimpflich ausging.

»Wo sind die Handtücher?« höre ich den »Onkel« fragen, und sein Blick durchstreift das Wäschefach über der Kleiderstange, während sein Monstrum vor meinem Gesicht herumbaumelt. Ein ranziger Geruch geht davon aus, der mich an die Nordsee bei Ebbe denken läßt.

»Da doch nicht. Im linken Fach«, dirigiert ihn meine Tante. Ich kann sie auf dem Bett liegen sehen, mit aufgestützten Ellbogen. Ihre auseinanderfallenden Brüste geben jede Bewegung ihres Körpers seismisch wieder, wie Götterspeise auf einem wackeligen Tisch. Sie hält sich ein Tempotaschentuch zwischen die Schenkel. Sie sind rund und ausladend und weiß wie Schlagsahne und bestimmt wolkenweich. Ihr drahtiger, schwarzer Pelz hinter dem Taschentuch bildet einen geheimnisvollen Kontrast dazu.

»Die andere Tür, du Dödel, und jetzt mach schon, ich laufe ja aus.«

Erneut Dunkelheit. Ein Tropfen rinnt über meine Schläfe, während draußen die postkoitalen Verrichtungen ihren Lauf nehmen. Sowie die beiden das Zimmer verlassen haben, krieche ich auf meinen gefühllosen Beinen aus dem Schrank, den der Kerl zum Glück nicht mehr zugeschlossen hat. Erst jetzt bemerke ich, daß ich mir vor Angst in die Hose gepinkelt habe. An Name und Gesicht des Mannes kann ich mich nicht mehr erinnern, damals war ich acht, und er war lediglich ein Glied in einer langen Kette von Lebensabschnittsgefährten meiner lebenslustigen Tante, bei der ich bis zu meinem Abitur – »Was der Junge bloß an Hedda findet?« – die Sommerferien verbrachte.

Was Tante Hedda über das »Auslaufen« gesagt hat, ängstigt mich sehr, denn ich weiß seit kurzem, daß der Mensch zu achtzig Prozent aus Wasser besteht. Doch als meine Tante in den nächsten Tagen nichts an Volumen einbüßt und die Nachspeisen, die sie auftischt, immer üppiger werden, beruhige ich mich wieder. Vielleicht mußte sie nur dringend.

Beim nächsten Besuch des Onkels klebe ich am Schlüsselloch der Schlafzimmertür. Eine ernüchternde Vorstellung:

brezelartiges Geknäuel von Gliedmaßen und hoppelnde Bewegungen zu tierisch klingenden Lauten, untermalt vom Ächzen der Sprungfedern. Außerdem schrumpft der Pimmel des »Onkels« aus dieser distanzierteren Perspektive auf ein realistisches Maß. Häßlich finde ich ihn aber immer noch, und ich kann nicht verstehen, daß Tante Hedda so etwas an ihren Pelz läßt, und außerdem finde ich es ein bißchen scheinheilig von ihr, mich zu tadeln, wenn ich das Wort »Pimmel« in den Mund nehme.

Ich begreife rasch, daß mir Optik und Akustik nicht genügen. Also hocke ich mich bei nächster Gelegenheit so in den Schrank, daß ich durch das Astloch auf das französische Eisenbett meiner Tante schielen kann. Eine Stellung, die mir Krämpfe in den Beinen und einen mittleren Zwergenaufstand in der Hose beschert.

In späteren Jahren mache ich ein Spiel daraus, mich synchron mit dem Lover meiner Tante zu entladen, denn ich lerne schnell, die leisen Kommandos der Tante und die Grunzlaute der Herren zu interpretieren. Am Ende der Ferien bin ich jedes Mal pünktlich bis auf den allerletzten Röchler. Eine Übung, die mir später noch viel Lob einbringen soll.

Auf diese Weise verlebte ich einen Großteil meiner späten Kindheit und Pubertät in Schränken. Irgendwann wuchs ich leider endgültig aus ihnen heraus, doch es ist bis heute eine Manie von mir, mich in jeder fremden Wohnung bei der erstbesten Gelegenheit an die Kleiderschränke der weiblichen Bewohner zu schleichen. (Männerschränke langweilen mich, sie riechen nach Zigaretten, Büromief und billigem After-Shave.)

Ich komme in viele Wohnungen und an viele Schränke. Meine Leidenschaft hat meine Berufswahl beeinflußt. Ich bin Innendekorateur, was lediglich ein wohlklingenderes Wort für Raumausstatter ist.

Manchmal sitze ich nur im Schneidersitz vor dem Schrank wie vor einer offenen Bühne und inhaliere. Bisweilen aber überwältigen mich die Bilder, die die Gerüche auslösen, und ich lasse mich zu entsprechenden Handlungen hinreißen. Das bringt mich schon mal in eine peinliche Situation, aber der Genuß lohnt das Risiko allemal. Solange Katja nichts davon erfährt.

Katja. Es war Liebe auf den ersten Blick: Der Schrank erinnerte mich sofort an den meiner Tante. Dasselbe dunkel gebeizte Fichtenholz, dieselbe Größe, ähnliche Schnitzereien an den Kanten, die gemütlichen Kugelfüße, ein großes, leicht angerostetes Schloß. Nur das Astloch ist nicht an derselben Stelle, und sein Geruch ist selbstverständlich ganz anders. Nicht nur anders als bei Tante Hedda, sondern auch anders als in allen anderen Schränken, die ich seither ausgeschnüffelt habe. Der Dur-Ton fehlt.

Katja benutzt kein Parfum, und ihre karge Kosmetik stellt sie selbst her. Der Moll-Ton weicht der grellen Fröhlichkeit des Leinöls, mit dem sie das Holz regelmäßig einreibt. Es soll vor Motten schützen, so wie die Zedernholzbügel im Schrank von Tante Hedda. Erst beim genauen Hinriechen bemerkt man den leicht animalischen Duft der Schafwolle und ein Aroma wie Curry und Safran. Er dringt aus den unbehandelten und ungefärbten Naturtextilien. Und so riecht auch Katjas Schrank letztendlich wie sie selbst: natürlich, rein. Nicht die Reinlichkeit, die an Putzmittel denken läßt, sondern die Reinheit von frisch gefallenem Schnee. Unschuld. Keine dunklen Abgründe, keine Nylonachseln, nirgendwo eine Spur von Verworfenheit, nur Klarheit und Offenheit. So ist auch ihr Wesen. Ihre einzige Schwäche ist eine gewisse Verachtung, die sie Leuten entgegenbringt, die sich »gehen lassen«, als da sind: Fleischfresser, Raucher, Süßmäuler, Alkoholkonsumenten, Bewegungsmuffel, Dicke.

Leute wie Marie Hügel also, meine neue Kundin, bei der der Name zu den Ernährungsgewohnheiten zu passen scheint. Es ist ein Auftrag ganz nach meinem Geschmack: die Neugestaltung ihres Schlafzimmers.

»Das fliegt alles raus.« Sie umzirkelt das Zimmer mit den phantasielosen Möbeln, die nur durch das herrschende Chaos etwas Lebendiges erhalten. Auf dem Teppichboden neben dem Bett ist ein Rotweinfleck vom Umriß Italiens (ohne Sizilien) zu sehen. Kerzenstummel liegen an allen möglichen und unmöglichen Plätzen, eine angebrochene Tüte Marshmallows lugt aus der halboffenen Schublade des Nachtschränkchens. Wenigstens dieses getigerte Seidentütü, das den Radiowecker bedeckt, hätte sie wegräumen können.

»Nichts will ich mehr hier rumstehen haben, was mich an diesen Kerl erinnert«, erklärt sie. »Er hat mich verlassen.«

»Das tut mir leid.«

»Weil ich ihm zu dick bin«, fügt sie ohne Anklage oder Selbstmitleid hinzu.

»Muß ein Dummkopf sein«, höre ich mich sagen und denke dabei: Der Mann hat recht. Zwar hat Frau Hügel glänzendes, schwarzes Haar, das nach Lakritzschnecken riecht, und eine klassisch-schöne Nase, aber die ist wirklich das einzig Schmale an ihr. Ihre Brüste erinnern an Basketbälle, die locker im Netz des Korbes schaukeln, und wenn sie geht, spannt ihr knallroter Rock abwechselnd über ihren kräftigen Schenkeln und den feisten Hinterbacken. Trotzdem ist ihr Gang irgendwie aufregend. Eine unverschämte Langsamkeit liegt darin, eine gelassene Eleganz.

Unsinn! Reiß dich zusammen, Bastian! Sie ist eine naschhafte, schlampige, genußsüchtige Person. Und sie ist *fett*.

»Ich muß ein großes Bett haben.« Sie lächelt, und es überrieselt mich warm. »Ein sehr großes. Ich brauche viel Platz im Bett.«

Ihre Haut duftet nach hellgelben Teerosen.

»Ich verstehe. Ein sehr großes Bett also.«

Sie legt mir ihre Hand mit den raubtierhaft langen Fingernägeln, die in der Farbe von angedicktem Blut lackiert sind, auf die Schulter und sieht mich an. Ihre Augen sind mondsichelförmig und von einem haltlosen Grün.

»Ich lasse Sie am besten allein, dann können Sie Maß nehmen und sich schon mal inspirieren lassen.«

So ist es richtig. Kaum hat sie die Tür hinter sich geschlossen, stürze ich mich erst auf die Marshmallows und dann auf ihren Schrank. Es ist ein unscheinbares Möbel, aber als ich ihn öffne, sind sie auf einen Schlag wieder da, die Sommerferiennachmittage im Schrank meiner Tante, die mit und ohne die Akteure des Schlafzimmers zu meinen sinnlichsten Erinnerungen zählen.

Meine Hand streift über die Bügel, Lüfte und Düfte geraten in Bewegung, Seide umschmeichelt meine Wangen, mein Oberkörper verschwindet. Sie besitzt Gewänder aus fließenden Stoffen in den intensiven Farben eines Laubwaldes im Herbst. Sie ist Raucherin, es muß eine seltene Marke sein, wie angebrannte Vanillesoße, ihr Parfum ist ein Rätsel, der Duft läßt sich nicht einordnen, nicht festhalten, ich kann nicht widerstehen, ich zwänge mich hinein in diesen engen, lockenden Schoß.

Nein, *so* hat schon lange kein Schrank mehr auf mich gewirkt. Ich bekomme meine Jeans gerade noch auf.

Mit der anderen Hand hole ich eine samtige Bluse vom Bügel, sie riecht nach kandierten Datteln und Patchouli, und ich sehe meine Schwester mit irgendeinem Kerl im Rücken in ihr Kopfkissen beißen, ich schlüpfe unter einen Rock, atme die stickige Süße von Bananenmilch und gerate in eine Filmszene aus »Rosemaries Baby«, aber es ist eindeutig meine Mutter, die es gerade mit dem Teufel treibt. Ich bekomme einen schafwolligen Ärmel zu fassen ...

Katja! Ich sehe ihren muskulösen Hintern, der sich im trägen Rhythmus ihrer yogischen Bauchatmung bewegt und dabei ein geschältes Ei verschlingt, während auf dem Mondkalender die roten Kreise aufgeregt blinken. Ich grabe meine Nase in eine pludrige Hose, dort, wo es nach schwarzem Haar zwischen weißen Wolkenschenkeln duftet, und da ist meine Tante mit einem ihrer Liebhaber, die für mich immer gesichtslos geblieben sind.

Er verschwindet fast zwischen ihren wunderbaren Rundungen, sein kleiner, haariger Arsch wogt wie ein Papierschiffchen auf windbewegter See, und ich überlasse mich kampflos meinem drängenden Begehren, lege meine Wange auf eine der Puddingbrüste, tauche zwischen ein Paar marshmallowweiche Schenkel, und als ich aufblicke, sehe ich in die Katzenaugen von Marie Hügel.

Ich will etwas sagen, aber als ich meine trockenen Lippen öffne, flutscht mir ein in Ich-will-gar-nicht-wissen-Was getauchtes Marshmallow in den Mund, und sie sagt: »Übrigens möchte ich unbedingt so einen begehbaren Kleiderschrank. Ich brauche viel Platz im Schrank.«

»Ja«, schreie ich begeistert, »jah, jah, jah!«

Das nächste, was ich wahrnehme, sind die schwarzweißen Yin-Yang-Kreise des Bettbezuges, das Blau der Wand, der Schrank mit dem Mondkalender, der aufgehört hat zu blinken, und Katja, die mir nochmals dringend zu einer Traumtherapie rät.

»Das wird ja immer schlimmer mit dir, man kann kaum noch schlafen.«

Am Morgen fühle ich mich krank und bleibe im Bett. Das Fieberthermometer im Anus, sehe ich Katja zu, die ihre fünf Tibeter herunterturnt. Anscheinend will sie ewig leben. Aber muß das mit mir sein?

Als ich allein bin, ertappe ich mich, wie ich im Telefonbuch nach einer Marie Hügel suche. Vergeblich.

Die nächsten Wochen schleiche ich herum wie ein Gespenst. Am liebsten bin ich im Bett, wo ich krampfhaft versuche, noch einmal von Marie Hügel zu träumen.

Es gelingt mir nicht.

Ich laufe durch die Stadt und starre fetten Frauen ins Gesicht.

Mir fällt auf, das Katjas Atem am Morgen streng nach Sauerampfer riecht.

Der einzige Lichtblick dieser trüben Tage kommt mit der Post. Tante Hedda schreibt. Sie wird einen reichen Argentinier heiraten und mit ihm auswandern. Sie fragt, ob ich welche von ihren Möbeln haben möchte.

»... ich denke da besonders an einen gewissen Schrank ... Ich würde ihn Dir gerne überlassen, denn bei Dir, mein lieber Neffe, weiß ich ihn in besten Händen. Gleichzeitig möchte

ich Dich um etwas bitten. Die Trauung findet noch in Deutschland statt, wie du auf beiliegender Einladung für Dich und Deine Katja (die ich – ganz im Vertrauen – so aufregend finde wie eine Haferflocke) sehen kannst. Die Hochzeit werden wir anschließend in meinem Haus feiern.

Lieber Bastian, nun meine Bitte: Wäre es möglich, daß Du Dich noch ein einziges Mal in den Schrank setzt? Und zwar möglichst kurz bevor Alfonso und ich uns zurückziehen werden, um unsere Hochzeitsnacht zu feiern.

Denn weißt Du – nie war die Liebe für mich so schön und intensiv wie an den Tagen, als du frecher kleiner Schlingel heimlich im Schrank gesessen hast.

Deine Dich liebende Tante Hedda.»

Es ist wie damals. Genau so. Ein paar Kleider fehlen, denn die Koffer für die Hochzeitsreise nach Italien sind schon gepackt, aber das macht nichts. Die alten, die vertrauten, die längst unmodern gewordenen Kleider sind alle noch da. Von Tante Hedda und ihrem feurigen Liebhaber nehme ich nur unterschwellige Geräusche wahr. Ich habe den Verdacht, sie ist absichtlich ein bißchen lauter als sonst. Ich lehne an der Seitenwand und schwelge in den Düften meiner Jugend. Ein sanfter Lichtstrahl fällt durch das Astloch, sie haben Kerzen angezündet. Ich schließe die Augen und gebe mich völlig hin, verliere das Gefühl für Zeit und Raum, schwebe. Ich bin nach Hause gekommen, ich bin bei Marie, meinem sahneweißen Marshmallowengel.

Nachtrag:
Als Tante Hedda mit ihrem Latin Lover nach vier Wochen aus Italien zurückkehrt und ihren Schlafzimmerschrank öffnet, bedauert sie wort- und tränenreich ihre Vergeßlichkeit. Ihr Neffe sitzt noch immer im Schrank. Er hat die Hand in der Hose, und obwohl die Fliegen schon einen ziemlichen Schaden angerichtet haben, kann man seinem Gesicht ansehen, daß er selig lächelt.

KETO VON WABERER
Petit four

Ilse lag im Bett. Auf ihrer Brust stand ein Teller mit geraspel-
ten Mohrrüben, die mit einem Teelöffel Sesamöl beträufelt
waren. Sie kaute lustlos, dabei hielt sie die Augen auf die
fette, gelbschwarz geringelte Raupe im Fernseher gerichtet,
die mit großer Anmut und sehr zielstrebig ein schön geäder-
tes Blatt abweidete. Bald werde ich unförmig sein wie diese
Raupe, dachte Ilse, und weiter dachte sie, wie glücklich dieses Tier doch sein müsse, weil es das bekam, was es so gerne
fraß.

Seit sie diesen Mann wollte, seit sie ihn täglich zu sehen
bekam, ohne Hand, geschweige denn irgend etwas anderes
an ihn legen zu dürfen, hatte sie satte vier Pfund zugenommen. Und obwohl ihr bewußt war, daß sie dem Hunger, der
sie den ganzen Tag über verfolgte, mit Spaghetti und Brat-
würsten nicht beikommen konnte, verlor sie, wenn sie im
Restaurant bediente, sofort alle Beherrschung.

Sie betete ihn an, diesen mageren sehnigen Männerkörper
in den schlabberigen weißen Kochhosen, die dennoch deutlich zeigten, was darunter verborgen lag: der kleine Hintern,
fest wie eine Haselnuß, und auf der Kehrseite dieser beweg-
liche Hügel: ein zappelnder Goldfisch.

Seit Frau Wellisch, die Chefin, Manfred eingestellt hatte,
und seit er Ilse, wenn sie durch die Luke in die Küche spähte,
praktisch immerzu vor den Augen herumtanzte, hatte sie
kannibalische Träume. Sie wollte diesen Mann verschluk-
ken, auf einen Sitz, wie ein frisches Matjesfilet. Sie wollte ihn
hastig aus den weiten weißen Hosen schälen, so wie man das
Papier abreißt vom Lieblingsschokoriegel.

Einmal hatte Ilse, als er sich in der Vorratskammer zum
Regal hinaufreckte, um eine Dose Schweineschmalz herun-
terzuangeln, seinen Bauch gesehen zwischen Hosenbund

und T-Shirt. Einen Bauchnabel, rosig glänzend wie ein eben ausgespuckter Kirschkern, darüber ein zartes schwarzes Haardreieck, eng an die Haut geschmiegt.

Sie war zurück in die Küche gerannt und hatte wahllos eine Handvoll noch lauwarmer Pfannkuchenstreifen aus der Schüssel gegriffen, die fürs Mittagessen bereitstand. Das ist typisch für mich, dachte sie, andere Frauen magern ab vor Liebesleid. Wie ungerecht!

Aber alles war ungerecht im Leben, das wußte Ilse. Männer waren und blieben ihr ein Rätsel. Hedda, ihre Freundin, hatte geraten, bei Manfred richtig ranzugehen, wie sie das nannte. So etwas hatte Ilse noch nie fertiggebracht. Bis jetzt hatte sie immer Männer bewundert, die selbstsicher und selbstsüchtig waren, den Ton angaben, das Wort führten und zugriffen, wenn sie etwas wollten. Wie kam es nur, daß sie sich mit diesem Schüchterling abplagte, der ihr auch nicht ein einziges Mal in die Augen sehen konnte? »Ein Weichei, na prima«, sagte Hedda.

Ilse wandte sich der Schwingtür zu, um widerwillig zurückzukehren in den Gastraum. Als Bedienung hatte sie in der Küche eigentlich nichts zu suchen und schon gar nicht in der Vorratskammer, obwohl sie sich gut verstand mit dem übrigen Personal und vor allem mit den beiden Köchen Björn und Karl.

Manfred, der damit beschäftigt war, den Apfelstrudelteig mit einer Farce aus Apfelstücken, Rosinen und Nußblättchen zu belegen, neigte den lockigen Kopf über seine Arbeit mit der Versunkenheit eines Mannes, der die vor ihm hingebreiteten Glieder seiner Liebsten mit Mandelöl beträufelt.

Ilse riß sich von diesem Schauspiel los und stellte draußen den kaltgewordenen Tee vor die Frau, die Zeitung las, und wischte den Tisch ab, auf dem der Herr, der gegangen war, sein Croissant zerbröselt hatte, zählte das Geld nach und steckte es in die Gürteltasche. Durch die Luke für die Essensausgabe sah sie, wie Manfred die fertigen Strudelleiber mit Eigelb bestrich. Er beachtete sie nicht.

Im Restaurant »Big Pink« servierte man Gerichte aus aller

Herren Länder, und alle wurden für den deutschen Gaumen zurechtgestrickt. Das Lokal lief nicht übel. Ilse, in Schwarz, mit bodenlanger weißer Schürze und streng aufgesteckten Haaren, überwachte die beiden anderen Bedienungen. Frau Wellisch hatte in diesem Frühling einen Mann für die Süßspeisen angestellt, Manfred, den Patissier, der, obwohl noch jung, in verschiedenen großen Restaurants gearbeitet hatte und dem der Ruf vorauseilte, überaus kreativ und einfallsreich zu sein. »Der Beginn einer neuen kulinarischen Ära«, nannte es Frau Wellisch.

Hinter Ilse, die sich schon mit einigen Köchen, Kellnern und Gästen eingelassen hatte, nicht zu vergessen die geplatzte Verlobung mit dem Schuhverkäufer, lagen nunmehr drei gänzlich männerlose Jahre. Am Anfang hatte sie die Auszeit, wie sie es nannte, genossen, Italienisch gelernt und Aquarellieren, ferngesehen, wann immer sie wollte, und ihre Wohnung umdekoriert.

Aber nun und mit einem Schlag war die Gelassenheit, die sie am Alleinleben so geschätzt hatte, dahin. Manfred war in ihr Leben getreten und schlimmer noch, er wußte nicht einmal davon. Noch nie hatte Ilse einen so schüchternen, schweigsamen Mann auch nur in Betracht gezogen. Ich werde alt, sagte sie sich, und betrachtete sich im Spiegel neben der Garderobe. Ihre Figur konnte sich immer noch sehen lassen und auch ihr langer Hals und die dichten dunkelbraunen Haare. Die hohe Stirn über den feingewölbten Brauen gab ihr ein, wie sie fand, etwas altmodisches Aussehen, wie eine Frau aus einem Stummfilm. Wenn sie allerdings so weiter aß und sich so weiter grämte, würde sie Tag für Tag immer häßlicher werden.

Sie hatte alles mögliche versucht, um sich Manfred zu nähern, und seit sie erfahren hatte, daß er das Kino liebte, saß sie jeden Nachmittag in der flimmernden Dunkelheit und hielt nach ihm Ausschau. Eines Tages war sie ihm sogar nachgegangen bis zum Wohnblock am Trailerpark, in dem er hauste, hatte aber dann nicht gewagt, bei ihm zu klopfen.

Sie hatte ihm in der Küche zugelächelt und dafür verwirrte

Blicke geerntet. Sie hatte Karl und Björn auszuhorchen versucht, war aber nur auf Heiterkeit und Spott gestoßen. Sie sei eben ungeübt im Verführen. Das sagte Hedda ohne Umschweife und riet ihr, dieses Gänseblümchen aufzugeben.

»Was hat er denn so Großartiges an sich?« fragte sie.

»Ich will ihn haben, unbedingt«, sagte Ilse.

Das wiederum konnte Hedda verstehen.

»Na, dann greif ihn dir«, riet sie, »was zögerst du.«

Schließlich beschloß Ilse, ihn etwas direkter anzugehen. An den Küchentisch gelehnt, zettelte sie ein Gespräch an.

»Schön, daß Sie jetzt zum Team gehören, Manfred. Wir sind doch ein netter Haufen hier, Sie werden sich gut einleben.«

»Ja, ja«, nuschelte er abwesend.

»Ihre Crème Brulée gestern mit den kandierten Minzeblättern war Klasse. Wurde oft bestellt! Ich hab alle Gäste darauf hingewiesen, wissen Sie.«

»Danke.«

»Wird es einen kleinen Einstand geben? Das machen wir hier so, ich helfe gerne.«

»Ach, ich weiß nicht.« Er schaute aus dem Fenster.

»Das hat's noch nie gegeben, keinen Einstand«, sagte Björn später, und Karl meinte, es sei dem Betriebsklima nicht gerade förderlich, wenn ein Neuer keinen Einstand gebe. Aber sie waren Manfred nicht wirklich böse.

»Ist so ein Spinner der, aber nett«, sagte Karl. »Er sagt, er macht seinen Einstand, sobald er weiß, ob er bleibt.«

»Na, da müssen wir uns wohl anstrengen, um es ihm hier angenehm zu machen, was?« Björn lachte.

»Was redet ihr denn mit dem?« fragte Ilse. »Zu mir sagt er nie ein Wort.«

»Eigentlich kann man nur über Filme sprechen mit dem«, Björn schnitt den Braten in Scheiben. »Reich die Teller rüber, Ilse.«

»Ja«, sagte Karl und legte drei Zucchinirauten neben das Fleisch, »der geht, glaube ich, jeden Nachmittag ins Kino, der arme Hund.«

»Das ist vielleicht ein tristes Leben«, Björn kniff Ilse in den Hintern. Das durfte er, denn er meinte es nicht böse, und Ilse stakelte mit übertrieben wackelndem Hintern aus der Küche.

Frau Wellisch übernahm schließlich den Einstand für Manfred. »Der wird unseren Umsatz verdoppeln«, sagte sie und lud alle am Ruhetag ins »Darjeeling« ein. Manfred saß zwischen Karl und Björn, den beiden Köchen, und sagte den ganzen Abend kein Wort.

Seine Art, lächelnd vor sich hinzustarren, machte Ilse wahnsinnig. Halb schloß er die Augen, und sein schöner gro-ßer Mund hob sich sacht an den Winkeln, als ginge ihm etwas ungeheuer Angenehmes durch den Sinn, während er am Tisch stand und Efeublätter für die Petits fours in Schoko-lade abformte. Wenn man ihn ansprach, schien es, als komme er von weit her, aus irgendeinem entlegenen Zimmer seines Gedankenhauses, als werde er erst langsam wach und erschrecke ein bißchen, sich in der Küche wiederzufinden, in der es zischte und klapperte, und in das Gesicht einer Frau zu sehen, die sich vor ihm aufgebaut hatte und eine Antwort erwartete.

»Morgen? Morgen Topfennockerl auf Himbeerspiegel«, sagte er langsam und schlug die Augen nieder. »Vielleicht auch Himbeerparfait.«

»Ist der schwul?« fragte Ilse die Köche, denen sie ein Bier hinstellte, während diese über der morgigen Speisekarte brü-teten.

»Nee, bestimmt nicht!« sagte Björn, der dickere und fröh-lichere der beiden.

»Gefällt dir wohl, Ilschen, was? Das kann man sehen.« Und zu Karl, dem Glatzkopf mit den Sommersprossen, der immer so stark schwitzte, sagte er: »Wenn Ilschen wo nicht landen kann, denkt sie gleich, der Mann mag keine Frauen.«

Karl lachte und betupfte sich die Brauen. »Ich glaub, der hat ein Auge auf die Chefin geworfen. Was meinst du, Björn? Die ist so zuckersüß zu ihm.«

Das saß. Dennoch glaubte Ilse kein Wort. Frau Wellisch, eine stramme, matronige Frau, trug immer dunkelblaue Hosenanzüge und blondgefärbte, toupierte Haare und hatte die erotische Ausstrahlung einer gekochten Sellerieknolle.

Während die Köche die übriggebliebenen Speisen in den Kühlschrank packten, stand Ilse in der Küche und trank ein Gläschen Wein. Manfred trat mit nassen, zurückgekämmten Haaren aus der Belegschaftsdusche, trug ein sauberes Hemd und brachte den Geruch nach Mandelseife mit, den Ilse mit geweiteten Nüstern aufsog.

»Ein Gläschen zum Ausklang des Abends, Manfred?« fragte sie etwas gekünstelt und griff nach seiner Hand. Er blieb sofort höflich stehen und schien für einen Augenblick unter ihrem Blick ganz wach zu werden.

»Was? Wein? Ach nein, danke, sehr nett, nein, nein.«

Soviel hatte er noch nie gesprochen. Sie behielt seine Hand in der ihren, rückte ihm näher und legte es darauf an, daß sie ihn mit der Hüfte anstieß und ihr Arm seine Brust berührte.

»Wohin so eilig?« fragte sie leise. »Zu Ihrer Liebsten?«

Manfred, der nun ganz wach wirkte, öffnete die Augen weit, blieb aber artig stehen wie ein Kind vor einem Erwachsenen und stammelte: »Was? Was? Ich habe Sie nicht verstanden.«

»Nun laß ihn doch, Ilse«, rief Björn und zwinkerte Karl zu.

Ilse ärgerte sich darüber, und das machte sie angriffslustig.

»Wollen wir noch ins ›Darjeeling‹ gehen und etwas trinken?« fragte sie und schaute Manfred so tief in die Augen, daß ihr davon selbst ganz schwindlig wurde.

»Ach, ich weiß nicht.« Manfred schlug die Augen nieder und lächelte. »Ich wollte, ich muß ...«

»Was?« flüsterte Ilse dicht vor seinem Gesicht und war sich wohl bewußt, daß Karl und Björn reglos am Herd verharrten, um ja nichts zu versäumen.

»Heute nicht, ich ..., vielleicht ..., ich habe ...« Er machte sich los. Nicht abrupt, sondern vorsichtig, als täte er es nur ungern. »Gute Nacht, allesamt.«

Und schon war er in seine Lederjacke geschlüpft und durch die Hintertür hinaus.

Karl und Björn umarmten sich mit unbändigem Gelächter hinter dem Herd. Ilse trank ihr Glas in einem Zug aus und knallte es auf die Tischplatte.

Seitdem ging Manfred ihr aus dem Weg.

Sie versuchte, ihn auf dem Heimweg abzupassen. Er entkam ihr aber in der belebten Fußgängerzone. Sie setzte sich neben ihn beim Betriebsausflug. Er aber schenkte den Lobhudeleien von Frau Wellisch auf seiner anderen Seite alle Aufmerksamkeit. Es stimmte. Seine Süßspeisen waren berühmt, auch bei den Kritikern, die darüber in verschiedenen Magazinen berichteten, hymnisch, unter großen glänzenden Fotos, auf denen Manfred schüchtern lächelte und – wie Ilse fand – engelsschön seinen gelockten Kopf über eine Pyramide von Profiterolen oder eine glänzende Kuppel aus Mangosorbet beugte.

Oft kamen Gäste ins Lokal, nur um sofort nach dem Dessert des Tages zu fragen. Das »Big Pink« florierte. Frau Wellisch war glücklich. »Unseren Star« nannte sie Manfred, und Björn und Karl rechneten sich angesäuert aus, was für ein Gehalt dieses Süßspeisengenie wohl bekam.

»Er ist ja komisch, sehr in sich gekehrt und maulfaul«, sagte Björn, »aber irgendwie mag ich ihn, er ist so arglos, erinnert mich an meinen kleinen Bruder Gustav, der beim Schlittschuhlaufen ertrunken ist. Das war auch so ein Tagträumer.«

»Ich glaube, der Junge hat irgendwas«, sagte Karl. »Irgendwas frißt an dem Jungen, könnte nicht sagen was. Vielleicht ist er krank.«

Frau Wellisch lud Ilse nach Dienstschluß auf einen Cognac ins »Darjeeling« ein. Dergleichen war noch nie vorgekommen.

»Der Junge ist nicht glücklich«, sagte Frau Wellisch ohne Umschweife und schwenkte den Cognac fachmännisch in ihrem Glas. »Ilse, der Junge wird uns nicht bleiben, es muß etwas geschehen. Ich habe bei seinen früheren Chefs angerufen, alle sagen dasselbe. Er lebt sich nicht richtig ein, er findet nicht Kontakt. Er kocht himmlisch, aber kündigt dann ohne Warnung und ohne Grund. Sie müssen mir helfen, Ilse.«

»Was soll ich tun?« fragte Ilse und nahm einen großen Schluck aus ihrem Cognacglas.

»Also, er braucht eine Frau«, sagte Frau Wellisch. »Ich habe natürlich nicht an Sie gedacht. Ich hab ja schon überlegt, ob ich selbst mich opfern sollte, aber so was liegt mir nun wirklich nicht.« Frau Wellisch lachte blökend. Ilse dachte sich ihren Teil. »Also, ich habe keinen Augenblick an Sie gedacht«, fuhr Frau Wellisch fort. »Aber vielleicht haben Sie eine nette junge Freundin. Was meinen Sie?«

»Mal sehen«, sagte Ilse.

Im Verlauf der Nacht und nach einer Schinkenbrotzeit, weiteren Schlemmereien und vielen Weingläsern hatte Ilse einen Bonus für sich herausgeschlagen. Fünftausend Mark auf die Hand, wenn es gelang, Manfred an eine Frau zu bringen.

»Womöglich Verlobung und Heirat – später«, flüsterte Frau Wellisch und schielte dabei.

»Ich tue, was ich kann«, sagte Ilse.

Nun, da Ilse das Ganze als Geschäft betrachten konnte mit dem kühlen Auge eines »Kontraktkillers«, wie sie es im geheimen nannte und dabei an »Die Ehre der Prizzis« dachte – einen Film, den sie mittlerweile mehrmals gesehen hatte – nun also fühlte sie keine Skrupel mehr. Sie hatte sich aus der Frau, die demütigenderweise von einem Mann besessen war, der sie nicht haben wollte, in einen hochdotierten Jäger verwandelt. Eine Herausforderung war das, und da ihr keine Mafia-Hochzeit zur Verfügung stand und kein prächtig gesungenes Ave-Maria, bei dem sie den ersten Blickkontakt mit dem Opfer aufnehmen konnte wie im Film, beschloß sie, auf andere Weise vorzugehen und das anzuwenden, was sie als psychologische Kriegsführung bezeichnete. Hedda unterstützte sie dabei.

Der Mann war schüchtern, ängstlich, gehemmt und unerfahren. Sie mußte sich ihm als Opfer nähern. Starke Frauen machten solchen Männern angst. Eine harmlose und hilflose Frauensperson würde seine menschlichen Qualitäten wecken und ihm die Furcht nehmen: eine arme kleine Frau, die Beistand brauchte. Das war's, was es darzustellen galt. Ilse hoffte inständig, daß sie nicht schon alles verdorben hatte mit ihrer forschen Anmacherei am Küchentisch.

Sie bemühte sich nun, kein überflüssiges Wort zu sprechen, kein aufreizendes Lächeln kam mehr über ihre Lippen. Sie rieb sich auf dem Klo die Augen, bis sie rot waren, und tauchte zögernd und schnüffelnd wieder auf.

»Was ist mit Ilschen los?« fragten die Köche.

»Was ist mit Ilse los?« fragten die Gäste.

Sie schüttelte nur tapfer den Kopf und biß sich auf die Unterlippe. »Nichts, nichts«, flüsterte sie, »es geht schon.«

Das schien spurlos an Manfred vorbeizugehen. Es ärgerte Ilse maßlos, wie liebevoll versunken er seine Baisers à la Fraisalia mit Erdbeersirup überzog oder seine Spezialéclairs mit Marillenmarmelade füllte.

Eines Abends, als der letzte Gast bezahlt hatte, verließ Ilse alle Kraft, und sie erlaubte sich, am Küchentisch zusammenzubrechen und ihren Tränen freien Lauf zu lassen. Das fiel ihr mehr als leicht. Sie hatte zugenommen und steigerte sich immer leidenschaftlicher in ihre Rolle hinein.

Manfred kam vorbei, blieb kurz bei ihr stehen, legte die Hand auf ihre Schulter und stellte einen Teller mit einem frisch zubereiteten Zitronenröllchen vor sie hin. Sie verschlang diese Köstlichkeit auf einen Happs und ohne auch nur mit den Wimpern zu zucken.

»Warum sagst du eigentlich nicht, was zum Teufel mit dir los ist?« fragte Björn, plötzlich eifersüchtig geworden.

Neue Tränen waren die Antwort, obwohl Ilse innerlich triumphierte.

»Liebeskummer, was?« rief Karl, der gerade einen Rehrücken für den nächsten Tag einlegte.

»Laßt sie doch in Ruhe!« Das war Manfreds Stimme, laut und gebieterisch.

Ilse wandte ihm ihre tränenverquollenen Augen zu und versuchte, auszusehen wie ein Hund, dem man endlich ein liebes Wort gibt. Sie registrierte zufrieden, wie gut dieser Blick bei ihm ankam. Wie hübsch er war, wenn er lächelte. Sein ganzes Gesicht veränderte sich.

Frau Wellisch beobachtete Ilses Fortschritte diskret, aber aufmerksam mit den glitzernden Augen eines Feldherrn, der zusieht, wie sich ein minderer General als guter Stratege erweist. Ilse begriff, daß Frau Wellisch sie von Anfang an als ihre Agentin ausgesucht hatte. An Frau Wellischs Menschenkenntnis hatte sie nun keine Zweifel mehr.

Und dann kam der Abend, auf den Ilse gewartet hatte. Die ganze Belegschaft wußte, daß Manfred in der Vorweihnachtszeit seinen preisgekrönten Stollen backen sollte, nach einem Geheimrezept, bei dessen Herstellung er niemand dabeihaben wollte. Frau Wellisch versprach sich einen großen Verkaufserfolg.

Nach der Abrechnung ging Ilse in die Küche und sah zu, wie Björn und Karl ihre Sachen zusammenpackten und davonzogen, nicht ohne ein paar Bemerkungen in Manfreds Richtung zu machen, er solle sich vor Spionen in acht nehmen, und Frauen ließen den Teig mißlingen, wenn sie beim Kneten zusähen.

»Kann ich noch ein bißchen bleiben? Es ist so einsam bei mir zu Hause«, sagte Ilse müde und setzte sich, weit vom Backtisch entfernt, auf einen Schemel neben der großen Bratröhre.

»Ist ganz nett, wenn ich Gesellschaft habe«, murmelte Manfred zu ihrer Verblüffung. Mehr sagte er nicht und fing an, hingebungsvoll Zitronat zu schnippeln.

Ilse saß da und überlegte. Sollte sie schweigen und warten? Nein. Sollte sie reden und warten? Nein. Sollte sie handeln? Ja. Trotzdem saß sie noch eine Weile unschlüssig auf ihrem Hocker und sah liebestrunken zu, wie Manfred die Mandeln stiftelte, die Rosinen in Armagnac einweichte, die Hefe in warmer Milch auflöste, die Butter abwog.

Sie dachte an den Mann, den die Königstochter eigenhän-

dig für sich gebacken hatte, weil ihr keiner der Prinzen gefiel, die um ihre Hand anhielten. So würde ich einen Mann
backen, dachte Ilse, die Augen auf Manfred gerichtet. Seine
braunen Arme, die aus den kurzen T-Shirt-Ärmeln ragten,
bewegten sich rhythmisch beim Schneiden und Rühren. Sein
gebeugter Nacken mit den feinen goldenen Härchen glänzte
vor Schweiß, er hatte die Hände tief im Teig und atmete an-
gestrengt.

Ilse hielt es nicht länger auf ihrem Hocker. Auf Zehenspitzen pirschte sie sich heran, blieb hinter ihm stehen und sog
die süße Luft ein, die ihn umgab, dann legte sie zögernd die
Arme um seine Brust und küßte federleicht seinen Nacken
und seine Ohren.

»Laß dich nur ein bißchen, ein bißchen liebhaben von
mir«, flüsterte sie und fühlte, wie er stillhielt und wie seine
Hände, die im Teig steckten, zur Ruhe kamen.

»Okay«, sagte er, »okay.«

Der Augenblick war gekommen.

Ilse schob ihre Hände behutsam in die Tiefen dieser
schlabberigen Hose. Alles fühlte sich noch besser an, als sie
erwartet hatte. Er ließ sich ihre Liebkosungen wortlos gefallen, wortlos und atemlos, die Hände noch immer im Teig
verborgen.

Als er sich zu ihr umdrehte, hörte sie dicke Teigtropfen
von seinen Händen auf den Boden platschen, und als seine
Arme sich um ihren Körper legten, dachte sie glücklich an
die weißen Abdrücke, die er hinterlassen würde auf ihrem
schwarzen Kleid.

Manfreds Gesicht war dem ihren nun so nahe, daß seine
Augen zusammenrückten und zu einem großen glänzenden
Auge wurden.

»Okay, küß mich«, sagte er so leise, daß sie es kaum verstand, und Ilse legte den Kopf schief und spürte seine Lippen
sich zutraulich öffnen.

Sie schmeckte Zitronat und bekam Nußkrümel auf die
Zunge. Sie zitterte, aber sie hielt sich zurück und bewegte
ihren Mund so zögernd und langsam, als müsse sie sich bei

jeder Bewegung ihrer Zunge die Richtung überlegen. Manfred kam ihr entgegen und seufzte. Er schloß langsam das eine glänzende Auge, und auch Ilse schloß die ihren. Die Rührmaschine hörte auf zu schnurren, und es war so still in der Küche, daß Ilse die kleinen schmatzenden Laute hören konnte, die ihre Münder machten, und ein leises Gewimmer, von dem sie nicht genau wußte, ob dieses zarte unschuldige Geräusch aus seiner oder ihrer Kehle aufstieg oder einfach dazugehörte wie die Musik zu einem Film.

Manfred griff hinter sich und wischte, ohne sich umzuwenden, den Tisch von Messern und kandierten Früchten frei. Er hob Ilse hinauf und setzte sie auf die teigverschmierte Tischplatte, nicht ohne vorher sorgsam ihren schwarzen Rock nach oben zu schieben, wie um ihn zu schonen. Ilse, der eine gewisse täppische Eile an seinen Bewegungen nicht entging, knöpfte ihre Bluse auf und bot ihm, mit durchgedrücktem Kreuz, ihre Brüste an wie zwei exotische Früchte. Sie hörte auf zu atmen und biß sich auf die Unterlippe.

»So nicht«, stammelte Manfred, »nee ...«

Erschreckt öffnete Ilse die Augen.

»Warum nicht?« Sie mußte einen tiefen Atemzug nehmen.

»Das ist wie im ›Großen Fressen‹, verdammt.« Manfred zog sie vom Tisch herunter. »Da hat er die Frau auf dem Küchentisch, und sie sitzt mit ihrem dicken Arsch im Nudelteig.«

Ilse kam zu sich und zog ihren Rock zurecht. »Na gut«, sagte sie beleidigt. »Welcher Film wäre dir denn lieber?«

»Beim ›Postmann‹ tun sie's im Brotteig«, sagte Manfred, rückte von ihr ab und wurde feuerrot.

Ilse hatte noch nie einen Mann so rot werden sehen, sogar seine Ohren brannten. Das war zuviel. Sie hätte heulen können. Ihr Körper war in einer derartigen Auflösung, daß sie glaubte, auf den Plattenboden herunterzurutschen wie ein schmelzendes Stück Butter.

»Mir ist die Lust vergangen«, sagte sie und dachte, Ilse sei klug, eiliger Rückzug!

Sie entwand sich seinen Händen und stakelte taumelig zur

Tür, aber Manfred fing sie ein, packte sie und schob sie gegen den Kühlschrank. Sein Gesicht hatte sich verändert, die Augen waren schmal, der Mund entschlossen.

»Hier!« sagte er. »Hier! So kommst du mir nicht davon. Mir nicht!«

»Also, das ist ja auch nicht gerade originell«, sagte Ilse mit unsicherer Stimme, »das ist wie in ›8 ¹/₂ Wochen‹.«

Aber sein Mund war schon auf ihrer Brust, und seine Zunge erkundete ihren Hals und schickte elektrische Schauer bis hinunter zu ihren Knien. Der Kühlschrank sprang an, sehr laut und rülpsend und zitterte leise unter dem Ansturm ihres Handgemenges.

»Also, hier kann ich nicht«, rief Ilse. »Lieber da!«

Sie zog rasch den Rock hoch und zwang den an sie geklammerten Männerkörper zu einer kleinen Drehung.

»Komm!«

Sie lehnte sich an den Herd und suchte mit gespreizten Beinen und durchgedrückten Knien einen festen Stand auf dem glatten Boden. Nun erlaubte sie Manfreds Händen blinden Zugriff zu all den Stellen, die sich immer heftiger für ihn erwärmten. Er war ungeduldig. Gerade wollte sie ihm beim Entfernen der letzten, noch hinderlichen Barriere helfen – heute morgen, als hätte sie es geahnt, war sie in das neue rote Höschen geschlüpft –, als er sie abrupt losließ, einen Schritt zurücktrat, sich in die Haare fuhr und mit einem verlegenen Lächeln sagte: »So wird das nichts.«

»Auf den Boden«, drängte Ilse. Es klang wie ein Quäken.

Und schon war sie auf den Knien. Ein Eimer stand im Weg. Ein Eimer mit Putzwasser, den Janka, die Putzhilfe, nicht ausgeleert hatte. Er kippte mit einem gedämpften blechernen Knall um und tränkte Ilses Beine und Schuhe mit kaltem Seifenwasser.

»Verdammter Mist«, fluchte sie. »Pulp fiction!«

Manfred fing an zu lachen und half ihr auf.

»Armes Mädchen, mein armes Mädchen«, er lachte keuchend, ließ sich aber nicht abschütteln und umklammerte sie von hinten mit erstaunlicher Kraft.

Wenn solch ein schüchterner Mann einmal in Fahrt kam, dann gab es offenbar kein Zurück. Ilse fühlte an ihrem Rükken seine Brust, die vom Lachen bebte, und konnte nicht anders, als selber loszulachen. So lachten sie eine Weile eng aneinander gepreßt und so einig, als wären sie schon dabei, Liebe zu machen.

»Du bist der trotteligste, ungeschickteste, blödeste Kerl, der mir je begegnet ist«, rief Ilse schließlich, und Manfred verfiel darüber in neues atemloses Gelächter.

»Du hast einen Klumpen Teig im Haar«, seine Stimme gehorchte ihm kaum. Nun gab es kein Halten mehr. Sie taumelten beide gegen das Regal mit den Töpfen und brüllten vor Gelächter, als blanke Pfannen und Topfdeckel um sie her niedergingen wie explodierende Sprengkörper.

»Wie im Greenaway-Film, ohne Witz. Sollen wir jetzt die ganze Küche verwüsten?« fragte Manfred in die Stille, die darauf folgte. Er preßte sich an sie und rieb sein Gesicht an ihrem Nacken.

»Du bist schuld«, rief Ilse aufgebracht, »du wolltest nicht im Teig.«

»Raus hier«, sagte Manfred plötzlich ernüchtert. »Ich weiß, wo.«

»Ach nein. Schluß jetzt, wir haben alles verdorben.« Ilse wollte plötzlich nach Hause.

»Von wegen, jetzt machen wir Nägel mit Köpfen.«

An ihrem Hintern fühlte sie, daß es Manfred ernst war, und das entfachte ihre Willigkeit aufs neue. Sie hatte ihm eine solche Zähigkeit nie zugetraut.

Im Restaurant brannten noch die Kronleuchter. Ilse hätte sie längst ausknipsen sollen, aber darum konnte sie sich jetzt nicht kümmern. Sie hatte nur noch einen einzigen Gedanken, nun, wo es Manfred gelungen war, alle Hemmnisse, die ihn von ihrem Hintern trennten, beiseite zu schieben und sich unlösbar mit ihr zu verbinden.

Von der Taille abwärts war Ilse nun nicht mehr Herrin ihres Körpers und wie gelähmt von der Deutlichkeit, mit der sie ihn in sich spürte. Nur keine falsche Bewegung, sagte sie sich. Und Manfred machte sich daran, mit geschickten Fingern auch ihre Brüste für sich einzunehmen.

Sie fielen auf den Parkettboden zwischen den gedeckten Tischen, und Ilse, mit der Nase auf dem Boden, begriff zum erstenmal, wie ungewöhnlich sinnlich der Geruch von Bohnerwachs sein konnte. Es war nur etwas hart, dort auf den Boden gepreßt zu liegen, und so bestand sie darauf, daß Manfred beim zweiten Durchlauf unter ihr zu liegen kam, auch wenn er dabei nicht den Duft der frisch gebohnerten Holzplanken genießen konnte, weil er ihre Brüste vor der Nase hatte.

»Soviel zu schüchternen Männern«, flüsterte Ilse, als sie später ihr Gesicht in Manfreds Achselhöhle legte und ihm etwas Stollenteig aus seinen Brusthaaren klaubte.

»Augen hast du wie Winona Ryder«, stammelte er.

Draußen vor dem großen Fenster hatten sich im fallenden Schnee Leute in Pelzmützen und Kopftüchern eingefunden, die mit offenem Mund zu ihnen hereinstarrten. Ein Mann im Regenmantel applaudierte. Eine Frau und ihr an sie geschmiegter Begleiter winkten lachend mit dem Regenschirm. Das alles sahen Ilse und Manfred, ohne sich groß darum zu kümmern.

»Sieh dir das an, wie in einem Stummfilm«, flüsterte Manfred.

»Wie ein Fernseher ohne Ton«, sagte Ilse.

Mit diesen Leuten da draußen, diesen Zuschauern, hatten sie nichts zu tun. Sie lagen auf dem glänzenden Parkett, unerreichbar wie in einem warmen goldenen Kokon.

»Das nenn ich Einstand«, sagte Manfred stolz.

»Stilgerecht«, flüsterte Ilse und prüfte mit der Hand, ob noch weitere Einstände zu erwarten waren. Es fühlte sich ganz so an.

»Und wenn ich denke, welche Höllenangst ich immer vor Frauen hatte«, murmelte er.

»Du gehst zuviel ins Kino. Küß mich. Wir machen jetzt unseren eigenen Film.«

»Manfred und Ilse tun es«, murmelte er und umarmte sie fester.

Krystyna Kuhn
Pygmalion

Roksana konnte die Frage, ob es sie störte, daß zwanzig Augenpaare ihre Nacktheit anstarrten, nicht wirklich beantworten.

Sie erklärte Oskar, daß sie nichts fühlte, wenn sie Mittwoch für Mittwoch hinter dem Paravent aus ihren Kleidern stieg, um nackt vor einer Gruppe von Kunststudenten zu posieren. Die sie anstarrten. Deren einziges Ziel es war, jede Linie ihres Körpers erst mit den Augen, dann mit dem Stift einzufangen und festzuhalten.

»Aber es ist doch kalt. Ich friere mir jeden Mittwoch abend den Arsch ab in dem Raum.«

Roksana lachte: »Mit-tel-evrope-jer – heißt das so?«

»Europäer. Schau genau auf meinen Mund: Eu-ro-pä-er.«

Oskar konnte nicht anders, als es ihr noch einmal genau vorzusprechen. Wobei Roksana seine Zähne bewunderte. Sie waren gerade und strahlend weiß. Das Gesicht braungebrannt, als säße er immer in der Sonne. Auch in Moskau gab es Männer, die braune Gesichter hatten, aber das waren Georgier. Oder Leute, die bei Teerkolonnen arbeiteten.

Oskar zeigte ihr die kleine russische Kirche. Sie tauchte plötzlich hinter den Bäumen wie eine Fata Morgana auf. Roksana lachte und notierte die Zeiten, wann orthodoxe Gottesdienste stattfanden. Nicht weil sie religiös war. Gott war für sie lediglich eine Umschreibung für das Rätsel der Welt. Nicht mehr, aber auch nicht weniger. Aber wieder einmal russische Luft ..., noch dazu an einem Ort, von dem sie wußte, daß ihn schon im 19. Jahrhundert Russen besucht hatten. Sie hatte bisher überhaupt nicht geahnt, wie sehr sie Moskau vermißte.

Ja, sie vermißte Moskau. Aber ohne wirklich Sehnsucht danach zu empfinden. Schließlich konnte sie jetzt in Deutschland Wirtschaftswissenschaften studieren. Und hatte zu lange dafür gearbeitet, als daß sie sich jetzt den Luxus erlauben konnte, unter Heimweh zu leiden.

Nach dem Spaziergang im Kurpark lud Oskar sie in das Luxusbad ein. Als er für drei Stunden achtzig Mark bezahlte, protestierte Roksana. Er sollte nicht soviel Geld für sie ausgeben. Sie konnte es nie zurückzahlen. Das Stipendium reichte gerade für Essen und Miete.

»Du bist süß! Aber mach dir keine Gedanken. Die achtzig Mark verdient mein Vater, wenn er nur den kleinen Finger hebt.«

Roksana mochte es nicht, wenn Oskar prahlte, daß sein Vater so reich war, daß er sich einen Künstler als Sohn leisten konnte. Nicht weil sie neidisch war. Oder an das arme Mütterchen Rußland dachte, wie Oskar es nannte. Nein, sie mochte es nicht, *wie* er über Geld sprach. Seine Stimme hatte dann etwas Kaltes, wie auch seine Bilder etwas Kaltes hatten. Bunte kalte Farben, zufällig zu Mustern gefügt wie zusammengekaufte Tapetenreste in russischen Wohnungen. Für Roksana war Geld ein Freischein für ein würdevolles Leben, für Freiheit. Deshalb behandelte sie es mit Respekt.

Oskar lachte: »Süß!«

Der Saunabereich der Taunustherme war für Roksana eine Entdeckung. Im Kopf schrieb sie eine Karte an Mascha: Du möchtest wissen, ob die deutschen Männer schöner sind als die russischen? Nein! Aber sauberer!

Oskar nervte sie: »Wollen wir nicht lieber unten ins Schwimmbad? *Mit* Badeanzug ...«

»Aber nein. Ich finde es wunderbar. Und keine Sorge, ich weiß, wie nackte Männer aussehen.«

Roksana fand es nett, daß er besorgt um ihr Schamgefühl war. Obwohl – eigentlich konnte sie es nicht nachvollziehen. Schließlich war sie doch diejenige, die als Aktmodell in seinem Kurs fünfzig Minuten vor zwanzig angezogenen Künstlern stand. Warum also sollte es ihr peinlicher sein, nackten Männern in einer öffentlichen Sauna zu begegnen?

Außerdem genoß sie es, am offenen Kamin zu sitzen und

in die Flammen zu schauen, die auf ihrer weißen Haut Zeichnungen wie Höhlenmalereien machten. Auch wenn Oskar nervös neben ihr zappelte. Er war nicht dazu zu bringen, sein Handtuch abzulegen. Sie fand es lächerlich. Schließlich hatte er gerade den Kurs für Aktmalerei abgeschlossen. Andererseits war es rührend. Fast als wollte er sich für sie aufsparen. Vielleicht hielt sie ihn zu lange hin.

Seinen vorsichtigen Versuchen, sie in seine Wohnung zu locken, hatte sie bis jetzt erfolgreich widerstanden. Denn sie war nach Deutschland gekommen, um sich wirtschaftliches Know-how anzueignen, nicht um sich in einem erotischen Joint-venture zu üben. Wozu sie sowieso keine Zeit hatte, da sie neben ihrer Tätigkeit als Modell noch in einer Imbißbude auf der Friedberger Landstraße Geld verdiente.

»Hier könnte ich sterben!« seufzte Roksana und streckte ihre Zehen Richtung Kamin. Gleich würden sie Feuer fangen. »Du nicht?«

Sie drehte ihren Kopf zur Seite. Oskar starrte ihr zwischen die Beine. Dorthin, wo der Schweiß in der heißen, feuchten Saunaluft genau zu ihren Schamlippen hinabbrann. Das tat ihr leid. Weil er offensichtlich darunter litt, so hilflos seiner Lust ausgeliefert zu sein. Und leid für sie, weil sie seine Lust nicht sofort stillen konnte.

Sie liebte ihn nicht, aber es hätte sie nicht viel gekostet, ihn zu erlösen. Warum zum Teufel fragte er sie nicht einfach? Schließlich lebte doch er in einem aufgeklärten Land. Überall Plakate mit nackten Frauen. Man brauchte nur den Fernseher anzuschalten, und schon wälzten sich zwei im Bett. Ständig wurden Witze über dieses Thema gerissen. Manche seiner Studienkollegen zeichneten ihren Körper mit übersteigert großen Brüsten, wie eine Witzfigur. Und einer machte aus ihrem Mund eine Scheidenöffnung und formte die Schamlippen wie die ihres Mundes.

Manchmal verstand sie ihn wirklich nicht. Höflich und zuvorkommend trieb er einen ungeheuren Aufwand mit Komplimenten und Geschenken. Doch wenn sie mit Freunden von ihm unterwegs waren, hielt er sie plötzlich besitzergreifend am Arm. Versuchte sie sich zu befreien, flüsterte er ihr leicht angetrunken »süße Hexe« ins Ohr. Und er sprach kein Wort, wenn sie sich mit seinen Freunden unterhielt und ihnen ausführlich die Fragen nach Moskau, nach den Lebensverhältnissen, der politischen Entwicklung beantwortete. Als sei er beleidigt.

»Okay, dann laß uns schwimmen«, sagte sie und merkte, daß nicht nur Oskar hinter ihr her starrte, wie sie den Weg zur Umkleidekabine ging, sondern mindestens noch dreißig Augenpaare mehr. Daran war Roksana gewöhnt. Warum aber gingen diese Männer in die Sauna und kamen dann nicht damit klar, daß eine nackte Frau vorüberging. So daß sie ihr Handtuch über den Schoß breiten mußten.

Angezogen war Oskar wieder ganz Gentleman. Sie fuhren die beleuchtete Kaiser-Friedrich-Promenade entlang, und sie las ihm aus dem Stadtführer vor, welche bekannten Russen sich im letzten und vorletzten Jahrhundert in Bad Homburg aufgehalten hatten.

»Und wer bin ich für dich?« fragte Oskar. »Ein Droschkenkutscher, der die lungenkranke russische Prinzessin Roksana zur Trinkhalle bringt? Oder ein heruntergekommener Spieler, den zu retten du aus Moskau herbeigeeilt bist?«

Roksana lachte: »Ich habe Hunger. Der Sohn eines deutschen Börsenmaklers wäre mir jetzt recht, der eine arme russische Studentin einlädt, damit sie sich endlich nach siebenundzwanzig Jahren Armut und zwei Stunden Luxusbad satt essen kann.«

Und nun saß Roksana vor einer Paella und aß zum ersten Mal Shrimps, Garnelen und Tintenfisch.

»Magst du es?« fragte Oskar besorgt und hob dem Kellner die leere Flasche Rotwein entgegen.

»Ich liebe es. Liubliu!«

Oskar freute sich. Er wußte, wenn sie russisch sprach, dann war das ein Signal, daß sie sich wohlfühlte.

»Wenn ich schon früher geahnt hätte«, sie fischte einen Tintenfischarm aus dem Reis und saugte ihn genüßlich ein, »daß es so gut schmecken kann, Arme und Beine zwischen den Zähnen zu haben, hätte ich mich nicht siebenundzwanzig Jahre mit russischer Suppenküche zufriedengegeben.«

»Ich habe doch gewußt, daß du eine Hexe bist.«

Oskar goß ihr Wein nach.

»Was ist das für ein Land, dein deutsches Land, in dem man in ein spanisches Restaurant gehen muß, um eine russische Hexe zu verführen?«

»Tue ich das? Dich verführen?« Oskar beugte sich über den Tisch, nahm Roksanas Hand und lächelte ihr zu.

Mein Gott, was für weiße Zähne hatte dieser Mann. Es könnte vielleicht nicht verkehrt sein, durch langes und andauerndes Küssen zu prüfen, ob sie tatsächlich echt waren.

»Natürlich, schließlich habe ich seit heute morgen nichts mehr gegessen. Da bin ich leicht zu verführen.«

»Nein«, seine Stimme wurde plötzlich rauh und seine Augen verengten sich, »das bist du eben nicht. Du bist wie eine dieser Puppen. Öffnet man die erste, verbirgt sich schon wieder eine neue darunter.«

Obwohl seine Worte klangen, als beschreibe er das faszinierende Rätsel der Sphinx, fühlte Roksana sich plötzlich schuldig und entzog ihm die Hand. Auch weil sie nicht bereit war, ihm mehr zu zeigen als die erste Puppe.

Nach dem Essen bestellte Oskar, reichlich angetrunken, heimlich Wodka. Doch nicht in einem Glas, sondern wie in ihrer Heimat üblich in einer Karaffe.

»Genau sto Gramm!« erklärte er ihr stolz.

Sie trank davon, obwohl sie Wodka nicht ausstehen konnte.

Ziemlich schwankend verließen sie als letzte Gäste das Restaurant. Mit der kalten Luft kam die Ernüchterung.

»Wie sollen wir jetzt nach Frankfurt kommen?«

Oskar hob die Hände: »Ich kann nicht mehr fahren. Ich muß wohl einen über den Durst getrunken haben. Dabei hatte ich doch nur sechs Gläser Wein und fünfzig Gramm Wodka.«

Roksana kicherte und stolperte über den Bordstein. Oskar war schnell zur Stelle, um sie aufzufangen.

»Ich kann überhaupt nicht fahren, weil ich normalerweise nur auf Besen reite.«

»Das wußte ich ja gar nicht. Soll ich Ihnen, süße Hexe, meinen Besen zur Verfügung stellen, oder ziehen Sie es vor, hier in einem Hotel zu übernachten.«

»Beides«, kicherte Roksana.

Und so landeten sie auf der Kaiser-Friedrich-Promenade in einem Doppelzimmer, wo auf dem Tisch eine Flasche Sekt stand und auf dem Kopfkissen Pralinen in Goldpapier lagen.

Roksana wollte nicht mit Oskar schlafen, weil sie ihn nicht liebte. Denn sie glaubte an die Liebe. Sie glaubte daran, daß die Macht und die Kraft der Liebe Berge versetzen konnte. Andererseits, solange diese Liebe ihr noch nicht begegnet war, blieb ihr nichts anderes übrig, als darauf zu hoffen, wenigstens ein kleines Stück vom Glück zu erhaschen. Die ersten Wochen in Deutschland war sie so einsam gewesen, daß sie immer eine Art Starre in ihren Gliedern gespürt hatte. Vielleicht konnte ihr Oskar dazu verhelfen, daß sie endlich lebendig wurde in diesem Land.

Sie fand es daher plötzlich nur natürlich, daß sie beide nach dem Essen in diesem Zimmer waren, um ein Gesetz des Lebens zu vollziehen, dessen Sinn zu klären sinnlos war. Sie verschwendete keinen Gedanken mehr daran, warum sie hier war. Endlich befand sie sich in diesem Zustand von Gelöstheit, der ihren Verstand ausschaltete. Sie sagte einfach zu ihrem Gehirn, halt die Klappe, ich will jetzt mit diesem Mann vögeln.

Sie fand zunächst auch nichts dabei, sich vor Oskar auszuziehen, während er auf dem Bett lag, rauchte und anscheinend hoffte, daß sie die Initiative übernahm. Sie entledigte sich Stück für Stück ihrer Kleider. Als würde sie Modell stehen. Am Anfang hatte sie sich geschämt, mit ihm auszugehen. Weil sie selbstgestrickte Pullover trug, abgetretene Stiefel und einen Mantel aus verfilztem Wollstoff. Doch Oskar beruhigte sie. Er wisse, wie schön sie unter diesen Kleidern sei, er kenne ihren Körper schließlich in- und auswendig. Fast, als sei er eigentlich sein Werk. Er ärgerte sich, weil Roksana darüber lachte.

»Gefalle ich dir?« fragte sie.

Langsam spürte sie eine gewisse Verlegenheit. Es machte sie unsicher, wie Oskar, noch immer in Anzug und Krawatte, sie betrachtete. Bei den russischen Männern hatte sie die Spielregeln gekannt. Da war man sich nach einem vergnügten Abend mit vielen Freunden in die Arme gefallen. Hatte sich in eines der Zimmer der kleinen russischen Wohnung zurückgezogen, und wenn es die Küche oder das Bad war. Man hatte sich gegenseitig kichernd ausgezogen und war anschließend sofort ohne viel Worte übereinander hergefallen.

Was aber verlangte Oskar von ihr? Was wollte er? Waren alle deutschen Männer so wie er? Aber da Roksana im Grunde praktisch veranlagt war, tat sie das Nächstliegende. Sie schlüpfte unter die Bettdecke.

Oskar drückte langsam die Zigarette aus.

»Du kannst das gut!«

»Was meinst du?«

»Dich ausziehen.«

Roksana wußte nicht, ob sie lachen sollte. War er so verliebt, daß er es sogar liebte, wie sie den grau gewaschenen Schlüpfer aus dem Kaufhaus am Roten Platz verlegen unter ihren Sachen versteckte?

»Kannst du mir zeigen, wie man es macht?« Er begann hilflos an seiner Krawatte herumzuzerren.

»Hat deine Mutter dir das nicht beigebracht?«

»Meine Mutter war nicht so schön wie du!«

»Für deinen Vater vielleicht.«

»Ich bin aber nicht mein Vater.«

»Weißt du das genau?«

»Sehr genau. Mein Vater würde nie mit einer Frau wie dir schlafen.«

Roksana fühlte sich plötzlich erniedrigt. Doch sie wollte sich zu Ende amüsieren. Schließlich war es ein wunderschöner Tag mit einem netten Mann gewesen. War es nicht die natürlichste Sache der Welt, daß sie nun zusammen ins Bett gingen?

»Na ja«, sagte sie daher betont munter, »dann will ich dem kleinen Jungen einmal helfen.«

Und sie begann, ihn von einem Kleidungsstück nach dem anderen zu befreien, wobei sie die entsprechenden Namen wiederholte, als ob sie einem Kind das Sprechen beibrachte.

»Krawatte – galstuk. Jackett – pidschak. Hemd – rubaschka. Unterhemd – majka. Hose – brjuki. Slip – plavki. Socken – noski.«

Bis er ganz nackt war.

Die Prozedur war etwas ermüdend. Oskar krümmte keinen Finger. Dennoch konnte sie nicht anders, als seinen Körper zu bewundern. Sie hatte das Gefühl, jemand hätte ihm seine braungebrannte Haut direkt auf die Muskeln maßgeschneidert. Sie zeichneten sich deutlich an Oberarmen, Beinen, am Bauch ab. Es war unverkennbar, daß er Sport trieb.

»Dreh dich um«, sagte sie. »Ich wußte bisher nicht, daß Männer auch am Po Muskeln haben.«

»Das ist nicht das einzige, was du von einem deutschen Mann lernen kannst«, sagte er plötzlich laut.

Er legte ihr die Hand zwischen die Schenkel, wie um zu fühlen, ob er hier richtig war, legte sich dann auf sie und drang sofort in sie ein.

Roksana schloß die Augen und dachte, mein Gott, endlich.

Dann bewegte er sich unendlich langsam in einer Art, die Roksana daran erinnerte, wie alte Frauen in Moskau die Stufen einer orthodoxen Kirche putzten. Einen Stein nach dem anderen, langsam und beharrlich, ohne Freude, aber voller Hoffnung, irgendwann dafür ins Himmelreich zu gelangen.

Dennoch hoffte Roksana auf Erfolg und schlang ihre Arme fest um seinen Rücken. Sie spürte plötzlich, wie verzweifelt verspannt seine Muskeln waren. Sie begann, in seinem Rhythmus den Unterkörper zu bewegen. Na also, ging es ihr nicht gut? Ein netter, gut gebauter Mann begehrte sie, schlief mit ihr, und sie schlug sich mit seltsamen Zweifeln herum. Sie hatte doch noch nie ein sexuelles Problem gehabt.

Doch je gleichmäßiger Oskar sich über ihr bewegte, ohne sie zu küssen, ohne sie anzuschauen, ja fast ohne sie wahrzunehmen, desto unbeteiligter wurde Roksana. Wozu hatte er sie immer wieder nackt gezeichnet, wenn ihr Körper ihm egal war. Wenn er sich nicht die Mühe machte, zu den einzelnen Stellen ihres Körpers zu sprechen. Wenn es ihm nicht möglich war, zum Beispiel zu ihrem Gesicht zu sagen: »Du bist schön.« Oder: »Ich liebe diese schwarzen Haare.« Oder: »Ich bin verrückt danach, wie du kicherst, wenn ich dich unter den Achseln küsse.«

Statt dessen absolvierte er Pflichtübungen wie in einem dieser Fitneßstudios, von denen er ihr vorgeschwärmt hatte. Sein Penis bewegte sich in ihr vor und zurück, als wäre er auf einem Laufband, das ihm die Illusion verschaffte, Kilometer um Kilometer zurückzulegen. Obwohl er in Wirklichkeit kein Stück vorwärts kam.

»Oskar«, flüsterte Roksana, »hör auf damit, Oskar. Hör auf!«

Er reagierte nicht. Was ging in ihm vor? Sein Körper hob und senkte sich über ihr, als mache er Liegestützen. Dennoch gab Roksana nicht auf, sondern drehte sich etwas zur Seite, um sich zu befreien. Doch sofort griffen seine Hände nach ihrem Po. Schob sie wieder unter sich zurecht.

Energisch entzog Roksana sich ihm, schob ihn mit einem Ruck von sich: »So nicht!«

Er lag neben ihr und schaute sie an. Roksana konnte nicht deuten, was er dachte. Dachte er überhaupt an irgend etwas? War das Hilflosigkeit in diesem leeren Blick? Verzweiflung? Ging es ihm immer so, wenn er versuchte, mit einer Frau zu schlafen?

»Ich kann dir zeigen, wie man es macht. Wie du mich glücklich machen kannst.«

Sie zog seine Hand zu ihrem Gesicht. Küßte sie zärtlich, wobei ihre Zungenspitze vorsichtig die rauhe Haut berührte. Dann führte sie die Hand in ihrem Gesicht spazieren. Sie nahm seinen Zeigefinger, der kräftig und groß war, und fuhr mit ihm ihre Nase entlang, als wollte sie ihm sagen, so sieht sie aus, meine Nase. So fühlen sie sich an, die Lider meiner Augen. Das sind meine Wangen. Hier sind meine Lippen. Küsse sie vorsichtig, dann werden sie dir antworten. Dann führte sie den Zeigefinger nach unten, legte ihn zwischen ihre Brüste, wie um ihm zu zeigen, daß dieser Platz nur für ihn geschaffen war, um sich dort auszuruhen, bevor er endlich weiter nach unten wandern konnte. Bis er an der Stelle angelangt war, die bereit war, sich ihm zu öffnen. Für eine kurze Gemeinsamkeit.

Doch es geschah etwas ganz anderes. Sein Zeigefinger entzog sich ihr, und im nächsten Moment spürte sie, wie ihre Wange brannte. Weil Oskar sie geschlagen hatte.

»Mach das nicht noch einmal!«

»Was?«

Roksana begriff nicht. Sie sah nur, wie sich Oskars Gesichtsausdruck veränderte.

»Daß du behauptest, ich sei ein Versager.«

»Ich verstehe nicht, was …«, sagte sie, als verstünde sie das Wort nicht.

»Du verstehst sehr gut.«

»Was?«

»Führst dich hier auf wie eine Frau, die weiß, was ein Mann braucht. Gibt es in Rußland nur Männer, die sich von einer Frau zeigen lassen müssen, wie es geht?«

»Aber ich wollte dir und mir nur helfen …«

»Ich brauche keine Hilfe. Wie kommst du überhaupt auf den Gedanken, daß ich deine Hilfe brauche, wenn ich dich ficken will.«

Roksana schwieg. Sie hatte keine Vorstellung, was in Oskar vorging. Hatte plötzlich keine Ahnung mehr, wer der Mann war, der hier über sie gebeugt saß. Dem sie ihren Körper anvertraut hatte.

»Oh, war ich ein Idiot!« rief er aus. »Ich habe mich einwickeln lassen von dir, von deinen Augen, deinem Namen, deinem Körper. Einem Körper, der so sauber aussah, daß ich erschrak, als ich ihn zum ersten Mal sah. Denn wie du zur Tür hereinkamst ins Atelier, in diesem dunkelbraunen, labberigen langen Wollrock, den selbstgestrickten Schal um den Hals geschlungen wie eine Vogelscheuche, ehrlich, da dachte ich, o Gott. Doch dann, als du dich ausgezogen hattest, Stück für Stück wie vorhin, und nach und nach deine weiße Haut zum Vorschein kam, da sahst du aus, als hätte dich noch nie jemand berührt.«

Roksana schwieg. Was hatte sie sich nur dabei gedacht, in einem fremden Land, in einer fremden Stadt mit einem fremden Mann in ein fremdes Hotel zu gehen. Hatte sie gedacht, nur weil hier in diesem Hotel Pralinen in Goldpapier auf dem Bett lagen, das hätte etwas Verheißungsvolles zu bedeuten? Sie hätte die Praline essen und gleich verschwinden sollen.

»Oder was meinst du?« fuhr er fort und krallte seine Hand in ihre Schulter. »Ich hätte sonst so lange gewartet? Dabei ...«, er lachte laut auf, »dabei ist es doch immer dasselbe.«

In den letzten Jahren hatte Roksana gelernt, auf der Hut zu sein. Mit siebzehn Jahren war sie noch mit ihren Freundinnen bei Dunkelheit durch Moskau gelaufen, in die U-Bahn gestiegen, durch einsame Parks gegangen, ohne sich etwas dabei zu denken. Heute aber waren ihre Sinne gut geschult und darauf trainiert, das Unerwartete und Unbekannte als gefährlich zu erkennen. War sie wieder sorglos geworden?

Oskars Hände hatten ihre Oberarme fest im Griff. Er saß auf ihr, die Beine umklammerten ihr Becken. Die Augen blickten starr auf sie hinunter. Er schien jederzeit bereit, mit Gewalt in sie einzudringen, wenn sie sich wehrte.

»Oskar,« flehte sie, »laß mich los.«

Er reagierte nicht. Sie versuchte seine Umklammerung zu lockern, aber er gab nicht nach.

»Laß uns reden, Oskar. Erzähl mir doch, was du willst. Sag mir, was ich falsch gemacht habe. Laß es uns noch einmal probieren«, redete sie weiter.

»Denkst du, ich schaffe das nicht ohne dich? Ohne daß du meine Hand führst?«

Vielleicht würde etwas Unterwürfigkeit nicht schaden. Obwohl Roksana ihm am liebsten die Ohrfeige zurückgegeben hätte in sein makelloses Gesicht. Es kam ihr jetzt nicht mehr schön vor, sondern steif wie eine dieser venezianischen Faschingsmasken. Nur gemacht, um zu täuschen.

»Es tut mir leid«, sagte sie und versuchte, ihrer Stimme einen normalen Klang zu geben.

Der Griff um ihre Arme lockerte sich nur leicht.

»Aber ich hätte es mir denken können«, stieß er zwischen den geraden und weißen Zähnen hervor. »Wie du dich heute bewegt hast in der Sauna, wie du an den Männern vorbeigegangen bist. Eine russische Hure.«

Roksana erschrak. Vielleicht hatte er recht. War sie nicht nur mit ihm ins Bett gegangen, weil er bereits Vorkasse in Form von Geschenken geleistet hatte?

»Nichts als eine russische Hure«, wiederholte Oskar und rutschte zur Seite.

Jetzt war nicht die Zeit, darüber nachzudenken. Roksana holte tief Luft. Sie mußte sich überlegen, wie sie von ihm wegkam. Ihre Kleider lagen auf dem Ledersessel am Fenster. Die Tür war weit weg. Sie schob einen Fuß aus dem Bett, bis er den Boden berührte. Sie mußte Oskar irgendwie beruhigen.

»Warum schläfst du dann nicht mit mir?« Sie hörte ihre Stimme wie von weit weg. In Gedanken war sie schon aus dem Zimmer draußen. Nur ihre Worte blieben zurück.

»Du kannst mir sagen, was du von mir erwartest, Oskar. Ich höre dir zu.«

»Quatschen! Quatschen! Frauen wollen immer nur quatschen, weil sie nichts kapieren. Sie kapieren nicht, was ein Mann braucht. Das ist euer Problem.«

Er beugte sich wieder über sie. Wieder sah sie diese weißen Zähne. Aber jetzt mußte sie auf ihren Verstand hören, der ihr riet, ruhig zu bleiben.

»Sag mir, was du brauchst.« Ihre Beine waren angespannt, bereit loszurennen. »Ich möchte es wirklich wissen. Es von dir lernen.«

»Wissen möchtest du es?« Er beugte sich hinüber zu dem Nachttisch, wo seine Zigaretten lagen. »Ich kann es dir genau sagen. Wir möchten ...«, Roksana schob das andere Bein zum Bett hinaus, »daß ihr verdammt noch mal endgültig kapiert ...«, er zündete sich genüßlich die Zigarette an, »daß Männer nicht mit dem Gehirn ficken wie ihr.«

Doch Roksana hörte nicht mehr, was er sagte. Mit einem Satz war sie aus dem Bett und rannte hinaus auf den Flur.

Russische Hure. Russische Prostituierte. *Prostitutka*. Es war nicht das letzte Mal, daß Roksana die Worte in dieser Nacht hörte. Sie hörte sie in der Hotelhalle flüstern, als sie nackt aus dem Aufzug rannte, einfach um wegzukommen, weg von Oskar.

Sie hörte es den Portier sagen, als er die Polizei rief. Sie hörte es, als Oskar auf der Wache zu Protokoll gab, er sei aufgewacht, als sie gerade seine Kleider nach Geld durchsucht habe. Als er sie davon habe abhalten wollen, sei sie plötzlich um Hilfe schreiend auf den Flur gerannt. Um sich zu retten, würde sie ihn jetzt der versuchten Vergewaltigung beschuldigen. Und Oskar konnte bei der Wahrheit bleiben. Mußte nichts erfinden. Sie arbeite – unter anderem – als Aktmodell an der Kunsthochschule. Und wie er dies sagte: »unter anderem« – *meschdu proczim* –, wußte Roksana, daß sie sich keine Hoffnung zu machen brauchte.

Niemand würde ihrer Version der Geschichte glauben. Sie schwieg beharrlich.

RENATE DAIMLER
Die Erregung

Lilly wartet hinter der Buchsbaumhecke auf der anderen Straßenseite des Lokals. Sie beobachtet den Eingang und sieht zu, wie der livrierte Empfangschef sich mit dem Handrücken die Nase putzt. Es riecht nach Pisse, in der Innenstadt sind diskrete Hundeklos eine Rarität. Sie fixiert ihre Armbanduhr, die ihr Dieter zu Weihnachten geschenkt hat, und beschwört den Zeiger, der sich nicht bewegen will. 19 Uhr 15. Noch zwei Minuten.

Sie sieht ihn um die Ecke biegen und wundert sich, daß er es schafft, seine kleinen Füße – sie schätzt seine Schuhgröße auf höchstens 41 – genau um 19 Uhr 16 auf die großen Steinquader, die den Weg zum Roma pflastern, zu setzen. Lilly hatte ihn nie gefragt, wo er die verbleibenden Minuten verbrachte, die sich zwangsweise als Abfall aus der Tatsache ergaben, daß es zum Ritual gehörte, das italienische Lokal punktgenau um 19 Uhr 17 – sie eine Sekunde hinter ihm – zu betreten.

Er trägt wie immer einen seiner Maßanzüge, die sich meistens nur in den Nuancen der Grautöne unterscheiden, und eine rote Krawatte. Lilly wußte nicht, ob er attraktiv war. Damals, als sein Konzern Anteile an der Zeitung übernahm, für die sie arbeitete, war er auf der anderen Seite des Verhandlungstisches gesessen, und sie fand ihn ausgesprochen häßlich mit seinen blaßblauen Augen, die sie kalt wie ein Fisch anstarrten. Ein Mann zum Kotzen.

Roberto, der Oberkellner, wartet schon. Er ist, ohne daß je darüber gesprochen wurde, ein wichtiges Requisit im Spiel. »Frau Doktor, bitte«, verbeugt er sich und nimmt ihren Mantel. Sie hatte nie studiert. Ihren Aufstieg zur Ressortleiterin »Kultur« verdankte sie ihrem Schreibtalent und ihrem Fleiß. Aber in Wien wurde jede Frau, die mit einem

Mann erschien, der einen Titel trug, mitgeadelt. Selbst wenn sie nur seine Geliebte war.

Lilly ist sich sicher, daß Roberto sie in diese Kategorie einordnet und sich nicht davon täuschen läßt, daß das Paar sich förmlich mit Sie anspricht, sich zur Begrüßung nur leicht umarmt und flüchtig auf die Wangen küßt.

In Wien küßt es sich leicht. Wenn der norddeutsche Wind, für den man einen hohen Kragen braucht, den Kiefer nicht einsperrt, dann bewegt sich der Mund viel freier. Henning hatte sich bei ihr in den ersten Wochen über »das ewige Abgeschlecke und Betatsche« beschwert. Aber Lilly war sich sicher, daß er diesen formlosen Körperkontakt inzwischen genoß. Seine Frau war in Hamburg geblieben, und immerhin kam er so auch unter der Woche zu ein paar Berührungseinheiten.

Roberto bringt keine Speisekarte. Statt dessen serviert er unaufgefordert einen trockenen Sherry. Die Frage: »Wie immer?« ist eine Feststellung, und Henning und Lilly nicken und sehen einander in die Augen.

Der erste Abend, den sie vor mehr als einem Jahr hier verbracht hatten, stand ganz im Zeichen der Rettung des zerstörten Betriebsklimas seit der Übernahme der Zeitung durch den deutschen Konzern. Der zweite diente der Verbündung – sie mochte das Wort Verbrüderung nicht, weil es die Schwestern ausschloß. Und als es nichts mehr zu besprechen gab, spürten die beiden Geschäftspartner, daß in ihnen unmerklich ein Gefühl gewachsen war, das an der Oberfläche nur für Spezialisten sichtbar wurde. Und Roberto war ein Spezialist. Er hatte sich längst seine eigene Geschichte erdacht und sie mit dem Koch diskutiert, der sein Freund war.

Die Kulturchefin hütete sich, ihrem Herausgeber zu sagen, daß sie mittwochs schon immer geil war, wenn sie aufwachte. Daß sie aufstand und ihm jedes Detail ihrer Kleidung widmete. Vom Tanga, den sie im Alltag mied, weil sie es nicht mochte, wenn der String sich zwischen ihre Backen klemmte, bis zur leicht durchsichtigen Bluse, die einen raffinierten Büstenhalter erahnen ließ, war alles auf dieses Treffen abgestimmt. Den ganzen Tag im Büro spürte sie das Stück Stoff in ihrer Pofalte und genoß es, daß ihre Schamlippen schon während der Morgenkonferenz pulsierten, obwohl Henning nicht daran teilnahm. Es war ein Geheimnis, das nur ihr alleine gehörte und das sie mit niemandem teilte.

Natürlich auch nicht mit Dieter, mit dem sie seit zwanzig Jahren alles besprach. Wirklich alles. Niemand kannte die Landschaft ihrer Seele besser als er, niemand wußte so genau, wo ihre inneren Dämonen und Heldinnen zu Hause waren. Das war es auch, was sie so innig verband. Sie waren auf eine tiefe und kostbare Weise aneinander interessiert.

Roberto bringt unaufgefordert den Wein. Sie trinken immer Soave. Die Gespräche sind leicht und anregend. Ein bißchen Zeitung, denn immerhin war es ein Arbeitsessen, ein bißchen Beziehung. Lilly mag es, wie Henning über seine Frau spricht. Voller Achtung und Respekt. Sie würde nicht nach Wien ziehen. Sie war spezialisiert auf Wirtschaftsrecht und Teilhaberin einer gutgehenden Kanzlei. Am Freitag abend flog er nach Hamburg, am Montag mittag war er wieder da. Voller Tatendrang und unabgelenkt von den Anforderungen einer Partnerschaft gehörte seine ganze Kapazität der Firma. Fast. Denn am Mittwoch, wenn er mit seiner Ressortleiterin zu Abend aß, hatte er Mühe, sich zu konzentrieren.

Das Carpaccio ist hauchdünn, und Roberto reibt kleine Scheiben von frischem Parmesan über das rohe Rindfleisch. Lilly merkt, wie die rituelle Handlung, die sich jeden Mittwoch wiederholt, ihre Erregung steigert. Für drei Stunden gehören Henning, der Oberkellner und sie zu einem kleinen, abgeschlossenen Universum, in dem es nichts anderes gibt als diese knisternde Erotik, die sich durch die Intimität der immer wiederkehrenden Speisenfolge verstärkt.

Wenn Lilly geil war, war sie weniger gefräßig. Sie neigte dazu, zuviel zu essen, und unterzog sich jedes halbe Jahr einer Mayr-Kur, um die Pfunde einzudämmen. Ihr Kurarzt hatte inzwischen aufgegeben, darum zu kämpfen, daß sie vierzehn Tage *ausschließlich* alte Brötchen zu sich nahm, die sie in hauchdünne Scheiben schnitt, und jeden Bissen mit einem kleinen Löffel voll Milch einspeichelte und vierzigmal kaute. Sie hielt sich an alle Regeln, nur ihren Mittwoch wollte sie nicht hergeben. Sie konnte Dr. Huschka nicht erklären, daß ihre Weigerung nichts mit Disziplinlosigkeit zu tun hatte. Sie brauchte diesen Abend einmal in der Woche für ihre seelische Balance, und wie sollte er verstehen, daß Essen so geil sein konnte.

Lilly liebt es, ganz langsam und ohne Gier das zarte Fleisch zu kauen und dabei das Pulsieren in ihrem Unterleib zu spüren. Sie fühlt sich glücklich und satt, eingehüllt in eine Erregung, die ihren Hunger nach Zuwendung stillt. Sie denkt eine kleine Sekunde an Dieter, aber nicht lange genug für ein schlechtes Gewissen, und hofft, daß er später zu Hause sein würde.

Von dem Tisch, an dem sie sitzen – natürlich ist es immer derselbe – können sie das Lokal überblicken, werden aber selbst, verdeckt von den Säulen, die das gemütliche Gewölbe stützen, kaum gesehen. Lillys Blick bleibt an dem dicken Hintern der Steinfigur hängen, die ihre Brüste dem Eingang entgegenstreckt und die den Mittelpunkt des üppigen Vorspeisenbüffets bildet, und stellt sich einen Augenblick vor, wie Dieter nach einem ausführlichen Vorspiel von hinten in sie eindringen wird, wenn sie zu ihm ins Bett kommt. Aber nur kurz, um ihr delikates Gefühl für Henning nicht zu stören.

Es gab keine genaue Regel, wann das Gespräch auf seine Frau oder ihren Mann kam. Aber die gegenseitigen Versicherungen, wie wunderbar ihre Beziehungen waren, fanden meistens beim Hauptgang statt. Vielleicht weil dem Hauptgang in einem dreigängigen Menü das meiste Gewicht zukam, auch wenn sie immer ganz leicht aßen: Lachsfilet in Zitronensauce. Ihr privates Glück blieb unangetastet, das war für beide unausgesprochen klar.

Lilly erzählte gern von Dieter. Sie führten eine vorbildliche Ehe, hatten zwei wohlgeratene Kinder und wußten sich ihre karge gemeinsame Freizeit gut einzurichten. Es gab nichts an ihrem Ehemann auszusetzen. Weder am Charakter noch am sozialen Status. Alles in Ordnung. Es gab nur ein kleines Problem, das aber keines war: Er machte sie nicht mehr geil.

Wenn Lilly so gegen elf Uhr nachts von ihrem Geschäftsessen zurückkam, wartete Dieter meistens auf sie. Es hatte sich eingebürgert, daß sie anschließend miteinander schliefen. Anders als sonst. Am Mittwoch spürte sie jede einzelne Pore ihrer Haut und brachte ihm eine Erregung entgegen, die sich stark von der üblichen Gediegenheit ihrer Gefühle zu ihm unterschied. Nicht, daß sie Sex mit ihm nicht schätzte. Es war alles so herrlich vertraut, und nach zwanzig Ehejahren wußte jeder vom anderen genau, welche Berührung welche Reaktion verursachte. Aber diese urwüchsige Geilheit, die das Hirn leert und den Unterleib füllt und die sich zwangsweise in langjährigen Beziehungen verliert, war eine kostbare Rarität.

Lilly dachte nie an Henning, während ihr Mann mit seinen Fingern gekonnt ihre Klitoris massierte. So geschmacklos war sie nicht, und außerdem liebte sie Dieter. Sie dachte nur an ihre Lust und wie herrlich es war, daß sein Schwanz, an dem sie jeden Millimeter so gut kannte, gleich in sie eindringen würde. Klitoris – was für ein häßliches Wort. Sie war immer wieder aufs neue frustriert, daß es keinen schöneren Begriff dafür gab. Aber immer noch besser als Schamlippen. Die Idee, daß sie sich für ihre Lust schämen sollte, war ihr unangenehm und aus ihrer Jugend allzu vertraut.

Der Fisch ist zart und köstlich, und Roberto versichert ihnen – wie jedesmal –, daß er erst heute morgen fangfrisch eingeflogen worden war. Das brachte ein Gefühl in ihr zum Klingen, das sie im Alltag oft vermißte. Für eine kurze Weile war sie ein Luxusgeschöpf und vergaß, daß sie Texte korrigieren, mit freien Journalisten verhandeln, einkaufen und Wäsche waschen mußte.

Wenn Dieter nach ihrem Mittwoch-Rendezvous nicht zu Hause war, gab es ein anderes Ritual. Dann holte Lilly den kleinen Handspiegel aus dem Bad, dazu die Nachtcreme und nahm im Vorübergehen im Wohnzimmer eine Kerze mit, die sie anschließend wusch und wieder zurückbrachte. Und je nachdem, wonach sie sich fühlte, zog sie sich aus und legte sich aufs Bett oder setzte sich in ihrem kleinen Büro auf den bequemen Drehsessel, der so schön nach hinten kippte, und schob nur den kurzen Rock hoch. Sie drückte den Tanga zur Seite und spreizte mit der freien Hand – die andere hielt den Spiegel – ihre Schamlippen. Dann verbrachte sie eine kleine Weile damit, die Vielfalt der verschiedenen Hautlappen zu betrachten, und fing an, sie zu streicheln.

Lilly onanierte selten. Sie war mit der Frequenz, die Dieter ihr bot, sehr zufrieden und genoß die Erregung, wenn sie es sich selber machte, genauso. Sie sah im Spiegel, wie die rote Kerze in sie eindrang, und spürte, wie sie ihre Muskeln fest umschlossen. Sie bewegte sie hin und her, stöhnte genußvoll und ließ den Spiegel auf den mit Papier übersäten Schreibtisch fallen, um sich mit der anderen Hand zu massieren. Oft legte sie sich dann auf den sandfarbenen Teppichboden, spreizte die Beine noch weiter und bewegte die Kerze und ihre Finger so lange in einem schnellen Rhythmus, bis es ihr kam. Sie wagte nicht laut zu schreien, wie sie es tat, wenn Dieter mit ihr schlief, sie sagte nur leise »ja, ja, ja«. Dann lag sie still da und beobachtete ihre zitternden Schenkel.

Inzwischen sind der Zeitungsherausgeber und seine Angestellte beim Dessert angelangt. Das Dessert ist die Phase ihres Abends, in der sie sich erlauben, ein bißchen Erotik aufkommen zu lassen. Henning sagt meistens etwas über ihre Kleidung und wie gut ihre wunderbaren Beine mit den durchsichtigen, schwarzglänzenden Strümpfen zur Geltung kommen, oder erwähnt, daß der Gast am übernächsten Tisch sie mit lüsternen Blicken bedenkt. Lilly streift wie zufällig seinen Arm oder kommt ihm unterm Tisch mit ihrem Schenkel etwas entgegen. Sie hält den Löffel und öffnet den Mund, als ob sie miteinander im Bett lägen, und er leckt sich die Sahne, mit der der Mandelkuchen garniert ist, in einer Art und Weise von den Lippen, daß es keinen Zweifel daran gibt, woran er denkt.

Roberto genießt den Anblick und hält sich dann immer

fern, um den energetischen Beischlaf der beiden nicht zu stören. Er weiß genau, wann der Zauber gebrochen wird. Wenn Henning verstohlen auf die Uhr sieht, weil die Zeit naht, zu der er gewöhnlich mit seiner Frau in Hamburg telefoniert. Dann bringt Roberto den Grappa.

Doch heute ist alles anders. Das linke Auge des Oberkellners beginnt zu zucken. Das tut es immer, wenn er in Streß gerät. Worauf er sich seit mehr als einem Jahr verlassen konnte, ist aus den Fugen geraten, die Kette der eingeübten Rituale scheint unterbrochen zu sein.

Henning sieht nicht auf die Uhr, sondern setzt ein offizielles Gesicht auf und spricht weiter, anstatt die Rechnung zu verlangen. Lilly, deren Züge gerade noch weich wie geschmolzene Schokolade waren, verpackt sie in Sekundenschnelle in einen Schutzmantel aus Eis. Nach einer Weile zahlt ihr Chef und gibt ein noch großzügigeres Trinkgeld als an den anderen Tagen. Die beiden gehen weg. Nicht wie sonst, wie ein entspanntes Liebespaar auf dem Weg ins Bett. Sie gehen, als ob sie eine kalte Bahnhofshalle durchquerten, jeder auf dem Weg zu seinem Zug.

Auf dem Platz vor dem Stephansdom trennen sich Lillys und Hennings Wege. So wie immer. Es ist zugig zwischen dem schweren Haupttor der Kirche und der U-Bahn-Station, und der Wind zerrt an ihren Kleidern. Doch diesmal gibt es keinen flüchtigen Kuß und keine leichte Umarmung. Sie stehen da, eng aneinander gepreßt, wie Menschen, die wissen, daß es ein Abschied für immer ist.

»Wir hätten miteinander schlafen sollen, wenigstens einmal«, sagt Henning und schiebt Lilly leidenschaftlich seine Zunge in den Mund. Sie erschrickt über die fremde Kühle und den Geschmack, der ihr nicht vertraut ist. Sie sagt nichts, dreht den Kopf zur Seite und legt ihn auf seine Schulter. »In meiner Phantasie hat er besser geküßt«, denkt sie und findet es schade, daß sie mit dieser Realität in Wien zurückbleibt, während er ganz nach Hamburg zurückgeht, weil seine junge Frau ein Kind erwartet.

Karen-Susan Fessel
Die Parade der Postarbeiterinnen

In meinen ersten zwei Wochen bei der Post war sie nicht da. Ich weiß das. Andernfalls hätte ich sie gesehen. Garantiert.

So aber sah ich sie erst zu Beginn der dritten Woche, während der allabendlichen Parade der Postarbeiterinnen, einem Spektakel, das Sigi und ich uns nie entgehen ließen. Die Arme vor der Brust verschränkt, standen wir lässig an die Wand vorm Eingangsbereich gelehnt da und sahen dem dichten Strom munter schwatzender Frauen zwischen zwanzig und sechzig zu, die in dichten Trauben die Pforte passierten und dabei mechanisch ihre Ausweise in Richtung des Pförtners hielten. Alle trugen sie durchsichtige Taschen oder Beutel, wie es Vorschrift war. Manche waren mit kitschigen Mustern verziert, aber alle boten sie freie Sicht auf Geldbeutel, Zigaretten, Obststücke und Wasserflaschen und die obligatorischen Gesundheitsschlappen.

Keine von ihnen würdigte Sigi und mich eines Blickes. Sie waren Festangestellte und wir studentische Aushilfskräfte und damit ihre natürlichen Feinde, so einfach war das.

Sigi und mir machte das wenig aus. Wir standen da, betrachteten unsere Kolleginnen, während wir mit halbem Ohr dem unaufhörlichen Plappern und Schwatzen lauschten, und da sah ich sie kommen.

Sie war ein ganzes Stück größer als die anderen Frauen um sie herum, und sie wog um einiges mehr als die meisten von ihnen. Ihr kräftiges Gesicht mit der scharfen Nase war für meinen Geschmack ein bißchen zu sehr höhensonnenverbrannt, aber das war es nicht, weswegen sie mir auffiel. Es war ihre Haltung, die mich sofort faszinierte. Sie ging sehr aufrecht, mit hoch erhobenem Kopf, den Blick unbeirrt nach vorne gerichtet, ein kleines, verächtliches Lächeln auf ihren Lippen. Eine der Frauen neben ihr redete mit rauchiger Stimme schnell auf sie ein, aber ob sie zuhörte, konnte ich nicht erkennen. Als sie an mir vorüberging, die gläserne Eingangstür passierte und ihren Ausweis erhob, sah ich für einen Moment ein Funkeln in ihren Augen. Ein Funkeln, an nichts und niemanden gerichtet; es war einfach da.

Mit offenem Mund starrte ich ihr nach.

»Es wird Zeit, wir müssen rein«, sagte Sigi und folgte dann meinem Blick. »Was ist denn mit der? Kennst du die?«

»Nein«, sagte ich und stieß mich mit einem Fuß von der Wand ab. »Noch nicht.«

Das Postamt war in einem hohen marmorverkleideten Gebäude aus den zwanziger Jahren untergebracht. Im Erdgeschoß befand sich die Paket- und Päckchen-Zentrale. Im ersten und zweiten Stock wurden Briefe sortiert, im dritten waren die elektronischen Lesegeräte untergebracht, und ganz oben, im Dachgeschoß, lagen die Büroräume und die Kantine.

»Gruppe vier, stecken, zweiter Stock, Gruppe drei, dritter Stock«, nuschelte unser Gruppenleiter, als Sigi und ich mit den letzten Nachzüglerinnen aus dem Umkleideraum im Kellergeschoß kamen. Sigi und ich gehörten zu Gruppe drei, die hauptsächlich zum Briefestecken eingeteilt wurde. Briefestecken bedeutete, stapelweise Briefe und Karten aus grauen Kisten zu greifen und nach Postleitzahlen getrennt in entsprechende Fächer zu sortieren. Die Fächer befanden sich in u-förmigen hölzernen Regalwänden ohne Rücken, Boxen genannt, die in langen Reihen nebeneinander aufgestellt waren. In jeder Box arbeitete eine Frau, auf einem hohen, mehr oder minder unbequemen Drehhocker sitzend.

Während unsere Gruppe langsam die Treppe zum dritten Stock hochstieg, in der es nach Staub und altem Papier roch, sah ich mich um. Mit Sigi und mir schlurften ausnahmslos studentische Aushilfskräfte lustlos die Treppe hinauf. Die Festangestellten waren mit Sicherheit längst auf ihren Plätzen, hatten ihre kleinen Kofferradios auf den schlechtesten Sender weit und breit eingestellt, die schadhaften Stühle auf unsere Seite herübergeschoben und gegen funktionierende eingetauscht. So war es immer.

Und so war es auch diesmal. Als wir die Halle erreichten, kam uns gedämpfte Schlagermusik entgegen. Die Boxenreihe auf der rechten Seite war von Festangestellten besetzt, die schon eifrig bei der Arbeit waren. Kaum eine von ihnen sah auf, als wir vorbeizogen. Erst als wir unsere Plätze einnahmen und murrend die schäbigen Drehhocker inspizierten, blickten ein paar der Frauen auf. Ich sah das hämische Grinsen auf ihren Gesichtern durch die leeren Fächer meiner Box hindurch. Neben mir zuckte Sigi cool mit den Schultern und griff sich den ersten Stapel Briefe.

»Auf geht's, Django. Mach bloß nicht so schnell!«

In den beiden Wochen, seit ich hier war, hatte ich jede Nacht meinen eigenen Rekord im Stecken gebrochen, was mich insgeheim mit Genugtuung erfüllte. Aber Sigi fand, daß ich nur meine Kräfte vergeudete.

»Versteh ich nicht, warum du dich so anstrengst! Mehr Lohn kriegst du doch auch nicht dafür. Und die da«, Sigi deutete mit dem Kopf zu den Festangestellten hinüber, »die da hassen dich höchstens noch mehr, wenn du so schnell bist wie sie.«

Mit Sicherheit war da was dran. Die Feindschaft der Festangestellten gegenüber den studentischen Aushilfskräften war legendär. Sie beruhte einerseits auf ihrer Wut über die Tatsache, daß wir Studentinnen weniger Steuerabzüge hatten und deshalb mehr Lohn herausbekamen als sie. Andererseits hatten sie wohl Angst, daß wir sie irgendwann ganz ersetzen könnten.

Die offenkundige Feindseligkeit der Festangestellten und ihr felsenfester Zusammenhalt erstickte jeden Anflug von Klagen auf unserer Seite im Keim. Sie waren eine verschworene Gemeinschaft, protegiert von den Aufsehern und Chefs, wir nur ein zusammengewürfelter Haufen. Die Machtverhältnisse waren klar definiert.

Ich steckte mir den grünen Gummidaumen, den hier alle benutzen, auf, griff in meine Kiste und zog einen Stapel

Briefe heraus. Der oberste ging nach Wien, und ich hob den Kopf und suchte das zugehörige Fach. Es befand sich rechts oben, und als ich den Brief hineinschob, fiel mein Blick durch die offene Rückwand auf die Box auf der anderen Seite des Ganges. Sie saß hoch aufgerichtet dahinter, den Kopf stolz erhoben, und steckte Briefe, in einer Geschwindigkeit, bei der mir vom bloßen Hinsehen fast schwindlig wurde. Ich starrte sie an, ihr entschlossenes, halb vom Regal verdecktes Gesicht mit dem verächtlichen Lächeln um die Lippen herum, und mein Magen fühlte sich auf einmal merkwürdig an.

Plötzlich hielt sie inne und runzelte die Stirn. Bevor ich den Blick senken konnte, sah sie zu mir herüber und mir direkt in die Augen. Mein Herz fing an zu klopfen. Ihre Miene veränderte sich nicht. Ich war es, die irgendwann wegsah.

In den nächsten Wochen beobachtete ich sie, sooft ich dazu Gelegenheit fand. Wenn ich sie bei der täglichen Parade der Postarbeiterinnen entdeckte, fing mein Herz jedes Mal aufgeregt an zu klopfen. Andauernd hielt ich nach ihr Ausschau – in den Boxen, in der Kantine, auf der Toilette –, und wenn ich sie sah, starrte ich sie an, so unauffällig wie möglich. Manchmal fing sie meinen Blick auf, aber wenn sie mich wiedererkannte, ließ sie sich nichts davon anmerken. Sie sah mich immer nur ausdruckslos an, und das leicht verächtliche Lächeln wich kein einziges Mal von ihren Lippen.

Eigentlich wußte ich nicht, was genau mich an ihr derart faszinierte. Ich wußte nur, daß es so war. Vielleicht lag es an ihrer offenkundigen Dominanz, der sich alle ihre Kolleginnen fraglos unterzuordnen schienen. Im Gegensatz zu den anderen redete sie wenig. Sobald sie aber den Mund aufmachte, verstummte das allgegenwärtige Geschwatze und Geplappere sofort. Ihre Stimme war tief und rauchig und jagte mir einen Schauer über den Rücken, wann immer ich sie hörte.

Ihre Bewegungen waren bedächtig, aber dennoch kraftvoll und flink. Wenn sie den Flur entlangging, machten die anderen ihr ungefragt Platz. Nie kam es vor, daß ihr eine

Kollegin die Box oder den Drehstuhl streitig machte, was ansonsten andauernd geschah. Mit ihr zankte keine. Sie besaß unzweifelhaft eine gehörige Portion natürlicher Autorität, und nicht nur ihre Kolleginnen reagierten darauf. Sondern auch ich.

Dem Äußeren nach war sie allerdings beileibe nicht mein Geschmack. Ihre Kleidung war unter aller Kanone: altbackene Pullover oder Blusen, mit glitzernden Garnen bestickt, und Jerseyhosen, die ihren üppigen Körper straff umspannten, und mit ihren häßlichen Gesundheitsschlappen hätte man mich jagen können. Auch ihre kunstvoll zusammengesteckte duttähnliche Frisur war nicht gerade mein Fall, und ihre ewige Solariumbräune schon gar nicht. Außerdem war sie alt.

Trotzdem zog sie mich unglaublich an. Und je öfter ich sie beobachtete, desto mehr faszinierte sie mich. Es war mir egal, daß sie mich nicht beachtete und das auch vermutlich nie tun würde. Sie und ich, wir hatten absolut nichts gemein, das war mir klar. Nicht das Geringste. Und schon gar nicht die sexuelle Orientierung.

Und trotzdem zog sie mich an.

Natürlich entging Sigi das nicht. »Was hast du denn mit der? Findest du die etwa gut?«

Ich zuckte mit den Achseln. Wir saßen gerade in der ersten kurzen Pause und aßen unsere mitgebrachten Brötchen.

Sigi schüttelte verständnislos den Kopf. »Aber hör mal, das ist doch … Ich meine, so eine? Bei der hättest du doch sowieso keine Chance. Die guckt dich doch mit dem Arsch nicht an, Baby. Die ist doch hetero wie nur sonst was!«

»Weiß ich.«

»Und nicht unsere Welt.«

»Klar«, sagte ich und schob mir den Rest meines Brötchens in den Mund. »Eine Proletin, wie sie im Buche steht. Das meinst du doch, oder?«

Sigi wand sich unbehaglich. »Ja, na ja … Sicher, ich weiß, das ist politisch nicht gerade korrekt. Aber trotzdem – erklär mir doch mal, was an der dran ist.«

»Ich weiß nicht«, sagte ich. »Ich finde sie einfach – majestätisch.« Der Ausdruck war mir so herausgerutscht, aber
jetzt, wo ich ihn ausgesprochen hatte, stellte ich fest, daß er
hervorragend paßte. Sie war majestätisch, ganz ohne Zweifel. Sie besaß eine ganz eigene Würde, und daran konnten
weder ihre geschmacklose Kleidung noch ihr sozialer Hin-
tergrund etwas ändern.

»Ja, ich verstehe dich schon«, sagte Sigi schließlich und
zuckte mit den Schultern. »Aber irgendwie ...«

Dieses »irgendwie« blieb lange Zeit in der Luft hängen. Es
war das erste Mal, daß Sigi nicht nachvollziehen konnte,
was ich an einer Frau fand, und ich konnte es ihr auch nicht
verdenken.

Sigi und ich waren ein altes Gespann. Wir hatten uns zu
Beginn unseres Studiums angefreundet, und seit ebenso langer Zeit arbeiteten wir zusammen, sooft es nur ging. Bevor
wir für drei Monate von der Post engagiert wurden, hatten
wir über ein Jahr als Telefonkräfte in derselben Firma gearbeitet, und davor waren wir zusammen in einem Bioladen
beschäftigt gewesen. Wo immer wir jobbten, suchten wir
uns unter den anwesenden Frauen jede eine aus, die wir er-
obern wollten, was uns auch meistens gelang. Es war eine
Art Wettstreit zwischen Sigi und mir, den wir jedes Mal
beide gewannen. Aber diesmal zog ich nicht mit.

»Mann, jetzt such dir doch mal 'n anderes Weib aus. Hier
gibt's doch wirklich genug. Guck mal, die Kleine dahinten«,
sagte Sigi ein paar Tage danach und nickte zum Ende unserer
Boxenreihe hinüber. »Wie wär's denn mit der?«

Ich warf einen flüchtigen Blick zu der blonden Studentin
und schnippte meinen Gummidaumen zu Sigi hinüber.
»Kein Bedarf, Darling. Du kannst sie haben.«

»Gut«, sagte Sigi und warf den Gummidaumen zu mir zurück. »Danke schön, Baby. Sehr großzügig von dir.«

»Hallo, Sie zwei da!« rief unser Gruppenleiter und
stürmte zu uns nach hinten. »Lassen Sie bitten den Unfug!
Sonst muß ich Sie der Aufsicht melden!«

»Wenn es sich bei der Aufsicht um eine gutaussehende

Dame handelt, habe ich nichts dagegen«, murmelte Sigi und beugte sich über ihre Kiste. Der Gruppenleiter bremste ab, blieb ein Stück weit von uns entfernt stehen und beobachtete uns voller Argwohn.

Von der anderen Seite des Ganges sahen einige der Festangestellten schadenfroh zu uns herüber. Auch *sie* blickte mich an. Für einen Moment vertiefte sich das verächtliche Lächeln auf ihren Lippen, dann steckte sie einen Packen Briefe in das Fach vor ihrem Gesicht und verschwand damit aus meinem Blickfeld.

Anfang Dezember wurden Sigi und ich zum Verwerfen gerufen. Verwerfen bedeutete, Pakete und Päckchen von einem Fließband zu greifen und in ringsum aufgehängte Säcke zu werfen, die mit Postleitzahlen gekennzeichnet waren. Es war eigentlich Männerarbeit, Studentinnen wurden nur selten dafür herangezogen, und Festangestellte so gut wie nie. Verwerfen war anstrengend und mühsam und außerordentlich unbeliebt. Aber Sigi und mir machte es Spaß.

»Platz da!« brüllte Sigi und schleuderte in hohem Bogen ein Päckchen in einen Sack. »Treffer versenkt!«

»Und jetzt ich! In den Sack da ganz hinten!« schrie ich und hob einen gebündelten Stapel Zeitungen.

»Das schaffst du nie!«

»Warum nicht nach den Sternen greifen!« rief ich, zielte und warf. Ich traf direkt in den Sack, und Sigi klatschte begeistert Beifall.

Als ich mich umdrehte, stand sie mir gegenüber, flankiert von zwei weiteren Festangestellten, die mit mürrischen Gesichtern das Fließband beäugten.

Ich starrte sie an, und dann wich ich zurück. Mit dem Hintern stieß ich gegen einen der Säcke. Er war leer und hielt meinem Gewicht leider nicht stand, und so kippte ich haltlos nach hinten. Im letzen Moment griff Sigi nach mir und erwischte mich vorn an meinem Gürtel.

»He, wer wird denn beim Anblick einer schönen Frau gleich umkippen!« trompetete sie, und augenblicklich stieg mir die Schamröte ins Gesicht.

»Arschgeige!« zischte ich, aber Sigi ließ sich nicht stören.

»Stimmt's?« fragte sie und sah herausfordernd zur anderen Seite des Fließbands hinüber. »Stimmt's oder hab ich recht?«

Sie antwortete nicht. Sie stand unbewegt da und betrachtete mich, ohne Sigi auch nur zu beachten. Ihre Miene war undurchdringlich. Dann senkte sie langsam den Kopf und nahm ein Paket in die Hände.

»Wow«, sagte Sigi später in der Kantine. »Wie die dich angesehen hat! Puh. Also, vor der hätte ich Schiß!«

Ich zuckte mit den Schultern und trank einen Schluck Cola. Dann schielte ich zum Nebentisch, wo die Festangestellten zusammenhockten und laut schwatzten. Sie saß ganz am Rand, und einen Moment, bevor ich wegsah, blickte sie auf und mir in die Augen. Ich betrachtete mein Käsebrötchen und schob es zur Seite. Der Hunger war mir vergangen.

»Weißt du was?« sagte Sigi, die mich beobachtet hatte. »Die will dich.«

»So ein Quatsch.«

»Wetten wohl? Darf ich?« Sie lehnte sich tief in ihren Stuhl, schnappte sich mein angebissenes Brötchen und streckte die Beine aus. Im Eingang erschien ein Pulk Studentinnen, darunter die Blonde, die Sigi mir neulich gezeigt hatte.

Sigi sah zu, wie sie herankam. »Die ist süß, diese Kleine, nicht wahr?« flüsterte sie und beugte sich zu mir herüber. »Aber deine, die ist irgendwie klasse. Ich glaube, ich hab jetzt kapiert, was du an der findest. Die ist echt majestätisch. Nur, wie gesagt – ich hätte Schiß.«

Die blonde Studentin setzte sich neben Sigi und lächelte schüchtern, und Sigi blinzelte mir zu. Ich sah auf. Die Festangestellten verließen eben den Raum.

Sie ging inmitten der anderen, aufrecht, mit hocherhobenem Kopf. An der Tür wandte sie sich noch einmal um und sah zu mir her. Ich war mir nicht sicher, aber ich glaubte, den Anflug eines Lächelns auf ihren Lippen zu sehen. Aber diesmal war es kein verächtliches Lächeln.

126

Mein Magen krampfte sich leicht zusammen. Ich würde es Sigi nicht sagen, aber ich hatte auch Schiß.

Anfang Dezember erwischte Sigi die Grippe. Sie war nicht die einzige. Fast alle Studentinnen fehlten, und sogar die Reihen der Festangestellten waren erheblich gelichtet. Unser Gruppenleiter rang die Hände und betrachtete seufzend unser klägliches Grüppchen, das auf vier Studentinnen zusammengeschmolzen war, dann schickte er uns auf die andere Seite der Halle. Unter den feindseligen Blicken der Festangestellten trotteten wir zu ihnen hinüber. Die anderen Studentinnen setzten sich schnell nebeneinander in die ersten drei Boxen, aber für mich war dort keine mehr frei. Langsam ging ich die Reihe entlang.

Ungefähr in der Mitte war ein Platz frei, aber als ich mich setzen wollte, legte die Frau rechts daneben blitzschnell ihre durchsichtige Tasche auf den Hocker.

»Besetzt!« giftete sie und blitzte mich an.

Ich hob besänftigend die Hände und schlenderte weiter. Ganz am Ende der Reihe war noch ein Platz frei, das sah ich von weitem. Und dann sah ich auch, wer davor saß. Ich schluckte, dann ging ich mit klopfendem Herzen weiter nach hinten.

»N'Abend«, sagte ich mit heiserer Stimme, als ich mich setzte. Sie nickte mir zu, kurz und knapp, dann steckte sie den ersten Brief in das passende Fach.

Bereits nach einer Stunde wußte ich, daß ich meinen eigenen Rekord auch heute wieder brechen würde. So schnell hatte ich noch nie gesteckt, und vor lauter Eifer fiel mir nach einer Weile ein kleiner Stapel Briefe zu Boden, den ich mit hochrotem Kopf sofort wieder aufhob. Als ich mich wieder auf meinen Hocker schwang, spürte ich, daß mein T-Shirt am Rücken durchgeschwitzt war. Hastig griff ich nach dem obersten Brief, und dabei rutschte mir mein Gummidaumen herunter und schnellte durch die Luft, direkt in den Schoß meiner Nachbarin.

»Oh«, sagte ich und errötete tief. »Tschuldigung ...«

Sie nahm den Daumen und hielt ihn mir hin. »Gar nicht so

übel, was du da wegsteckst«, sagte sie leise. Ich konnte ganz deutlich das Funkeln in ihren Augen erkennen.

»Danke«, krächzte ich und machte mich schnell wieder an die Arbeit. Mein Herz pochte heftig.

Sie sprach kein Wort mehr. Schweigend und in rasender Geschwindigkeit steckte sie ihre Briefe und Karten, und ich war mir jeder ihrer Bewegungen nur allzu deutlich bewußt. Ich versuchte mich abzulenken, indem ich tief die Luft einsog, um ihren Duft auszumachen, aber es wollte mir nicht gelingen. Aus einem kleinen Kofferradio irgendwo in der Nähe drang Schlagermusik, und die Frauen auf der anderen Seite meiner Sitznachbarin redeten mit schrillen Stimmen über Diäten.

»Diese Diät da vom Fritz-Plank-Institut für Nahrung oder wie das heißt, die soll gut sein«, sagte eine. »Da soll man ja dann drei Jahre nicht mehr zunehmen.«

»Haste probiert?«

»Nee, wollte ich aber bald machen.«

»Na, det klappt doch sowieso nicht. Ich hab neulich die Brigitte-Diät gemacht und glatt ein Kilo mehr druff gehabt hinterher!«

Mit jeder Sekunde wurde ich nervöser. Ab und an spürte ich den Blick meiner Sitznachbarin, der mich von der Seite streifte, und dann fing ich sofort an zu zittern. Ich wünschte mir Sigi herbei, oder irgend jemand, mit dem ich mich jetzt unterhalten konnte, um mich abzulenken. Schließlich hielt ich die Anspannung nicht mehr aus.

»Ich hab neulich was Interessantes über Diäten gelesen!« sagte ich laut und beugte mich vor, um an meiner Sitznachbarin vorbei zu den Frauen neben ihr sehen zu können. Sie hielten inne und starrten mich mit versteinerten Mienen an.

»Es hängt nämlich von den Hormonen ab, ob man abnimmt oder nicht«, erklärte ich mit unsicherer Stimme. »In der zweiten Hälfte des Zyklus sollte man auf keinen Fall versuchen abzunehmen, da macht der Stoffwechsel nämlich nicht mit.«

Eisiges Schweigen antwortete mir. Im selben Moment begriff ich, in welchen Fettnapf ich da soeben getreten war. Die Frauen neben mir waren sämtlich weit über fünfzig. Keine von ihnen brauchte sich noch um Hormone zu scheren. Der weibliche Zyklus und seine Tücken betraf sie schon lange nicht mehr.

Peinlich berührt von meinem Fauxpas wandte ich mich wieder meiner Briefkiste zu. Am liebsten wäre ich in den Erdboden versunken, als ich auf einmal ein seltsames Geräusch hörte. Vorsichtig hob ich den Blick.

Sie lachte. Ganz leise nur, aber sie lachte. »Mut hast du ja, Mädchen«, sagte sie mit ihrer tiefen, rauchigen Stimme zu mir und lachte noch einmal. »Vielleicht zeigst du mir gleich in der Pause, wieviel.« Sie sah mir tief in die Augen, und dann nahm sie blindlings einen Stapel Briefe aus ihrer Kiste.

Ich saß wie erstarrt da.

»Alles klar?« fragte sie leise und durchbohrte mich mit ihrem Blick.

Ich nickte. Sprechen konnte ich nicht.

Als es zur Pause schrillte, rutschten unsere Kolleginnen erleichtert von ihren Hockern herunter. Nur sie und ich blieben sitzen. Ich war so aufgeregt und so ängstlich, daß es mir schwerfiel, normal durchzuatmen.

»Kommst du nicht mit?« fragte eine der Diät-Spezialistinnen.

»Nein«, sagte meine Sitznachbarin ruhig. »Ich komme nicht mit. Bring mir ein Wasser mit, ja?«

»Is gut.«

Die Frauen strömten davon, gefolgt von den drei Studentinnen aus meiner Gruppe. Als die letzte von ihnen die Halle verließ und Stille eingekehrt war, stieg sie langsam von ihrem Hocker. Forschend sah sie mich an. Der Schweiß brach mir aus, und ich versuchte ein zaghaftes Grinsen.

»Komm mit«, sagte sie einfach und ging los. Ich holte tief Luft und rutschte von meinem Hocker.

Auf zittrigen Beinen folgte ich ihr. Ruhigen Schrittes durchmaß sie die Halle, und ich kam mir vor wie ein kleines, in Seenot geratenes Boot, das von einem riesigen Schlachtschiff durch stürmische See geschleppt wird. Wir passierten den Ausgang und steuerten auf die Toiletten zu, aber kurz, bevor wir sie erreichten, drehte sie sich nach rechts und öffnete eine kleine Tür, die ich zuvor noch nie bemerkt hatte. Wir betraten einen leerstehenden Raum. Durch das Fenster fiel schwaches Laternenlicht vom Innenhof herein und beschien ihr Gesicht, als sie die Tür hinter mir schloß und sich dagegen lehnte. Unsicher blieb ich stehen.

»Komm«, sagte sie ruhig und winkte mich zu sich. Ich trat näher. Ihr Duft stieg mir in die Nase, ein ganz zarter, angenehmer Duft nach leichtem Schweiß und einem blumigen Parfüm. Ich hatte nicht die geringste Ahnung, was sie von mir erwartete.

Sie lachte auf, und dann nahm sie meine Hände und legte sie auf ihre Brüste. »Ich sag dir was, Kleine«, sagte sie mit ihrer rauchigen Stimme. »Man soll nicht nur nach den Sternen greifen, man soll sie sich auch holen!«

Ihr draller Körper fühlte sich überraschend fest unter meinen Händen an, und als ich mich ein wenig gegen sie drückte, spürte ich, wie sie erschauerte. Langsam ließ ich meine Finger an ihr hinunter und über ihre Hüften gleiten, und da packte sie mich und zog mich fest an sich.

»Komm jetzt«, flüsterte sie rauh. »Wir haben keine Zeit für langes Getue.« Ihre Augen blitzen mich an, und dann schob sie einen ihrer kräftigen Schenkel zwischen meine Beine und fing an, sich an mir zu reiben. Mit einer Hand griff sie um meinen Nacken, und dann küßte sie mich. Ich zuckte zusammen. Einen Moment verharrte ich reglos, dann küßte ich sie zurück. Blitzartig machte meine ängstliche Anspannung einer wilden Erregung Platz. Ich drängte mich an sie und hielt sie, so fest ich nur konnte, und ihr üppiger Körper erzitterte, als sie nach Luft schnappte.

Die Minuten schmolzen in Windeseile dahin, während wir an die Tür gelehnt standen und uns wild und ungestüm aneinander preßten. Ihre kraftvolle Lust riß mich mit, nahm mir die Angst und die Unsicherheit. Sie dirigierte mich mühelos, leitete mich durch einen Rausch aus Verlangen, Hitze und Schweiß. Ab und zu sah ich ihre funkelnden Augen nahe vor meinen, das verächtliche Lächeln um ihre Mundwinkel, das auch jetzt nicht davon wich und das ich wegzuküssen versuchte, ohne Erfolg.

Und irgendwann vergaß ich, wer sie eigentlich war. Daß sie mir fremd war, so fremd wie niemals jemand zuvor, nicht nur ihr Körper, sondern alles an ihr. Ich vergaß, daß sie doppelt so alt war wie ich, ich vergaß das Postamt um uns herum und erst recht vergaß ich die Zeit. Ich hatte die Hand ausgestreckt und nach den Sternen gegriffen, und jetzt holte ich sie mir herunter.

Danach hat sie nie mehr mit mir gesprochen. Ich sah sie auch kaum noch. Gelegentlich saß sie mir gegenüber auf der anderen Seite des Gangs, aber sie beachtete mich nicht im geringsten. Nur ein einziges Mal spürte ich ihren Blick auf mir ruhen. Als ich den Kopf hob, sah sie mir in die Augen, nur für ein paar Sekunden, dann blickte sie weg. Das Lächeln um ihre Mundwinkel aber war breiter als sonst, und es blieb noch ein Weilchen dort hängen.

Nach Weihnachten lief Sigis und mein Vertrag bei der Post aus, und seit ein paar Monaten arbeiten wir jetzt in einem Buchversand. Manchmal, aber wirklich nur manchmal und nur dann, wenn's zeitlich gerade so hinhaut, fahre ich abends zum Postamt und sehe mir die Parade der Postarbeiterinnen an. Mit vor der Brust verschränkten Armen stehe ich dann an die Wand gelehnt da und beobachte, wie sie herankommt. Sie geht aufrecht, mit hoch erhobenem Kopf, ein kleines, verächtliches Lächeln auf ihren Lippen. Sie schaut nie zu mir her, aber das Funkeln in ihren Augen sehe ich dennoch. Dieses Funkeln, an nichts und niemanden gerichtet; es ist einfach da.

Ein Funkeln wie das der Sterne am Himmel, nach denen man greifen möchte und es manchmal auch tut, ohne Erfolg.

»Unglaublich!« hat Sigi gesagt. Aber das stimmt nicht. Denn ich habe mir meine Sterne damals tatsächlich vom Himmel geholt. Für ein paar kurze Minuten habe ich sie in meinen Händen gehalten.

Edda Helmke
Raclette

Maschas empfindliche Nase roch den Käse schon in der Wohnungstür. Resigniert schlüpfte sie aus ihren brandneuen Maglis. Im Zeitalter von Sushi-Parties, thailändischen Miet-kochs und sevillanischen Tapasplatten gab es bei Silke und Hannes immer noch Raclette und Gästepantoffeln. Dabei konnte man mit einem Raclette nicht mal mehr auf Kinder-geburtstagen Eindruck machen. Mascha hatte es zu Zoes viertem mit einem Schokoladenfondue probiert und war ausgebuht worden. Ungeduldig wartete sie, bis Enno sich aus seinen Budapestern gearbeitet hatte, und ging vor ihm her ins Wohnzimmer.

Aus den Augenwinkeln sah sie Zoes grellgrünes Sweat-shirt im Kinderzimmer verschwinden. Das beste an den Ein-ladungen bei Silke und Hannes war, daß sie sich nicht um einen Babysitter kümmern mußten, weil Zoe bei Clara und Nicolai schlafen konnte, Silkes Musterkindern. Die beiden saßen wahrscheinlich schon seit Stunden frisch gefönt in ihren Frotteeanzügen auf dem Stockbett und guckten Bilder-bücher an. Zu Hause sah Zoe sich nie freiwillig Bilderbücher an. Sie ging auch nie vor zehn Uhr ins Bett.

»Macht es euch bequem«, rief Silke aus der Küche, wo sie geviertelte Artischockenherzen, halbierte Cocktailtomaten, Cornichons und Perlzwiebeln in Keramikschüsselchen füllte.

In der Mitte des runden Familieneßtischs prangte das Ra-clettegerät.

»Mmh«, machte Enno und rieb sich die Hände.

Mascha warf ihm einen verächtlichen Blick zu. Enno be-hauptete immer, Silke und Hannes besonders zu schätzen, weil sie so erfrischend unprätentiös und anders waren als die Kulturschickeria, mit der er sonst zu tun hatte.

»Rot oder weiß oder euren Prosecco?« brüllte Hannes aus der Küche.

»Prosecco für den Anfang«, rief Mascha zurück.

Enno erhob sich und schlurfte in den albernen Filzlatschen hinaus, um Hannes bei den Getränken zu helfen.

Gelangweilt sah Mascha sich in dem Zimmer um, das Silke und Hannes als Wohn-, Eß- und Arbeitsraum diente. Es veränderte sich nie was. An den Längswänden zogen sich von Hannes gebaute Regalkonstruktionen entlang, in die Silkes und Hannes' Schreibtische integriert waren. Die Seite von Hannes war mit Abenteuerbüchern und Stapeln von Computerzeitschriften gefüllt, bei Silke reihten sich Fachbücher über Psychologie, Pädagogik und Didaktik an Leitzordner mit phantasievoll beklebten Rücken. In der Ecke stand Silkes ehemaliges Stillsofa, auf dem Nicolai und Clara zu besonderen Anlässen »Die Sendung mit der Maus« oder ein anderes pädagogisch wertvolles Kinderprogramm sehen durften, wozu Hannes' Portable auf dem Eßtisch aufgebaut wurde.

Enno kam, eine dampfende Schüssel Pellkartoffeln in den Händen, zurück ins Zimmer, gefolgt von Hannes, der unter einem Arm die Rotwein-, unter dem anderen die geöffnete Proseccoflasche klemmen hatte, während Silke das Tablett mit den Mixed Pickles vor dem Bauch balancierte. In ihrem üblichen Hauslook – oversized Sweatshirt, ausgebeulte Leinenhosen, Birkenstocks und eine Hommage an die Brillenmode der Achtziger auf ihrer Nasenspitze – sah sie aus wie die Mad-Karikatur einer Biologielehrerin. Tatsächlich gab Silke Englisch und Deutsch.

»Ich glaube, die Kinder haben sich hingelegt«, sagte sie zufrieden und verteilte mit geschickten Händen die Schalen auf dem Tisch.

Hannes goß Prosecco in die Gläser. Am abgespreizten Finger seiner rechten Hand klemmte der Totenkopfring, den er schon getragen hatte, als Mascha ihm zum allerersten Mal begegnet war. Die Lederhosen waren vermutlich auch noch dieselben. Im Lauf der Jahre war der Bund eine Handbreit unter seinen Nabel gerutscht. Sein Bauch hing wie ein in schwarzrotes Holzfällerkaro gewickelter Rettungsring über der silbernen Gürtelschnalle. Hannes war ein wandelndes Raritätenkabinett, aber komischerweise fand Mascha ihn nach wie vor sexy.

Er hielt sein Glas in die Höhe: »Auf was eigentlich?«

»Uns natürlich«, sagte Mascha.

»Und Otto«, rief Silke und hob ebenfalls ihr Glas.

»Wer ist Otto?« fragte Enno.

»Von Otto ist das Raclettegerät«, sagte Silke in feierlichem Ton, »unsere Prämie, weil wir euch als Kunden geworben haben.«

»Allerdings mit zwanzig Mark Zuzahlung«, ergänzte Hannes.

Um Mitternacht waren sie wieder zu Hause, weil Enno sich geweigert hatte, zur »Hafenbar« zu fahren, in der Ronny, ein Galerist aus der Heynestraße, mit dem Mascha sich kürzlich angefreundet hatte, seinen vierzigsten Geburtstag feierte.

Da Zoe den Rest der Nacht bei Clara und Nicolai verbrachte, wäre die Gelegenheit einmalig günstig gewesen. Aber Enno behauptete, Parties »dieser Art« zu hassen. Mascha bezweifelte, daß es eine Art von Party gab, die er nicht hassen würde. Sie schleuderte die Maglis unters Schuhregal und lief auf Strümpfen zum Kühlschrank.

Die Luxusmaisonettewohnung, die sie sich erst seit einem knappen Jahr leisteten, hatte eine amerikanische Küche, die durch eine Theke vom Wohnbereich abgetrennt war. Sie nahm eine angebrochene Flasche Prosecco aus dem Kühlschrank und goß die Hälfte ihres Inhalts in ein Ikea-Wasserglas. Enno nahm ebenfalls ein Wasserglas und füllte es mit Evian.

»Was haben wir eigentlich jemals bei Otto bestellt?« fragte er.

»Die Hantelbank und den Stepper«, antwortete sie.

Das war im März oder April gewesen. Sie hatte es nur Silke zuliebe getan.

»Aber woanders ist das Zeug auch nicht teurer«, setzte sie hinzu.

»Die Hantelbank ist in Ordnung«, sagte Enno, schob sich an ihr vorbei und stieg die Treppe ins Dachgeschoß hinauf. Mascha warf sich ihre Tasche über die Schulter, nahm in die eine Hand das Glas, in die andere die Flasche und folgte ihm. Als sie die letzte Stufe erreicht hatte, klappte die Tür seines Arbeitszimmers hinter ihm zu.

Mascha schnitt eine Grimasse und trat hinaus auf die Dachterrasse, wo sie sich in die Hollywoodschaukel fallen ließ. Für Mitte September war es eine laue Nacht. Wenn sie Ronny besser gekannt hätte, wäre sie allein in die »Hafenbar« gegangen. Ronny war, wenn sie sich nicht irrte, schwul und eigentlich nur mäßig sympathisch. Aber es war wichtig für ihr Geschäft, daß sie die Kontakte zu den anderen Gewerbetreibenden in der Gegend vertiefte. Enno hatte dafür kein Verständnis. Er war ein hoffnungsloser Gesellschaftsmuffel.

Obwohl er vorgab, Silke und Hannes zu mögen, hatte er den ganzen Abend so gut wie nichts gesagt, sondern mit geradezu kindischer Akribie seine Pfännchen gefüllt. Silke hatte ihn mit besorgten Blicken bombardiert, während Mascha und Hannes die Tischunterhaltung bestritten hatten. Hannes hatte von ihrem Urlaub an der Bernsteinküste erzählt, drei Wochen mit den Kindern im Wohnmobil.

Mascha kramte in ihrer Handtasche nach den Zigaretten. Unvorstellbar, daß sie, Zoe und Enno drei Wochen in einem Wohnmobil überleben würden, schon gar nicht in einer so dünn besiedelten Gegend wie die polnische Bernsteinküste. Wo hatten sich bloß die Zigaretten verkrochen? Sie zog die Tasche auf ihren Schoß. Silke und Hannes hatten sich lediglich an den polnischen Mückenschwärmen gestört. Sie mußte die Zigaretten bei Silke auf dem Balkon liegengelassen haben. In Silkes und Hannes' Müsliwohnung durfte man nur auf dem Balkon rauchen. Dabei konnte sie sich an Zeiten erinnern, in denen Silke und sie sich nächtelang ihre WG-Zimmer vollgequalmt und gequatscht hatten, über Männer natürlich, vor allem über Hannes.

Hannes hatte damals Schwarzen Krauser geraucht. Seine Daumenkuppen waren immer gelb von Tabaksaft gewesen. Sie hatte Silke von Hannes abgeraten. Der Typ hatte einen netten Hintern, aber keinen Plan, wie man heute sagte. Mit vierunddreißig hatte er sich durch das ganze Alphabet studiert, von A wie Arabistik bis Z wie Zulusprachen. Mit dreiundvierzig stotterte er den Kredit für einen Copy-Shop ab, der mit dem Slogan »Die Copy-Maus kommt auch zu dir nach Haus« in den Stadtmagazinen warb, während Silke mit ihrem Lehrerinnengehalt die Familie ernährte, genau wie Mascha es damals vorausgesagt hatte.

Trotzdem war sie Silkes und Hannes' Trauzeugin gewesen, zusammen mit Enno Wolff, der großen Lyrikhoffnung aus dem Osten. Enno hatte damals gerade seinen ersten Literaturpreis bekommen, dreißigtausend Mark für vierzig zu einem Drittel vollgeschriebene Seiten. Und sie hatte seine Muse sein wollen. Aber Enno Wolff brauchte keine Muse. In sechs Ehejahren hatte sie nicht rausgekriegt, was er brauchte. Wenigstens hatte er, im Gegensatz zu Hannes, eine einigermaßen akzeptable Karriere gemacht.

Mascha kippte den restlichen Prosecco in ihr Glas und trank es in einem Zug aus. Sie könnte in Ennos Arbeitszimmer gehen und sich eine Zigarette holen. Aber die Aussicht auf Ennos hageren, über den Schreibtisch gebeugten Rükken, die albernen Lederflicken an seinen spitzen Ellenbogen schmälerten ihre Lust auf Nikotin erheblich.

Sie schwang ihre Beine auf die Sitzfläche der Schaukel und stemmte die Fersen gegen die eine Armlehne. Auf der anderen legte sie ihren Kopf ab. Träumerisch drehte sie das leere Wasserglas auf ihrem Bauch hin und her. Hannes' schwarze Locken kamen ihr in den Sinn. Sie waren immer etwas zu lang. Heute abend hatte sie die ersten Silberfäden darin entdeckt, was sie irgendwie gerührt hatte. Sogar Draufgänger wie Hannes wurden alt.

Aber er hatte immer noch diesen sinnlichen Mund. Seine Lippen waren für Männerlippen ungewöhnlich rot und wirkten, seitdem er nicht mehr rauchte, immer etwas feucht.

Sie traute ihm durchaus zu, daß er Silke ab und zu noch ordentlich hernahm. Unwillkürlich mußte Mascha grinsen. Silke tat gern eine bißchen frigide, wie es sich für eine Lehrerin gehörte. Andererseits war sie eine dieser Frauen, die ihr Leben perfekt organisierten. Sie würde sich niemals mit einer Ehe ohne Sex zufriedengeben.

Mascha schloß die Augen und versuchte, sich Hannes und Silke im Bett vorzustellen. Silke war früher ziemlich kamasutraorientiert gewesen. Und Hannes war der klassische »Am-liebsten-von-hinten-Typ«. Erst leckte er sie. Hannes' silbergesträhnte Locken an Silkes muskulösem weißem Lehrerinnenhintern. Mascha erschauerte.

Sie stellte das Proseccoglas auf den Boden und ließ ihre rechte Hand unter den Bund des silbergrauen Chiffonrockes schlüpfen, den sie wegen Ronnys vierzigstem Geburtstag ausgewählt hatte. Ganz kurz erwog sie, nach unten zu gehen und Max aus seiner Schublade zu holen. Sie hatte es noch nie mit Max unter freiem Sternenhimmel getrieben. Aber dann fühlte sie sich zu müde dazu. Während ihr Zeigefinger langsam über ihre Klitoris rieb, klang ihr Ennos Stimme durch den Kopf, die fragte: »Wer ist denn Max?« Max war auch von Otto.

Hannes' Schnarchen machte sie wahnsinnig. Silke schwang die Beine über die Bettkante und tappste barfuß auf den Flur. Durch die offene Kinderzimmertür drang dreifaches, regelmäßiges Atmen. Nicki schnorchelte ein bißchen, weil er erkältet war. In der Küche roch es penetrant nach Käse und Wein. Eine angebrochene Rotweinflasche stand zwischen den Schüsseln mit Essensresten. Silke goß sich ein Glas Milch ein und ging damit durch das ebenfalls unaufgeräumte Wohnzimmer auf den Balkon. Der Himmel war von einem samtigen Dunkelblau, in dem einzelne Sterne leuchteten. Von den Bodenfliesen kroch ihr eine gerade noch erträgliche frühherbstliche Kühle langsam die Beine hoch bis zwischen die klebrigen Schenkel.

Sie wurde immer nervös, wenn sie nicht zum Orgasmus

kam, aber heute hatte sie sich besonders aufgeregt. Sie führte das Glas zum Mund, nahm drei kleine Schlucke und stellte es auf der Brüstung ab, direkt neben die Schachtel Gauloises, die Mascha vergessen hatte. Daneben lag ein silbernes Feuerzeug in unverkennbar phallischer Form.

Silke ließ es einmal aufflackern. Dann zog sie eine Zigarette aus Maschas Packung und steckte sie sich zwischen die Lippen. Sie führte die Flamme an die Zigarettenspitze und zog zweimal kräftig. Ein längst vergessener, schwach vertrauter Geschmack breitete sich in ihrem Mund aus. Vielleicht hatte sie sich nur deshalb so aufgeregt, weil der ganze Abend ein Flop gewesen war.

Als sie die beiden hatte in der Tür stehen sehen, Mascha mit Schwanenflaum am Dekolleté und Enno in seiner Tweed-und-Lederflicken-Dichterjacke, war ihr schlagartig klar geworden, daß Mascha Raclette spießig finden würde und Enno am liebsten an seinem Schreibtisch sitzen geblieben wäre. Wenigstens hatte sie ihn trotz Maschas giftiger Seitenblicke dazu überreden können, seine martialisch unbequem aussehenden, schwarzen Budapester auszuziehen. Was er wohl verbrochen hatte, daß Mascha ihn zu solchen Schuhen verdonnerte?

Beim Essen hatte Mascha mit übertriebener Munterkeit von ihrem Laden erzählte, einer Boutique für ausgefallene Strickwaren, die nicht lief. Wahrscheinlich waren die Sachen den Touristen, die durch die historische Altstadt strömten, zu teuer. Jetzt setzte Mascha ihre ganze Hoffnung auf die Herbstkollektion. Silkes Interesse an den neuen, knöchellangen Strickmänteln war eher gering, aber sie genoß Maschas Art zu erzählen. Maschas grüne Katzenaugen funkelten, ihre schlanken Hände mit den spitzen, korallenroten Nägeln drehten Pirouetten über dem Raclettegerät und vollführten kleine Zwischenlandungen in ihrem lockigen, kastanienbraunen Haar, das sich strähnenweise aus der silbernen Spange löste und übermütig um ihr schmales Gesicht schwang. Auch Hannes konnte seine Augen nicht von Mascha lassen.

Nur Enno tat so, als beanspruchten die geviertelten Artischockenherzen und Cocktailtomaten in den Raclette-pfännchen seine ganze Konzentration. Aber wenn man genau hinsah, bemerkte man, wie sich sein sensibler Dichtermund im Lauf von Maschas Rede verhärtete, seine schwermütigen Lider sich immer tiefer senkten und die wasserblauen Augen sich zu feindseligen Schlitzen verengten. Seine Miene hellte sich erst auf, als Hannes begann, von der Bernsteinküste zu schwärmen, als habe er sie erfunden.

Dabei hatte sie, Silke, den Tip von einem Kollegen bekommen, der in den Osterferien dort gewesen war. Als der Kollege davon erzählt hatte, hatte sie gleich gedacht, ach, da würde es Hannes gefallen. Es war zu einer Art Zwang geworden, bei allem, was sie sah oder hörte, zuerst abzuwägen, ob es Hannes gefiel. Und wenn es Hannes tatsächlich gefiel, war es meistens zu spät, um klarzustellen, daß es ihr selber eigentlich gar nicht gefiel. Auf diese Weise war es auch zu dem Bernsteinküstenurlaub gekommen.

Natürlich dachte Hannes, daß sie den Urlaub in vollen Zügen genossen hatte, denn schließlich war er ihre Idee gewesen. Ebenso wie er annahm, daß sie die müde Nummer gerade genossen hatte, die ja auch ihre Idee gewesen war. Alle zwei bis drei Wochen ergriff sie die Initiative, damit Hannes nicht das Gefühl entwickelte, eine sexlose Ehe zu führen. Als Abonnentin diverser psychologischer Fachzeitschriften wußte sie, welche Gefahren drohten, wenn ein Mann in Hannes' Alter das Gefühl bekam, eine sexlose Ehe zu führen. Außerdem war er, Jahrgang 1955, vom Feminismus der Siebziger geprägt und erwartete, daß sie lautstark ihre Lust bekundete, damit er nicht aus Versehen eine sexuell ausbeutende Rolle übernahm. Das hatte den für ihn angenehmen Nebeneffekt, daß er sich keine Vorwürfe machen mußte, wenn sie nicht zum Orgasmus kam. Oder war es etwa sein Problem, wenn sie glaubte, in Stimmung zu sein und es dann doch nicht war?

Mit zitternden Fingern zog sie noch eine Zigarette aus Maschas Schachtel. Natürlich erwartete sie nach fünfzehn

Jahren nicht, daß er ihre Zehenzwischenräume leckte, aber ein paar dezente Streicheleinheiten an den hinlänglich bekannten erogenen Zonen hätte sie schon als nette Abwechslung empfunden. Vor Nicolais Geburt hatte er nächtelang an ihrem Schlüsselbein geknabbert. Nach der Entbindung hatte er aufgehört, ihre Kniekehlen zu küssen, aber immerhin noch ab und zu an ihren Brüsten gesaugt. Mit Claras Stillzeit war auch damit Schluß gewesen. Mittlerweile beschränkte er sich auf ein, zwei Testgriffe zwischen ihre Beine, so wie man prüfte, ob das Badewasser die richtige Temperatur hatte, bevor man eintauchte.

Wenn sie die Versagerquote mitrechnete, lief ihr Sexualleben mit Hannes auf quartalsmäßige Orgasmen heraus, deren Entspannungswert sich wahrscheinlich problemlos mit etwas Schönheitsschlaf und Yoga erreichen ließ. Warum hörten sie nicht einfach auf damit? Sie hatten ganz ähnliche Ansichten zu Ernährung, Erziehung, Bildungspolitik und staatlichem Sozialwesen. Sie lasen beide lieber gute, alte Bücher, als Geld für schlechte, neue Filme auszugeben. Sie hörten ihre je eigene Musik über Kopfhörer. Hannes sah nur in der Küche fern, und auch in Einrichtungsfragen waren sie sich noch nie in die Quere gekommen. Wozu, zum Teufel, brauchten sie und Hannes Sex?

Energisch drückte Silke ihre Zigarette aus. Sie mußte schleunigst ins Bett. Sie hatte eiskalte Füße bekommen. Bei den zwei Schritten zur Balkontür trat sie auf etwas Spitzes, das sich schmerzhaft in ihre Fußsohle bohrte. Sie brauchte nicht hinzusehen, um zu wissen, daß es einer von Hannes' Zehennägeln war, die er sich vierzehntägig bei einer Flasche Bier auf dem Balkon schnitt, bei jeder Witterung, zu jeder Jahreszeit, sogar wenn es schneite.

Der Zehennagel gab den Ausschlag: Sie würde nie mehr mit Hannes schlafen.

DORIS LERCHE
Helenas Hintern

Helena war überzeugt, daß ihr schwerer Hintern, die Fußballerwaden und ihre unreine Haut der Grund gewesen waren, daß Erik sich von ihr getrennt hatte. Sie haßte sich und
diesen Körper, der einfach keiner Norm entsprechen wollte,
soviel sie auch mit Diäten und Fitneßtraining an ihm herum-
besserte.

So war sie halb erstaunt, halb geschmeichelt, als Julian
sich kopflos in sie vergaffte. Wie wohl es tat, von einem
Mann mit Liebkosungen verwöhnt, mit Geschenken be-
dacht und mit Komplimenten überhäuft zu werden. Immer
wieder wollte sie dieses »Du bist meine Schöne« hören, und
Julian wurde nicht müde, es ihr bei jeder Gelegenheit ins
Ohr zu hauchen. Ihn schienen weder ihr Hintern noch ihre
Fußballerwaden zu stören, und ihre unreine Haut entdeckte
er erst, als sie ihn ausdrücklich darauf hinwies.

Nun muß man dazu sagen, daß er selbst auch keine
Schönheit war: groß, schwerfällig, glatzköpfig, mit ausge-
prägtem Bierbauch und riesigen Schaufelhänden, die unschlüssig rechts und links vom Körper herabhingen.

Bei einer attraktiven Frau hätte er keine Chance, dachte
sie, deshalb nimmt er mit mir vorlieb.

Gleichwohl genoß sie seine Liebkosungen, die natürlich
nichts anderes als plumpe Werbestrategien waren, um sie
ins Bett zu locken. Wenn's ums Bett geht, dachte sie, sind
die Männer blind. Und hinterher kommt der Schock. Eine
gnadenlose Morgensonne legt die Wahrheit bloß: akne-
narbige Wangen, krause Orangenhaut, plumpe Schenkel –
und was sonst noch alles an körperlichen Scheußlichkeiten
existiert.

Darum verkriechen die Kerle sich morgens hinter ihrer
Zeitung, dachte Helena. Sie wollen den häßlichen Tatsachen

nicht ins Auge blicken. Am Morgen hassen sie ihre Bettge-
fährtin, von der sie sich hinters Licht geführt fühlen.

Sie zögerte den ersten Geschlechtsverkehr mit Julian hinaus, um seine Komplimente so lange wie möglich genießen
zu können.

»Du hast einen geheimnisvollen Blick«, seufzte er wie ein
italienischer Gigolo, »eine zarte Taille, ein erfrischendes
Temperament.«

Erik hatte ihre Impulsivität »launisch« genannt und ihren
Silberblick »schielen«, und eine Taille hatte er nie bemerkt.
Nun war Helena ganz überrascht, daß sie etwas Derartiges
überhaupt besaß. Am schwierigsten war es für Erik gewesen,
sich an ihre schwarz gepunkteten Beine zu gewöhnen. Direkt
nach jeder chemischen oder mechanischen Entfernungsak-
tion begann das Haar, kräftig nachzuwachsen. So wie manche Männer sich morgens rasieren und am Abend wieder
stoppelbärtig herumlaufen. Schade, daß so ein Stoppelbart
ums männliche Kinn attraktiver ist als an weiblichen Beinen,
dachte Helena mißmutig.

Als sie den langen Rock lüpfte, um Julian auf ihre schwarzen Haarstoppeln aufmerksam zu machen, behauptete er
entzückt, er fände Haare in jeder Form und an jeder Stelle
außerordentlich sinnlich, sie solle sie unbedingt wachsen lassen.

Gut, über Geschmack läßt sich streiten, dachte Helena.
Aber sich für behaarte Frauenbeine zu begeistern, hielt sie
nun doch für pervers. Und sie betrachtete Julian mit beunru-
higter Skepsis.

Er gestand ihr beiläufig, daß er unter dem Gegenteil gelit-
ten habe: einem Mangel an Körperbehaarung. Sie solle sich
nur mal seinen beinahe kahlen Schädel anschauen. Selbst
seine Brust, sagte er, weise nicht mehr als drei, vier blonde
Härchen auf.

»Die meisten Frauen mögen haarlose Männer. Auch gegen eine Glatze haben sie nichts«, behauptete Helena.

Aber sie spürte, wie er ihr nicht glaubte. Um sein Selbstbewußtsein zu stärken, ging sie mit ihm ins Bett. Es war

schnell und unkompliziert. Sie hatte keine Zeit, sich über irgendwelche Körpermängel Gedanken zu machen.

Der Sex mit Erik hatte immer angespannte Konzentration erfordert. Wenn er sie mit technisch ausgefeiltem Know-how streichelte, ein exzellenter Liebhaber, der wußte, wie man eine Frau handhabt, folgte sie mit allen Sinnen seinen Händen, die ihre unzulängliche Silhouette nachzeichneten. Eriks Fingerkuppen waren mit Helenas Nervenenden ausgestattet, jeden Pickel nahmen sie wahr, jeden Buckel, jede Unebenheit des Fleisches. Mit seinen Händen fühlte sie die rauhe Stoppelfläche ihrer Waden und die mächtige Wölbung ihres Hinterns. Sie roch ihren von Pfefferminzbonbons überdeckten schlechten Atem mit seinen Geruchszellen, sie spürte die Trockenheit ihrer Lippen mit seiner Lippenhaut.

Obwohl es anstrengend war, mit Erik zu schlafen, hatte sie es getan, so oft er wollte, nur damit er über ihren makelhaften Leib hinstrich und ihn veredelte durch die Gnade seiner perfekt geformten Hände.

Und dann verließ er sie wegen dieses Glamourgirls in Lack und Glitzer, hochbeinig, in einer Duftwolke schwebend.

Erstaunlich war: Julian sprang nicht direkt nach ihrem ersten gemeinsamen Akt unter die Dusche wie Erik, floh nicht spätestens am Morgen nach der Tat vor ihren stoppelbärtigen Waden, vor ihrem sehnsüchtig schielenden Blick hinter seine Morgenzeitung.

Julian hielt sie im Arm, und sie empfand mit angenehmem Erstaunen, daß sie Zeit hatte.

»Sei mir nicht böse«, sagte er, »daß alles so schnell ging. Ich habe lange nicht mehr mit einer Frau geschlafen.«

Es war reinste Bequemlichkeit, daß Helena sich weiterhin mit ihm traf.

Er freute sich arglos, wenn sie mit ihm ins Kino oder spazieren ging. Er rief sie immer wieder an. Sie hätte sich entschiedener gegen ihn wehren sollen. Aber sie war seltsam kraftlos. Und natürlich schmeichelte es ihr, daß er nicht locker ließ, obwohl dieses erste gemeinsame Betterlebnis nun nicht gerade eine gelungene Inszenierung gewesen war. Er versuchte sie sogar von neuem zu verführen. Er streichelte sie unermüdlich, knabberte endlos an ihren Ohrläppchen, küßte ihr Hals und Schultern, bis sie sich eher gedankenlos den Dingen überließ.

Man kann nicht sagen, daß es ihr so richtig schlecht dabei ging. Sicher, der Sex war nicht im mindesten so aufregend wie mit Erik, es hatte fast etwas wohlig Langweiliges, als schwebe sie auf einer Federwolke.

Mit der Zeit wurde sie übermütig, um nicht zu sagen, blind. Denn eines Tages besuchte sie zusammen mit Julian jenen Club, in dem, wie sie wußte, auch Erik verkehrte.

Und da war er auch schon. Mitten auf der Tanzfläche sah sie ihn stehen, wie er seine neue Flamme innig im Arm wiegte, und der Schmerz durchschoß sie wie eine Feuerkugel.

In diesem Moment erinnerte sie sich, was Leidenschaft war. Oh, diese Qual, nicht geliebt zu werden! Diese Qual, nun in Eriks Armen die Frau zu sehen, die sie hätte sein sollen und die sie beim besten Willen nicht war: eine Glitzerpuppe, langbeinig, samthäutig, madonnablond, mit aufgeworfenen Lippen. Ach, diese unerreichbare Schönheit!

Seit dieser Begegnung nagte wieder an ihr, was sie fast vergessen hatte, eingelullt von Julians Lügengegurre. Fast hatte sie zu glauben begonnen, sie sei schön mit ihrem festen glatten Fleisch, ihrem langen Hals, ihrem rassigen Profil, ihrem prachtvollen Haar.

Nicht nur an ihren eigenen, sondern auch an seinen Körper hatte sie sich seltsam gewöhnt. An seinen Kahlkopf, den sie plötzlich als reizvoll männlich empfand. Seine dickliche Mitte, die ihr sinnlich und genußfreudig vorkam. Seine groben Hände, die so zart zu berühren verstanden.

Doch nun, nach dem schmerzhaften Kontakt mit der Wahrheit, zog die Schwere ihres Hinterns sie von der Federwolke zurück auf den harten Asphalt der Realität.

Damals, als Erik ihr Avancen gemacht hatte, hatte sie nicht glauben wollen, daß er tatsächlich sie meinte. Und in der ersten Nacht mit ihm hatte sie sich, trunken vor Glück, schön und wertvoll gefühlt, überrascht, daß er sie nicht direkt nach dem Beischlaf verließ. Bis heute begriff sie nicht, warum er es zwei Jahre lang mit ihr ausgehalten hatte.

Es schmeichelte ihm, daß ich ihn so anhimmelte, dachte sie. Mich für seinen sportgestählten Körper begeisterte. Nun begriff sie endgültig, daß für sie nur ein unvorzeigbarer, unaufregender Liebespartner in Frage kam. Einer, der zunehmend lästig wurde, wie er verliebt an ihr herumfingerte.

Immer zorniger wehrte sie ihn ab.

Fassungslos fragte Julian schließlich: »Was ist passiert? Warum bist du so verändert?«

Sie konnte ihm nur sagen: »Du gehst mir entsetzlich auf die Nerven.«

Er schaute sie an und murmelte: »Schade. Ich liebe dich so sehr.«

Diese weiche Stimme! Dieses kummervolle Beben! Alles störte sie. Alles. Wie er vorwurfsvoll in seinem Essen herumstocherte! Daß er sie ständig behelligte mit Gesprächsangeboten! Da gab es nichts zu reden, nichts zu klären. Seine breitgelatschten Schuhe. Diese ewigen Jeans. Diese flusigen Resthaare am Hinterkopf. Diese vollen Lippen. Diese weißen Arme. Und vor allem seine Traurigkeit, wenn sie ihn gerade mal wieder angefahren hatte.

Und noch immer wollte er mit ihr zusammenziehen, mit ihr Kinder haben, noch immer meinte er, sie sei über die Trennung von Erik nicht hinweg, projiziere auf ihn, was dem anderen galt, der sie verlassen hatte. Er begriff gar nichts. Er begriff nicht, daß sie ihn nicht mehr liebte. Daß sie ihn nie geliebt hatte. Er begriff nicht, daß er kein Mann war, den sie lieben konnte.

Ihr Liebesgestammel sei ohne Bedeutung gewesen, fuhr sie ihn an, leichtfertig dahergeplappert aus einer Gefühlslaune heraus. Er solle sich keine Hoffnung machen, daß sie jemals ein Paar würden.

Seine Lippen zitterten, eine Träne rann aus seinem Augenwinkel. Es war unerträglich.

Schließlich stand er auf, schaute sie an mit seinen nassen Augen und sagte leise: »Alles Gute.«

Und ging. Sie hörte seinen schweren Schritt die Treppe hinunterstapfen.

Morgen wird er wieder anrufen, wie er das seit einem halben Jahr täglich tut, dachte sie. Hoffentlich ruft er nicht an.

Er rief nicht an. Und am Tag darauf auch nicht. Er rief die ganze Woche nicht an.

Ihre Erleichterung, daß er fort war, begann sich mit Sorge zu mischen. Offenbar hatte sie ihn ernsthaft beleidigt. Mal sehen, dachte sie unwillig, wie lange er es aushält. Einen losen Kontakt könnte man doch beibehalten. Sich ab und zu treffen. Gelegentlich ins Kino gehen. Oder ins Café. Sich ein wenig austauschen über das Leben. Mein Gott, ist dieser Mann empfindlich!

Aber es vergingen die Wochen, und sie hörte nichts von ihm.

Er war gekränkt, dachte sie, aber er muß ja nicht gleich jeden Kontakt zu mir abbrechen. Man könnte doch ab und zu telefonieren. Sie verkniff sich, ihn aus alter Gewohnheit einfach anzurufen. Dann glaubt er womöglich, sie hätten noch eine Chance miteinander.

Ich lasse ihm Zeit, dachte sie. Irgendwann ist sein Groll vorbei, und wir können wieder locker aufeinander zugehen, wie das andere Leute auch tun.

Wieder vergingen Wochen.

Und allmählich nahm eine ziellose Unruhe von ihr Besitz. Eine Unruhe, die irgend etwas mit Sehnsucht zu tun hatte. Nein, nicht nach ihm. Aber nach dem entspannten Gefühl mit ihm, das fast eine Art Glück gewesen war, eine selige Zufriedenheit, etwas wie im Gleichgewicht sein, etwas, das sie so noch nie erlebt hatte.

Seine wohltuend warmen Hände. Seine sanfte Stimme. Sein liebes Lächeln. Seine süßen Worte. Vermißte sie das alles? Ja, offenbar vermißte sie das. Was nun? Er war fort. Er wollte sie nicht mehr sehen, nichts mehr mit ihr zu tun haben. Sie hatte ihn vertrieben.

Die Ratlosigkeit begann sie zu peinigen. Schließlich nahm

sie sich ein Herz und rief ihn an. Als sie seine leibhaftige Stimme hörte, warf sie erschrocken den Hörer zurück auf die Gabel.

Sie konnte sich ihm nicht aufdrängen, nach allem, was passiert war. Er wollte sie nicht mehr sehen, das war doch deutlich. Sie war ihm zu anstrengend geworden. Er hatte sie nie wirklich geliebt, sonst hätte er ihre Schattenseiten ausgehalten. Hätte angerufen. Hätte sich mit ihr versöhnt.

Sie rief an, sie legte auf.

Um sich in ihrem Zimmerchen nicht in einen lächerlichen Katzenjammer hineinzusteigern, raffte sie allen Mut zusammen und ging in den Club. Da saß er breit auf einem zierlichen Stuhl und sah sie nicht. Hinter ihm stand eine junge Frau mit blondem Engelshaar, umfaßte zärtlich seinen Oberkörper und drückte ihm einen Kuß auf den kahlen Schädel. Innig schmiegte er sich in ihre Arme.

Helena starrte die beiden an. Es konnte doch nicht sein, daß eine schöne Frau wie diese einen häßliche Kerl wie Julian …? Diese schmalen Beine, dieser Glitzerkörper, aber weicher als damals mit Erik. Ja, sie war es. Eriks Flamme.

Und er – Erik?

Er stand allein am Tresen mit steifem Rücken.

Helena wußte nicht, was sie fühlte, als sie stracks auf ihn zuging und ihn fragte, wie es ihm gehe.

»Mäßig«, knurrte er überrascht.

»Du bist nicht mehr mit dieser Frau zusammen?«

»Du siehst ja«, kam es gepreßt, »sie ist in diesen Glatzkopf vernarrt, mit dem du deine Bettaffäre hattest. Dieser Supermacho scheint ein Patentrezept für Frauen zu haben. Keine Ahnung, wie er die Lady rumgekriegt hat. Keine Ahnung, was er von ihr will. Ist doch nichts dran an ihr. Knochig. Spitznasig. Piepsstimme. Daß er auf deine weiblichen Formen abgefahren ist, das kann ich ja noch nachvollziehen. Aber sag mir, was hat sie zu bieten?«

»Ich verstehe das alles nicht«, murmelte Helena.

»Ich auch nicht«, erwiderte Erik und kippte seinen Cocktail hinunter.

Helena betrachtete ihn: sein mahlendes Kinn, seine festen Kiefern, seinen schwimmenden Blick.

Dann schaute sie Julian an mit dieser Frau, und ein wehmütiger Schmerz breitete sich in ihrer Brust aus.

Sie tastete nach Eriks Hand. Überrascht nahm sie wahr, daß er ihr ein Lächeln schenkte, ein schüchternes, dankbares Lächeln.

Ulla Fröhling
Die Monte-Carla-Methode und andere Überraschungen

Als Karla mir sagte, daß man sie gerade zur langweiligsten Lehrerin ihrer Schule gewählt hatte, war ich nicht überrascht. Ohne den Blick von der Fahrbahn zu nehmen, standen mir Karlas Dauerwelle, Karlas akkurat gezupfte Brauen, Karlas Brille am Band – auf Karlas Brust hüpfend – und Karlas Handtasche – auf dem Schoß von Karlas Strickkostüm ruhend – schmerzlich vor Augen.

Außer mit ihrer äußeren Erscheinung langweilte Karla ihre Schüler mit einem Matheunterricht, der selbst im gutwilligsten Rechengenie das Feuer jeder Begeisterung gelöscht hätte. Warum Karla ausgerechnet dieses staubtrockene Fach gewählt hatte, habe ich nie verstanden. Etwas Dynamischeres wäre sicher vorteilhafter gewesen. Aber sinnlos, darüber nachzudenken, zumal ich selbst schon Mühe hatte, nicht vor Müdigkeit vom Sitz zu rutschen und im Graben zu landen.

Drei Stunden waren wir unterwegs, und ich hatte meinen Entschluß, mit Karla zu verreisen, schon vielfach bereut. Okay, sie konnte mich nicht ablösen, weil sie nur Automatik fuhr. Okay, sie konnte keine Karten lesen, also mußte ich auch noch selbst auf die Strecke achten. Nicht so toll war, daß sie immer neben mir wegnickte und sich keine Mühe gab, mich zu unterhalten. Andererseits, was hatte sie zu erzählen?

Als sie dann aber auch noch meinen neuen Laptop vor sich auf den Boden legte, meinen Burberry zusammenrollte und ihre Füße darauf setzte, tat das weh. Nicht wegen des Laptops, der eigentlich Elaines Laptop war, aber das ist eine andere Geschichte. Eher wegen ihres Kommentars: »Du hast ja keine Ahnung«, sagte sie, »was das heißt, jeden Tag stundenlang vor einer Klasse zu stehen. Stützstrümpfe allein helfen da nicht.«

Sie trug Stützstrümpfe.

Ich meine, die Frau war sechsunddreißig, genau wie ich.

Und was war ich für ein Kerl. Geht doch, wenn man will. Warum wollte sie nicht?

Andererseits: Was wollte ich eigentlich mit ihr? Erotisch war sie wirklich keine Offenbarung.

Okay, ich hatte was gutzumachen. Aber was wußte sie denn davon, daß ich ihr Auto geklaut hatte? Nichts. Also hatte ich eigentlich gar nichts wieder gutzumachen, oder? Na gut, ich hätte ihr was abgeben können, als ich im Automatencasino am Hamburger Steindamm tatsächlich mal ein Gerät abgeräumt habe. Aber Etepetete-Karla zog es bestimmt vor, nicht zu wissen, daß ich den Steindamm überhaupt kannte. Sollte ich sie unglücklich machen? Also.

Wirklich Schwein war das gewesen, und der Schweiß lief mir übers Gesicht, als ich die letzten Heiermänner aus dem Verkauf von Karlas Polo in den Automaten drückte. Klack-klack-klack, hatte es plötzlich losgerasselt. Das schönste Geräusch auf der Welt. Das war alles wert. Ich wußte doch, daß ich es kann. Natürlich kamen nicht die ganzen 2,7 Millionen, die im Jackpot waren. Auch nicht so viel, wie Karlas Wagen wert war. Noch nicht mal so viel, wie mir der Pole oder Russe oder was er war am Skandinavienkai dafür gegeben hatte. Und viel war das nicht.

Aber egal, ich mußte mir ja keinen neuen Wagen dafür kaufen. Ich hatte ja Verenas. Aber das ist eine andere Geschichte. Und Karla hatte inzwischen auch wieder einen, etwas spät zwar, weil die Versicherung ihr Mißtrauen lange nicht in Griff gekriegt hatte. Aber nachweisen konnten sie Karla nichts. Und die verstand sowieso nicht, worum es eigentlich ging.

Versteht sie meistens nicht, wenn es mit Geld zu tun hat. Ich dachte, ich hör nicht richtig. Keine Euroschecks, keine Kreditkarte. »Ich brauch keine Kreditkarte«, sagt sie, »ich habe keine Kredite.« Stehen wir da am Tresen, haben gegessen, haben übernachtet auf unserer Route nach Süden, nettes Hotel, »Roter Turm« in Solothurn, und nun sollen wir bezahlen. Aber sie hat keinen einzigen Schweizer Franken. Tja, mußte ich ran. Gut, daß ich noch was hatte von Sonja. Kreditkarte hab ich auch nicht. Aber aus ganz anderen Gründen als Karla.

Und gut auch, daß der Urlaub in Pontedassio schon bezahlt war. Im ersten Überschwang meines Gewinns hatte ich mich sogar beteiligt. So in einer Sektlaune. Soll man nie. »Was?« hatte ich gerufen, »Du warst noch nie im Süden? Das kann doch wohl nicht wahr sein. Ich zeig's dir. Riviera, Côte d'Azur, Cannes, Monte Carlo.« Ganz der großzügige Kavalier. Wie ich so bin. Na gut, man kann auch großspurig sagen.

Eigentlich ist Karla nicht schnell. Aber da: Sofort hoch und mit mir ins Reisebüro – wir haben gebucht. Ferienhaus, pauschal. Überrumpelt. Ich geb es nicht gern zu, aber ich hab glatt die Hälfte gezahlt. Ist mir noch nie passiert. Im Juni war das, wir gerade am Anfang, damals dachte ich noch, sie ist reich. War einfach eine Investition. Ich war ja völlig perplex, als wir uns wiedersahen in dieser Galerie. Nach über zwanzig Jahren. Gehören zu meinen Routinen, diese Besuche. Museen, Galerien, Vernissagen. Modeschauen auch. Klasse Weiber kann man da treffen.

Hätte mir eigentlich gleich auffallen müssen, daß sie irgendwie anders aussah. Nicht dazu paßte. Die Klamotten. Der Haarschnitt. Das Make-up. Nicht so teuer wie die anderen. Kein Parfum. Aber Stützstrümpfe. Na, das wußte ich da ja noch nicht.

Ich war einfach von den Socken.

Hab sie sofort erkannt. Woran bloß? Die Augen? Keine Ahnung.

Es war einfach so ein Gefühl. Wie damals. Diese ganze elende Kindheit. Ihr Vater so arm wie meiner. Was heißt »meiner«? War gar keiner da. Nur meine Mutter, die sich abschuftete für mich und die beiden Schwestern. Bei Karla war nur der Vater da. Der war nett. Hat die kaputten Puppen und Spielzeuge der Kinder repariert, von denen, die welche hatten. Mümmelmannsberg. Wo die Fahrstühle nach

Pisse stinken. Hab mal einen Bericht im Spiegel gelesen, später. Da stand das alles drin, mit der Pisse und den Kindern, die die Fahrstuhlknöpfe nicht drücken können, weil sie zu klein sind, und dann in den Fahrstuhl machen, weil sie nicht zu ihrer Wohnung in den zehnten Stock kommen. Stimmte alles, las sich aber noch nett. Wer das nicht erlebt hat, hat keine Ahnung. Ich hab das erlebt. Und Karla auch.

Deshalb war das wie in diesem Oldie von Peter Sarstedt, als ich sie plötzlich wiedersah. In dieser teuren Galerie. Zwischen all den teuren Menschen. »Where do you go to, my lovely?« – »Wohin gehst du, meine Schöne?« Sie war zu den Reichen gegangen. Sie hatte es geschafft.

Teure Sachen hatte Karla nicht an. Aber andere als damals. In Wirklichkeit gehörte sie gar nicht dazu. Hatte nur der Mutter einer Schülerin eine Louis-Vuitton-Tasche nachgetragen, die die in der Lehrer-Sprechstunde vergessen hatte. Aber das wußte ich natürlich nicht. Ich sah sie da mit dieser Tasche. Typisch Karla, der Schnepfe das Teil auch noch nachzutragen. Kann die sich doch vom Chauffeur abholen lassen.

Ich dachte: Die hat es geschafft. Die ist reich. Das ist mein Lottogewinn, dachte ich. Und bin auf sie zu, meine Lippen an ihr Ohr und hab leise gesungen: »Where do you go to, my lovely, when you're alone in your bed?« Wie Peter Sarstedt eben in dem Lied über dieses Jet-set-Modell aus dem Armenviertel von Neapel. Ich glaube, mir zitterten die Knie.

»Bitte?« fragte sie und guckte mich an. Indigniert.

»Mensch, Karla, kennst du mich nicht? Ich bin's doch, Heinz.«

Den Namen benutzte ich schon lange nicht mehr. Inzwischen war ich Jack. Bißchen von Jack Nicholson, als er noch besser drauf war. Jackpot hat, glaub ich, auch was damit zu tun.

»Ha-einz?« sagte sie. Wie früher. Wenn wieder was weggekommen war. So ungläubig.

Dann sind wir nach Hause. Zu ihr. Ich hatte gerade keins. Und zuerst war es auch wie in dem Lied. »I know the thoughts that surround you, 'cos I can look inside your head«, hab ich ihr immer vorgesungen, »ich kenne deine Gedanken, denn ich kann in deinen Kopf gucken«. Hab 'ne ganz gute Stimme.

Irgendwann ging es ihr aber auf den Nerv, und sie hat mir erzählt, daß ihre Kleider nicht von Balmain kommen. Na gut, das konnte ich sehen und auch, daß sie keine Diamanten und Perlen im Haar hat und nicht spricht wie »Marleen Dietrick«. Aber daß sie eine Lehrerin ist, war doch noch mal 'ne extra Enttäuschung.

Mit dem Aga Khan ist sie auch nicht ins Bett gegangen.

Nur mit mir. Und nur selten.

Okay, daß sie weder unter der Dusche noch auf dem Flokati wollte, sondern nur im Bett und nur in der Missionarsstellung, damit hätte ich mich einrichten können. Wenn sie nur ein bißchen flexibler gewesen wäre.

Aber Karlas Rhythmus entsprach mir einfach nicht. Diese festen Rituale. Morgens um fünf klingeln nacheinander zwei Wecker und der telefonische Weckdienst, sonst kommt sie nicht auf die Füße. Dann viel Kaffee und staubsaugen. Das muß man sich mal vorstellen: Jeden Morgen staubsaugen. Und beim Staubsaugen habe ich gestört. Das konnte sie nicht haben: Sie saugt Staub, und ein Mann liegt im Bett.

Und der ganze Lärm, der hat *mich* gestört. Diese unterirdische Zeit. Weiterschlafen durfte ich nicht. Einfach im Bett bleiben, bis sie weg war. Mich ein bißchen umgucken in der Wohnung. Bißchen schlau machen. Was man so brauchen kann. War wirklich Pech mit ihr.

Und dann dies ewige Lottospiel. Sonnabend und Mittwoch auch. 169,40 Mark im Monat kostete das. Verrückt. Ob sie das von ihrem Vater hatte? Für 1,10 Mark hatte der immer getippt. Jede Woche. Aber gewonnen hatte der ja auch nie. Bloß dieses eine Mal.

Schließlich hab ich mich hingesetzt und ihr, der Mathelehrerin, vorgerechnet, daß sie schon in einer netten Eigentumswohnung säße, wenn sie dieses Geld gut angelegt hätte. Oder statt dessen mal richtig groß eingesetzt. Ich wollte sie ja immer in die Spielbank schleppen. Ich dachte, da krieg ich ihr Geld locker. Aber sie wollte nicht.

Und dann immer diese Schule. Jedes Wochenende Klassenarbeiten korrigieren. Täglich Mittagsschlaf, weil Schule angeblich so anstrengend ist. Na gut, daß man auch von Langeweile müde werden kann, hab ich auf unserer Reise gemerkt.

Das Haus auf dem Hügel in Ligurien war immerhin nicht übel. Ganz mein Stil. Blöde war, daß sie zwei Aktentaschen mit Arbeiten mithatte. Da saß sie immer auf dem Dach in der Sonne, rauchte Kette und korrigierte Arbeiten. Und unter uns die Riviera, Monte Carlo ganz nah. Ich wollte so gern los, mal sehen, was läuft. Aber ich konnte nicht. Sie hatte das Geld.

Dachte ich.

Dann stellte sich raus, daß sie keines mithatte. Nichts. Niente. Null.

»Ich faß es nicht«, hab ich gesagt, »du kannst doch nicht ohne Geld verreisen.«

»Aber wir haben doch alles vorher bezahlt«, meinte sie.

Sie hatte keine Ahnung, wie man verreist. Sie war noch nie verreist.

Das muß man sich mal vorstellen.

»Und was ist mit essen gehen? Tanzen? Ausflüge? Bootsfahrten?«

Darüber hatte sie nicht nachgedacht.

»Dann mußt du das wohl machen, Heinz.«

Dabei war sie ganz zufrieden. Zweimal in der Woche wusch sie ihre ganze Urlaubsgarderobe durch. Richtig begeistert. Das Haus hatte nämlich eine Waschmaschine, und so ein Ding hatte Karla noch nie besessen. Das klingt komisch, ich wollte es erst nicht glauben. War aber so.

Klar, in der Kindheit hatte niemand von uns so was. Aber, meine Güte, später hat man sich doch umgesehen. Ich jedenfalls.

Dann wollte sie mir Mathe erklären. Hat mich noch nie interessiert. Rechnen ja, was man so brauchen kann. Aber

Mathe? Mit fünfzehn bin ich sowieso weg von der Schule. Abgehauen, als die Sache mit Karlas Vater passiert war. Aber das hat sie nie rausgekriegt. Sonst hätte sie was gesagt. Und dann hab ich eben gelernt, was ich so brauchte. Viel aufgeschnappt. Nicht für die Schule lernen wir, sondern für das Leben. Genau. Und auch nicht von der Schule, soviel ist klar.

Ich verstand immer besser, auf welche Weise sie ihre Schüler anödete. Von der Zahl Pi hat sie gequatscht, Differential, Integral, Wahrscheinlichkeitsrechnung und Monte-Carlo-Methode. Die hat mich dann wieder interessiert. Stellte sich aber raus, daß das was mit Statistik oder Stochastik zu tun hatte oder wie das hieß. Richtig besessen war sie, wenn sie davon erzählte. Das sei wichtig. Nur so sei sie vorangekommen.

Da hab ich's dann kapiert. Das war ihr Weg raus aus dem Dreck. Sie ist drangeblieben. Einfach immer weiter Schule. Verbissen wie ein Terrier. Nicht locker lassen. Alles andere blieb auf der Strecke, Urlaub, Schmuck, Luxus, Genuß. Auch Waschmaschinen.

Da hatte ich sie irgendwie wieder gern.

Ja, das war also ihr Urlaub: Tagsüber saß sie auf dem Dach unseres Hauses oben auf dem Hügel in der Sonne und korrigierte Arbeiten. Abends wusch sie Wäsche. Dann ging sie schlafen. In ihr Zimmer. Und ich lag in meinem neben der rotierenden Waschmaschine und konnte nicht einschlafen. Einmal bin ich aufgestanden, hab mich vor die Maschine gehockt, reingestarrt und den Roulettekessel vor mir gesehen.

Am nächsten Tag bin ich dann losgezogen und hab mich von Elaines Laptop getrennt. In einem fremden Land bringt der noch viel weniger als zu Hause. Aber, was soll's. Man ist nur einmal jung.

»Jetzt zeige ich dir mal, wie die Monte-Carlo-Methode wirklich funktioniert«, sagte ich zu Karla. Ich hatte meinen marineblauen Kaschmirblazer an. Okay, ich hab einfach Klasse.

»Zieh das blaue Kleid an«, sagte ich, »das bringt mir Glück.«

Sie hatte so ein blaues Chiffonkleid mit, bißchen altmodisch, na gut, aber das hatte was.

Wir dann los. Natürlich hätte ich viel lieber in einem Lamborghini gesessen als in Verenas Opel Astra. Aber muß ja nicht so bleiben, dachte ich. Dann, als wir auf den Hafen zufuhren, das tiefblaue Wasser. Azzurro. Und schließlich das Casino Monte Carlo. Schon der Name. »Goldeneye«, den James-Bond-Film, den haben sie hier gedreht. Und viele mehr. Kenne mich aus.

Nachmittags war noch nicht viel los. Wir haben uns erst mal umgesehen. Mich juckte es natürlich schon mächtig.

Dann holt sie plötzlich vier Hundert-Franc-Scheine aus der Tasche. Hatte also doch französisches Geld mit. Wieso hatte ich das nicht gefunden? Geht auf einen Roulettetisch zu, wo die Croupiers noch gelangweilt rumstehen. Und legt alles auf die Zweiundzwanzig. Stracks. Kein Umwechseln in Jetons und nichts.

»Mensch, Karla«, sage ich, »nicht alles auf eine Zahl. Du mußt die Chancen verteilen. Besser mit rot oder schwarz anfangen.«

Aber sie wollte nicht.

Mathelehrerin. Was soll man dazu sagen?

Und dann ist es schon zu spät. Die Croupiers gucken sich an. Anfängerin denken sie, ich seh es genau. Einer wechselt ihr Geld in Jetons. Rien ne va plus. Er wirft die Kugel in den Kessel. Sie saust am Rand entlang, poltert runter, hüpft über die Fächer. Und was kommt?

»Vingt-deux«, höre ich. Zweiundzwanzig.

Der Croupier schiebt alles auf die Zweiundzwanzig. Fünfunddreißigmal soviel. Vierzehntausend Franc. Über viertausend Mark. Und dann schiebt er es rüber zu Karla. Jetzt hängt sie dran, das weiß ich. Das wird so wie bei mir, denke ich. Zuerst gewinnt man immer. Manipuliert, denke ich, die erkennen die Anfängerin. Die wissen, daß sie wiederkommt.

Karla raffte alle Jetons zusammen und schob sie in die Handtasche.

»Gib ihnen wenigstens ein Trinkgeld, Karla«, flüsterte

ich, »ein Stück für die Angestellten, heißt das. Davon leben die.«

»Was?« sagte sie. »Nur von den Trinkgeldern? Scheißjob.« Und ging, ohne was in den Tronc zu werfen.

»Mensch, Karla, das mußt du machen. Sonst lassen die dich nie wieder gewinnen.«

»Hier komme ich sowieso nie wieder her«, sagte sie. Wer's glaubt, dachte ich.

Dann haben wir die Jetons gegen Geld getauscht, und sie hat mich zum Abendessen eingeladen. Candlelight-Dinner. Das war nett. Da hab ich sie zum ersten Mal nach ihrem Vater gefragt. So, um von alten Zeiten zu reden.

»Der ist tot, wußtest du das nicht?«

Nein, da war ich ja schon weg.

»Er hat das nicht verkraftet. Jahrelang Lotto, und der erste kleine Gewinn wird ihm geklaut. Davon wollte er mit mir verreisen. Zum ersten Mal in seinem Leben. Und in meinem auch. Vierhundert Mark, heute ist das nicht viel, aber kannst du dich erinnern, was das damals für uns war?«

Na, soviel war das nun auch wieder nicht. Bis München war ich damit gekommen, und für ein paar Klamotten hatte es noch gereicht. Dann mußte ich wieder alleine weitersehen. Netter Alter war er, aber schon herzkrank, glaube ich.

Wir haben an dem Abend noch eine Flasche Champagner getrunken.

Danach wollte sie sofort ins Bett.

»Ich glaube«, sagte sie, als wir wieder im Ferienhaus waren, »davon kaufe ich mir eine Waschmaschine.«

Nachts konnte ich das Geld nicht finden. Sie muß darauf geschlafen haben. Am nächsten Morgen ist sie sofort zur Post und hat alles, bis auf zweihundert Franc – mein Benzinanteil, sagte sie – nach Hause überwiesen. Erstaunlich, daß sie wußte, wie das geht.

Ins Casino wollte sie nie wieder.

Schade. Bei der Strähne wäre bestimmt noch mehr gekommen.

Dann hatten wir wieder nichts.

Und ich wollte doch an dieses Geld.

Irgendwann ging dieser langweilige Urlaub zu Ende. Ich beschloß, einfach dranzubleiben. Lehrerinnengehalt ist ja auch was.

An der Grenze haben sie mich dann rausgeholt. Wegen Verenas Wagen. Hätte ich nie gedacht, daß die mich anzeigt. Den Wagen hatte ich doch nur geliehen. War doch klar, daß ich zurückkomme. Eines Tages. Woher Verena wohl wußte, wo ich war? Und wann ich die Grenze überquere?

Karla war gefaßt, kein bißchen aufgeregt.

»Wie kommst *du* denn jetzt nach Hause?« habe ich sie gefragt, ganz der Kavalier, als wir uns trennten, weil ich mit den Herren in den grünen Anzügen gehen durfte und sie nicht.

»Ich werde erwartet«, sagte sie und ging auf ein anderes Auto zu. Eine Frau saß drin und sah verdammt nach Verena aus.

Da hab ich mich gefragt, ob Karla das vielleicht doch mitgekriegt hatte mit ihrem Wagen.

Und da drehte sie sich um, und als ob sie in meinen Kopf gucken könnte, sagte sie: »Das war nicht für den Wagen, Heinz. Das war für Papa.«

Ich muß zugeben, das war schon ein Schlag. Aber vielleicht, wenn ich wieder raus bin, kann ich ja ab und zu mal zu ihr gehen. Und sie wäscht mir die Wäsche.

Franziska Stalmann
Die Kette

Auf dem Titelblatt der Zeitschrift war ein spärlich bekleidetes Paar zu sehen, das sich heftig umarmte. Darunter stand in großen roten Buchstaben: »Die neue Lust.«

Ach ja, ach ja, dachte ich.

Ich betrachtete den Umschlag der nächsten Zeitschrift. »Hollywoods neue Liebespaare«, stand da. Ich suchte weiter im Stapel der Zeitschriften, aber es wurde nicht besser. Liebe, Lust und Leidenschaft, in allen Variationen. Als ob es nichts anderes gäbe auf der Welt.

Ich legte den Stapel auf das Spiegeltischchen, verschränkte die Arme unter dem Frisiermantel und schob mich im Stuhl zurecht, bis ich ganz bequem saß. Walter hielt geduldig inne.

»Besser so?« fragte er schließlich.

»Entschuldige«, sagte ich.

»Macht gar nichts«, erwiderte er und schnitt weiter.

Liebe, Lust und Leidenschaft, das habe ich hinter mir, dachte ich. Oder nein, die Liebe nicht, die Liebe hat man nie hinter sich. Und Liebe habe ich, und Liebe kriege ich, von meinen Kindern, von meinen Freunden, genug, Gott sei Dank. Lust und Leidenschaft, die habe ich hinter mir, das hat sich irgendwie gegeben. Und es fehlt mir nicht, im Gegenteil, ich finde es schön so. Kein Streß, keine Sehnsucht, keine Angst, keine Eifersucht. Keine Männer mehr und all die Aufregung und Anstrengung, die sie mit sich bringen.

Ich sah in den Spiegel, an meinem Gesicht vorbei, und betrachtete die beiden anderen Kundinnen im Salon. Sie waren in meinem Alter, die eine hatte den Kopf voller Silberpapiere, die andere trug einen Handtuchturban, sie machten einen unaufgeregten, unangestrengten Eindruck, so als ob sie es auch hinter sich hätten. Obwohl man natürlich nie weiß, wie es drinnen aussieht. Drinnen brodelt es vielleicht.

Wie bei Regine. In ihr brodelt es, und zwar heftig. Seit der Trennung von ihrem letzten Freund ist sie auf der Suche, sie sucht sehr, aber sie findet keinen, und ihre Bedürfnislage wird immer angespannter. Sie braucht keinen Mann, um ins Kino zu gehen oder zum Essen, sagt sie, das kann sie auch alleine, sie braucht einen fürs Bett, das kann sie nicht alleine, oder jedenfalls nicht so, wie sie es gerne hätte, mit einem richtigen Kerl. In ihrer Not hat sie sich einen Befriedigungsapparat gekauft, einen De-Luxe-Befriedigungsapparat, der Motor unhörbar, das Plastikteil lebensnah und gefühlsecht, praktisch genauso wie im richtigen Leben, nur daß kein Mann dran ist. Er war sehr teuer, der Apparat, aber was hilft es, sagt Regine, was sein muß, muß sein, und besser als nichts ist es allemal. Mir kommt es sonderbar vor, nur das Ding als solches, aus Plastik, so ganz ohne Mann, das würde mir nicht genügen, glaube ich, irgendwie braucht man den Mann doch auch dazu.

Mein Blick wanderte weiter zum Tresen, wo Walters Lehrlinge standen, Mirko, der mir immer die Haare wäscht, und eine junge Frau mit kurzen blonden Haaren. Sie waren intensiv miteinander beschäftigt, sprachen, schwiegen, sahen sich an, blickten voneinander weg. Sie waren bezaubernd, wie sie so leise und konzentriert miteinander befaßt waren, und ich sah ihnen zu, ohne Neid oder Sehnsucht.

Walter war meinem Blick gefolgt, seine Hand mit der Schere verharrte über meinem Kopf. »Was ist mit den Handtüchern, Sandra?« fragte er tadelnd, und Sandra verschwand in die hinteren Räume, während Mirko sich über das Terminbuch beugte wie ein eifriger Schüler. Walter schüttelte den Kopf und lächelte mir zu, ich lächelte zurück, unaufgeregt, unangestrengt, er schnitt weiter, ich blickte zum Tresen, wo nun niemand mehr stand. Mirko war Sandra gefolgt.

Hormone, sagt Regine, es ist alles eine Frage der Hormone. Hast du schon mal deinen Hormonspiegel untersuchen lassen? Ich möchte nicht wissen, wie der aussieht, dieser Libidoverlust, diese Gleichgültigkeit bei dir, das ist doch nicht normal. Hast du etwa auch Hitzewallungen oder so was? Nein, so was habe ich nicht. Mir ist nur immer so schön warm in letzter Zeit. Ich muß nicht mehr mit Wollsokken an den Füßen ins Bett gehen, und dicke Pullover und fette Daunenjacken brauche ich auch nicht mehr. Und ich bin gar nicht gleichgültig, ich bin nur innerlich ganz ruhig und unangestrengt, und mir ist immer so wunderbar warm. Das ist doch schön, oder? Regine schüttelt den Kopf, wenn ich so was sage, so wie man über jemanden den Kopf schütteln würde, der Pestbeulen hat und sagt, ist doch schön mit den Pestbeulen, oder?

Ich finde es auch schön, allein zu leben. Na komm, sagt Regine, das klingt mir aber sehr nach dem Fuchs, dem die Trauben zu sauer sind. Welche Frau lebt schon gerne allein? Ich. Ich habe mit zwei Männern gelebt in meinem Leben, nacheinander natürlich, und mit zwei Kindern. Ich habe ihre Wohnungen aufgeräumt, ihre Kleider gewaschen, ihr Essen gekocht, ihre Fernsehsendungen gesehen, ihre Hausaufgaben gemacht, ihre Termine eingehalten, ihre Haustiere gefüttert, ihre Autos gefahren. Das einzige, was ich wirklich genauso gemacht habe, wie ich es wollte, war meine Arbeit. Und nun ist endlich mal alles so, wie ich es haben will, nun ist endlich mal alles meines: meine Wohnung, meine Termine, mein Essen, meine Fernsehsendungen. Wie soll ich es einem Mann erklären, daß ich unbedingt Alfred Bioleks Kochsendung sehen muß und »Wer will mich – Tiere suchen ein Zuhause«? Und daß das safrangelbe Kissen auf den grünen Sessel gehört und das ziegelrote aufs Sofa und nirgendwo anders hin? Das würde vielleicht ein schwuler Innendekorateur verstehen. Aber ein normaler Mann? Nie.

»Wenn du den Kopf schüttelst, wird das nichts«, sagte Walter sanft. »Halt still. Und ein bißchen nach vorne beugen.« Ich drückte das Kinn hinunter und rührte mich nicht mehr.

Wenn du schon Angst hast, daß er dir die Sofakissen durcheinanderbringt, sagt Regine, dann stimmt wirklich etwas nicht mit dir. Du mußt dir unbedingt die Hormone untersuchen lassen. Paß auf, mein Gynäkologe ist Spezialist dafür, er ist total überlaufen, aber ich besorge dir einen Termin, sofort, ich bin ja praktisch Stammkundin bei ihm. Und dann kriegst du ein paar Hormone, die sind auch gut gegen Falten und Herzinfarkt, und ehe du dich umguckst, bist du wieder eine richtige Frau und überhaupt ein ganz neuer Mensch. Ich habe eigentlich kaum Falten, und mein Herz ist vollkommen in Ordnung, und ob ich eine richtige Frau sein will, weiß ich nicht, ich glaube, das würde mich überfordern, und ein ganz neuer Mensch will ich bestimmt nicht sein, ich bin eigentlich ganz zufrieden so, wie ich bin.

Ich seufzte.

»Ist es so schlimm?« fragte Walter. »Du seufzst so tief.«

»Ach, eigentlich nicht«, sagte ich, »es ist bloß so kompliziert. Und dabei könnte es ganz einfach sein.«

Er lachte: »So ist das Leben. Halt den Kopf mal gerade.« Er zog an den Strähnen vor den Ohren, um zu sehen, ob sie gleich lang waren. »Okay. Und wie willst du den Pony? Wieder lang? Oder so halbe Länge, glatt und gerade? Das ist jetzt Mode. Wirkt sehr jugendlich. Würde dir gut stehen, mit deinen schönen Augen und Augenbrauen. Würde dir auch gut tun, so wie du heute drauf bist.« Er lächelte mich an, diesmal kein professionelles Lächeln, sondern das Lächeln alter Freundschaft.

»Ach, Walter«, sagte ich, »her mit dem Pony.«

Siehst du, dachte ich, das ist es, die Wärme der Freundschaft, nicht die Glut der Leidenschaft. Das ist das Richtige für dich.

Walter drehte mich auf dem Frisierstuhl herum, setzte sich vor mich hin und sagte: »Mach die Augen zu.«

Ich spürte das kalte Metall der Schere an der Stirn und roch sein teures Männerparfüm, und der Duft und seine Nähe erinnerten mich an etwas, woran ich lange nicht mehr gedacht hatte. Es war in seinem ersten Salon gewesen, vor ewigen Zeiten, in einem winzigen Laden, den er selbst gestrichen hatte, in leuchtenden Farben. Heute sind seine drei Salons schwarz eingerichtet, wie es sich gehört, und er trägt auch schwarz, wie es sich gehört, und die angegrauten Haare kurz geschoren. Damals trug er weiß, mit bunten indischen Westen, und die Haare lang und lockig.

Eines Abends saß ich da, wir hatten über das Wetter gesprochen und ob ich schon Urlaub gemacht hätte, worüber man so spricht beim Friseur, und nun schwiegen wir, und er schnitt, und ich sah ihm dabei zu. Und plötzlich veränderte sich etwas zwischen uns, ich spürte seinen Körper neben mir, die Wärme, die er ausstrahlte, seine Hand, die mir durchs Haar fuhr, elektrisierte meine Kopfhaut. Unsere Blicke trafen sich im Spiegel, er hielt inne, und an der Art, wie er mich ansah, merkte ich, daß es ihm so ging wie mir. Ich wurde rot, ich sah, wie mir die Farbe ins Gesicht kroch, aber es störte mich nicht. Er schnitt weiter, langsamer, wie mir schien, und jede seiner Bewegungen war wie ein lustvoller Kontakt zwischen uns.

Hinter uns lärmte seine Angestellte, sie fegte den Boden und rückte die Stühle hin und her, ich nahm es kaum wahr, ich war wie eingesponnen in einen Kokon mit ihm.

Er sagte: »Geh nur schon, Maria, ich mache das nachher.« Und als sie draußen war, ging er hin und verschloß die Ladentür und kam zurück und sah mich fragend an, als wollte er wissen, ob es mir recht sei so. Ich nickte, es war mir sehr recht, und ließ mich wieder in den warmen, prickelnden Kokon fallen.

Wenn es nach mir gegangen wäre, hätte es nie aufhören dürfen, das Schneiden, Kämmen, Föhnen, Bürsten, aber dann war er fertig, und ich saß nur da und sah ihn an. Er nahm meine Hände und zog mich hoch und immer näher zu sich, und ich legte meine Arme um ihn und küßte ihn. Wir standen eine ganze Weile in dem hellen heißen Laden und küßten uns, bis ich sagte: »Du bringst mir die Frisur ganz durcheinander, dabei war ich gerade erst beim Friseur.«

Er lachte und sagte: »Ich werde sie dir noch viel mehr durcheinanderbringen«, nahm mich bei der Hand und ging mit mir in das dunkle kühle Hinterzimmer.

Sonderbar, daß ich mich einfach so darauf eingelassen

habe, dachte ich, als sei es das Selbstverständlichste von der Welt, daß einen plötzlich die Lust überkommt auf den Mann, der einem gerade die Haare geschnitten hat. Und daß man dieser Lust dann auch noch nachgibt, so mir nichts, dir nichts. Vielleicht ist es ja doch eine Frage der Hormone, wie Regine sagt. So jung, wie wir damals waren, da ist man praktisch vollgestopft mit Hormonen, und wenn sie überschwappen, und es zum Ausbruch kommt, dann ist das irgendwie normal. Wenn mich heute so was anwandeln würde, würde ich wahrscheinlich einen Schrecken bekommen und die Flucht ergreifen. Aber heute wandelt mich so was eben auch nicht mehr an.

Heute würde ich auch den schönen Abend auf dem Fußboden im Hinterzimmer nicht so unbeschadet überstehen. Mitsamt der Flasche Sekt, die wir im Kühlschrank fanden und die wir leer tranken. Und Walter erst. Walter hat es mit dem Magen und außerdem Rückenprobleme. Ich versuchte, mir Walter und mich auf jenem Fußboden vorzustellen, und mußte lachen.

»Was ist denn heute mit dir los?« fragte Walter und drehte den Stuhl wieder zum Spiegel. »Du kannst die Augen aufmachen.« Er fuhr mir durchs Haar, um zu sehen, wie der Pony fiel. »Sehr gut. Was habe ich gesagt? Süß siehst du aus. Und bestenfalls wie dreißig.«

»Du spinnst.«

Er nahm mir den Frisierumhang ab. »Überhaupt nicht. Schau dich mal im großen Spiegel an. Der Schnitt paßt unglaublich gut zu deinem Kleid.«

Das mit dem Kleid stimmte. Und es stimmte auch, daß ich mit dem komischen kleinen Pony jünger aussah – ein bißchen jedenfalls, und wenn man nicht so genau hinschaute. Ich sah sein zufriedenes Gesicht und ahnte, was er dachte: Jetzt ist sie wieder froh, weil sie jünger aussieht, damit kann man eben jede Frau glücklich machen. Als ob das alles wäre. Als ob es so einfach wäre. Aber er meinte es gut.

»Ach, Walter, lieber Walter«, sagte ich und küßte ihn auf die Wangen, und er nahm mich in die Arme und hielt mich fest an sich gedrückt und küßte mich auch und kümmerte sich nicht um die erstaunten Gesichter seiner Angestellten, die nicht wußten, daß es sich hier um alte Freundschaft handelte und um nichts anderes.

Leichtfüßig ging ich die Straße entlang, erwärmt von alter Freundschaft, beschwingt von meinem neuen Pony. Ich hatte mir den Tag freigenommen für Besorgungen und Hausputz, aber ich ging an Kaufhaus und Supermarkt vorbei und betrachtete lieber die Auslagen der Boutiquen und Schuhgeschäfte. Dann stand ich lange vor einem Schmuckladen, und dabei fiel mir das Antiquitätengeschäft ein, in dessen Schaufenster meine Lieblingskette lag. Ich beschloß, sie mir noch einmal anzusehen und vielleicht auch hineinzugehen, um sie anzuprobieren und sie womöglich auch zu kaufen. Wenn ich schon keinen Mann mehr brauchte, dann konnte ich mir doch hier und da etwas Gutes gönnen, oder? Hoffentlich ist sie noch da, dachte ich, und beschleunigte meine Schritte.

Sie war noch da. Sie lag zwischen Meißner Tassen und silbernen Vasen und altem Diamantschmuck und war so schön wie immer: große rote Kugeln, dazwischen kleinere Kugeln aus Koralle. Ich versenkte mich in ihren Anblick, überlegte zum hundertsten Mal, woraus die großen Kugeln wohl gemacht waren, und versuchte, im Inneren des Geschäfts etwas zu erkenne, aber das war schwierig, denn die Sonne schien hinein. Nun trau dich schon, sagte ich zu mir, geh rein und frag, sei kein Feigling.

Ich öffnete die Ladentür, Glocken schepperten über meinem Kopf, ich hatte das Gefühl, schrecklich laut gewesen zu sein, und schloß die Tür so leise wie möglich. Es war ein großer Raum, auf dem Boden lagen Teppiche, an den Wänden standen schwere Schränke, und in der Mitte befand sich ein runder Tisch, beladen mit Silberwaren und Porzellan. Es war beinahe wie in Tausendundeiner Nacht, du reibst die Lampe, du öffnest eine Tür, und schon stehst du in einem Zauberreich voller Schätze.

»Kann ich Ihnen helfen?« fragte jemand hinter mir, und ich wandte mich um.

»Die Kette im Schaufenster«, sagte ich kühn, »die mit den roten Kugeln. Die hätte ich mir mal gerne angesehen.«

Er ging an mir vorbei zum Fenster, griff vorsichtig hinein und hielt sie mir hin. »Roter Bernstein«, sagte er, »etwas sehr Seltenes. Solchen wie diesen finden sie heute gar nicht mehr. Und die Korallen auch nicht, in dieser Qualität.«

Ich berührte behutsam die leuchtenden Kugeln: »Man kann gar nicht sagen, was für eine Farbe das ist ...«

»Ja, nicht wahr? Wie Terracotta oder Ziegelsteinfarbe oder helles Weinrot. Oder alles zusammen.«

Ich spürte, wie er mich musterte.

»Sie haben sie sich doch schon öfter angesehen, nicht wahr? Ich meine, von draußen, durchs Fenster. Ich erinnere mich an Sie. Schön, daß Sie mal reingekommen sind.«

»Ja«, sagte ich, »heute habe ich mir ein Herz gefaßt.«

Er lachte und sagte wieder: »Schön!«

Ich riß meinen Blick von der Kette los und sah ihn an. Er war wohl Ende Vierzig, hatte dunkle Haare mit ein bißchen Grau an den Seiten und trug ein einfaches weißes Hemd mit offenem Kragen. Er war die Art von Mann, der mit einer Baskenmütze aussieht wie ein Franzose und, wenn er eine dunkle Sonnenbrille trägt, wie ein Mafioso.

Ich sah wieder auf die Kette. Ich wollte wissen, was sie kostete, und ich wollte sie anprobieren, aber wenn ich erst fragte, was sie kostet, dann brauchte ich sie wahrscheinlich nicht mehr anzuprobieren, und wenn ich sie erst anprobierte und dann erfahren würde, was sie kostet, dann würde ich sie trotzdem haben wollen und in finanzielle Konflikte geraten.

Er schien zu ahnen, was in mir vorging. »Sie ist nicht billig«, sagte er, »wie gesagt: alter roter Bernstein. Aber probieren Sie sie erst mal an, und dann reden wir über den Preis.«

Ich kam mir ein bißchen vor wie Faust, der den verlockenden Reden Mephistos lauscht, und war nicht Gretchen auch mit einer Kette verführt worden, nach dem Motto: Erst probieren, dann reden wir über den Preis? Ich dachte an den neuen Fernseher, den ich eigentlich brauchte, und daß der alte es vielleicht doch noch eine Weile tun würde, und sagte: »Gut.«

»Kommen Sie«, er wandte sich um, »hier ist ein Spiegel – ach nein, den habe ich ja gestern verkauft.« Er blickte durch den Raum. »Ich habe überhaupt keine Spiegel mehr. Die Leute kaufen wie verrückt Spiegel. Aber nebenan, da ist einer.«

Das Nebenzimmer war kleiner und schattig, denn sein Fenster ging nach hinten hinaus, auf einen grünen Innenhof.

»Hier«, er deutete auf einen großen goldgerahmten Spiegel, vor dem ein vergoldetes Tischchen mit Marmorplatte stand, »genau das Richtige für Sie.«

Es war schwierig, die Kette zu öffnen, der Verschluß war altmodisch und kompliziert. Er stand geduldig neben mir. Ich legte sie um den Hals, aber es gelang mir nicht, sie zu schließen, und da sagte er endlich: »Darf ich?« und nahm sie mir ab und brauchte auch eine Weile, und dabei berührten seine Finger meine Haut, und ich fühlte seinen Atem und seinen Körper hinter mir, und mir wurde warm. Es war nicht die Wärme des Sommers, auch nicht die, wegen der ich keine Wollsocken mehr zu tragen brauchte. Es war eine andere, die ich schon lange nicht mehr gespürt hatte.

Er war fertig und hob den Kopf und sah mir über die Schulter. Ich sah in seine Augen und dann auf mich und die Kette. Sie war genau richtig für mich, die Form der Kugeln, die Farbe, und sie machte mich schön. Ich sah in seinem Gesicht, daß er das auch fand, er schob sie zurecht, damit sie gerade lag, aber sie lag immer noch auf dem Stoff des Kleides, das paßte nicht, man müßte sie zu größeren Ausschnitten tragen.

Ich wollte die Hände heben, um die obersten Knöpfe des Kleides zu öffnen, aber seine Hände waren schon da und erstaunlich geschickt im Öffnen der kleinen Knöpfe. Er schob den Ausschnitt auseinander, so daß die Kette auf der Haut lag, und strich mit seinen Fingern über die Kugeln und dann über meine Haut, meinen Hals, meine Schultern. Er knöpfte weiter, schön langsam, ich spürte seine Hände auf meinen

Brüsten und seinen Mund an meinem Hals und etwas in meinem Inneren begann sich prickelnd aufzulösen. Ich machte die Augen zu, lehnte mich an ihn und legte meinen Kopf zurück auf seine Schulter. Mein Kleid hatte viele Knöpfe, bis hinunter zum Saum.

Die Glocken schepperten, die Ladentür wurde mit einem festen Ruck geschlossen. Er seufzte, nahm seine Hände von meinem Körper, löste sich von mir, atmete tief, und dann hörte ich, wie seine Schritte sich entfernten.

»Herr Dr. Albrecht«, sagte eine kräftige Frauenstimme, »da bin ich.«

»Ach, Sie sind es, Frau von Leimen.«

Die Begrüßung gefiel ihr nicht. »Aber ja. Wir haben doch eine Verabredung. Haben Sie das etwa vergessen?«

»Nein, nein. Es ist nur so – ich hatte noch einen Schrank für Sie bestellt, der ist noch nicht da – er kommt aber bestimmt im Lauf der Woche. Ich könnte Sie dann anrufen, und wir sehen uns gleich alles auf einmal an ...«

Sie erkannte eine Ausrede, wenn sie eine vor sich hatte: »Sie wollen mich wohl auf den Arm nehmen, Herr Dr. Albrecht. Ich habe mir extra die Zeit freigehalten, ich hätte weiß Gott auch anderes zu tun ...«

Er schien immer noch zu zögern.

»Ich verstehe Sie gar nicht, Herr Dr. Albrecht.« Selbst die Art, wie sie ihn ständig mit seinem Doktortitel anredete, schien einen Vorwurf zu enthalten. (Seit wann sind Antiquitätenhändler Doktoren?) »Sie sind uns so empfohlen worden, Sie haben ja einen sehr guten Ruf, deshalb haben wir uns zuerst an Sie gewandt. Mein Mann möchte die neuen Räume so schnell wie möglich möblieren. Aber wir können natürlich auch ...«

Er gab nach. Es war die Frage Geld oder Liebe. Viel Geld mit Frau von Leimen oder ein bißchen heimliche Liebe mit einer unbekannten Dame im Nebenzimmer.

»Bitte«, sagte er, »hier entlang, Frau von Leimen. Das könnte etwas für Sie sein. Ein Barockschrank ...«

Die Stimmen wurden leiser.

Ich versuchte auch, mich auf die Wirklichkeit zu besinnen. Ich öffnete die Augen. Der komische kleine Pony klebte feucht an meiner Stirn, mein Gesicht war gerötet, mein Busen auch, und mein Kleid war weit offen und über die Schulter gerutscht. Kein Zustand, in dem ich Frau von Leimen begegnen wollte. Es würde auch dem guten Ruf von Herrn Dr. Albrecht sicher abträglich sein.

Ich begann, all die kleinen Knöpfe wieder zu schließen, aber meine Finger waren feucht und zittrig, und es dauerte eine Ewigkeit. Ich versuchte, die Kette abzunehmen, aber das gelang mir überhaupt nicht. Ich kämmte meine Haare und bemühte mich, meinem Gesicht einen kontrollierten Ausdruck zu geben. Ich lauschte nach nebenan, die Stimmen kamen näher, ich klemmte meine Tasche unter den Arm. Bloß raus hier, egal, was Frau von Leimen denkt. Und er wird es schon verstehen.

Ich hatte die Tür schon geöffnet, die Glocken schepperten, da hörte ich ihn fragen: »Sie kommen doch wieder?«, und der Ton seiner Stimme ließ wieder die Hitze in mir ausbrechen.

»Ja, natürlich«, rief ich, durch Glockenklang und Verwirrung hindurch, und floh auf die Straße.

Draußen wehte ein frischer Wind. Ich wartete an einer roten Ampel, und die Frau, die auf der gegenüberliegenden Straßenseite stand, betrachtete mein Kleid so angelegentlich, daß ich an mir heruntersah. Einige der Knöpfe standen offen, andere waren im falschen Knopfloch gelandet, und das Ganze sah so schief und unbeholfen aus, als hätte ein Kind sich daran versucht. Ich mußte lachen, die Frau lachte auch, freundlich und verständnisvoll, als wüßte sie genau, wie so etwas passiert, und als passiere es ihr auch ständig.

Ich ließ es, wie es war, es störte mich nicht. Ich ließ den Wind mich abkühlen und versuchte, nicht an ihn zu denken, weil mir dann wieder warm werden würde. Natürlich komme ich wieder, dachte ich. Wir waren noch nicht fertig. Und ich muß unbedingt mit Regine reden. Ich glaube, ich brauche doch keine Hormone. Es geht anscheinend auch ohne.

SILVIA SZYMANSKI
Georgetown

Georgetown, Tobago, stellte sich als gespenstisches Nest heraus, mit der schmutzigen Kalkfarbe von Vogelkot.

Die Leute hatten Löcher in den Kleidern und früh schon nicht mehr alle Zähne. Sie versuchten, ihren Müll ins Meer zu schmeißen, aber das Meer trug ihn immer wieder zurück. Er lag am Strand, verzauberten Touristen ähnlich.

Mein Grund für Georgetown: Es war billig. Wenn man sich nur an »billig« hält, ergibt sich ein seltsamer Kurs durchs Leben, und man sieht Sachen, die die reichen Leute niemals zu Gesicht kriegen.

Das verkommene Gästehaus, in dem ich wohnte, war nur mit einem Witz von Türschloß abzuschließen, da hätte ich den Eingang auch mit Spucke zukleben können.

Etwas lief aus dem Ruder mit den Leuten hier. Es schien kein Schwerpunkt da zu sein. Menschen und Dinge eierten, stießen zusammen und räumten vor allem nicht auf. Eines der vielen kleinen Kinder raste wie aufgezogen eine halbe Stunde lang durch alle Räume. Ein anderes trat nach allen Leuten. Seine Oma lächelte. Seine Mutter war noch schwach vom letzten und schon schwach vom nächsten Kind. In den Töpfen war das Essen noch von letzter Woche. Auf der Leine hing seit einem Monat Wäsche.

Um sechs Uhr wurde es schon dunkel. Die Sonne verabschiedete sich ohne Trara und sank in ihre Kiste. Sie ließ die Leute mit der Nacht allein?

Schnell wird der Alkohol entkorkt. Schnell wird das Fernsehen eingeschaltet. Auch in einem »Inselparadies« ist man nicht von selber glücklich. Trinker und Fernsehgucker tun etwas dagegen.

Andere lassen sich mit einem Taxi zu den großen Hotels fahren und sehen sich die Steelbands an, die abends La Paloma für Touristen spielen, ein ödes Aufeinandertreffen von Desinteressierten.

Ich tat, als würde ich dem Schicksal vertrauen, daß es mich beschützt, und wollte schlafen, doch es klappte nicht.

Die Nacht war laut und wild, erfüllt von Quaken, Zirpen, Krähen und Gebell, so dicht und nah, daß ich fast keinen Platz dazwischen hatte. Hier müßte jemand mal ein paar gefräßige Nachtraubtiere aussetzen, dachte ich, damit eine Ruh ist. Ich meinte nicht die Mücken. Die waren mit ihren angewachsenen, praktischen Trinkhalmen schon längst angereist und dockten sich an meinem Körper an.

Ich sollte auch was trinken, dachte ich. Ich werde den Mücken etwas Alk in ihren Drink kippen. Ich zog mich an und trollte mich zur Bierbar.

Der Brotfruchtbaum sah dramatisch tropisch im Mondlicht aus, seine Blätter glänzten wie eingeölte Muskeln. Zwei Tauben hatten sich am Nachmittag darauf sehr lang geküßt, im immer noch sehr angenehmen Wind ... Ach, Wind, stimmt, Vorsicht! Soll man ja dran denken! Niemals zu dicht vorbei an Palmen gehen, denn Kokosnüsse könnten fallen!

Aber das passiert doch nie! dachte ich. Kaum hatte ich mir das gesagt, da spürte ich auch schon den Schlag auf meinem Schädel und sank zu Boden. Es war noch nicht mal eine Kokosnuß gewesen, nur ein dicker Palmenwedel. Ich fühlte nach. Es war kein Blut an meiner Hand, da war nur eine dicke Beule.

Ich war mir nicht sicher, ob mein Schädel nicht doch gebrochen war und nach innen blutete. Aber das müßte man doch merken, wenn etwas so Wichtiges wie der Kopf kaputt ist, dachte ich. Ich meine, falls ich es nicht merkte, war es mir egal, wenn er dahin war. Ich bin nicht pingelig in solchen Dingen. Ich will nur eben noch nicht sterben. Allen anderslautenden Bekundungen meinerseits zum Trotz.

Ich erzählte dem Wirt der Bierhütte von meinem Unfall, er guckte unter meine Haare, bewegte meinen Kopf hin und her und sah mir in die Augen.

»Es ist nichts«, sagte er. »Sie brauchen sich keine Sorgen zu machen.«

Er holte die Flaschen aus dem Kühlschrank.

In der Ecke saß ein nachdenklicher, junger Mann. Der Speichel lief ihm aus dem Mund, er war wahrscheinlich geistig behindert. Er hatte seine Hose auf und ließ seinen Schlauch raushängen. Dann sah er an mir rauf und runter, faßte ihn an und versuchte, ihn durch meinen Anblick hochzukriegen. Es funktionierte nicht so recht, das kann ich ja verstehen.

Ich schildere das nur so lustig, ich fühlte mich in Wirklichkeit alleine und bedroht, ich war nicht in der kräftigsten Phase meines Lebens.

»Kann ihn nicht jemand hindern, das zu tun?« bat ich den Wirt.

»Nein«, sagte der ernst und lakonisch. »Niemand kann das.«

Ich nahm meine Flaschen und wackelte zurück in mein Gästehaus.

Was sollten mir diese Begebenheiten sagen? Sollte ich vertrieben werden? Hatte Gott mit seinem Palmwedel gerade nur schlecht gezielt, und morgen würde er's noch mal versuchen? Oder sollten diese Szenen so was sein wie die Ohrfeigen, die Zen-Meister ihren Schülern geben, um sie wachzurütteln? Warum stand das nicht an den Ereignissen vermerkt?

»Trink mich« stand immerhin ganz klar auf meinen Fläschchen. Sie sahen niedlich aus, wie Spielzeugbier. Sie hatten eine goldgelbe, paradiesische Mirabellenfarbe. Es war bestimmt sehr gesund, eins nach dem andern wegzuhauen.

Das gemächliche Trinken machte meine äußere Gehirnhaut dick und taub und mich meinem Schicksal gegenüber unempfindlich. Darunter aber wuchs die Angst. Mein Unterbewußtsein machte sich jetzt auch noch Sorgen, daß ich zu betrunken würde, um mich von ihm retten zu lassen, wenn was wäre.

Ich nahm eine Banane vom Teller auf dem Nachttisch und legte mich mit ihr ins Bett.

Ich zögerte, in wen ich sie verwandeln wollte. Ich wollte zu niemandem hier Geilheit und Verliebtheit in mir züchten, denn so eine Banane kann Voodoo werden. Viele Sachen werden wirklich, nachdem man sie gespielt hat. Ich habe mich schon oft in Männer verliebt, nachdem ich ihnen so eine Banane angedichtet hatte. Danach war es nicht leicht, sie wieder loszuwerden in der Seele, auch wenn ich diese Gespenster längst nicht mehr leiden konnte.

Sie kamen tagelang überallhin mit. Ich mußte mir vorstellen, ich wäre mit ihnen verheiratet, ich müßte ihre Kinder kriegen, sie dürften mir Vorschriften machen ... Immer wieder tragen sich Dinge an einen heran, die man eigentlich nicht will. Sie sind wie das Meer, das einem seinen Müll doch immer wieder zurückbringt, und man ist selber wie ein Haus, das sich nicht gut abschließen läßt.

Ich nahm davon Abstand, mir den behinderten Jungen von gerade vorzustellen. Es hätte wahrscheinlich geklappt, es klappen viele Sachen in der Hinsicht, erschreckend viele. Die Phantasie kann eine Hure sein. Nur leider nicht in dem Sinn, daß sie Geld dafür kriegt.

Ich nahm jemand Neutralen, von dem ich mir vorstellen konnte, er wäre intelligent und spielerisch und nett zu mir. Ich hatte auf dem Markt am Morgen einen Mann gesehen, der gerade Früchte geliefert hatte und sich die Hände wusch. Er hatte mir gefallen und mir zugelächelt.

Es war wie in den Märchen, in denen jemand denkt, er schläft, aber er wird wegtransportiert aus seinem Bett, unter die Erde, und muß die ganze Nacht lang tanzen. Wir kamen gleichzeitig, das ist in einem solchen Fall keine Kunst.

Wenn ich in der Nacht kurz aufwachte, streichelte ich ihn.

Am Morgen war er nicht mehr deutlich wahrzunehmen. Er hing noch in der Luft, aber ich hatte nicht die Kraft, ihn wirklicher zu machen. Ich wusch ihm seinen Schwanz und legte ihn zurück auf seinen Teller.

Ich ließ Georgetown erstmal hinter mir und fuhr mit dem Bus zum Touristenstrand. Zwischen jeder Palme und jedem Haus das lustig bunte Meer zu sehen hob die Stimmung schon ein bißchen, muß ich sagen. Warum die allermeisten Menschen, Doofe wie etwas weniger Doofe, wohl das Meer und die Sonne mögen? Die Menschen scheinen sich zu ähneln. Ekelhaft.

Das Meer war von durchgeknallter, türkis glitzernder Farbe. Es war klebrig und machte sehr viel Schaum. Es paßte nicht, daß es salzig war. Es hätte einen süßlichen Zitronenschaumgeschmack haben sollen.

Den Kindern machte es Spaß. Sie kamen mir damit richtiger vor als die meisten schlechtgelaunten, schlechtgeformten Erwachsenen. Ein unglaublich kopflastiges Kind in der Form eines umgedrehten Tropfens setzte vor mir glatte Sandskulpturen mit einem Eimer auf den Strand. Es sah frisch und ewig aus.

Ich fühlte mich wie ein Haufen Wirrnis neben ihm. Der Unrat, den ich mitgenommen hatte, bildete in meiner haarigen Hirnschale einen widerlichen atmosphärischen Gegensatz zu seiner Umgebung.

Auch die anderen Touristen sahen nicht glücklich aus. Sie versuchten zu genießen, was sich ihnen bot, sich zu entspannen und glücklich und gut zu werden, aber sie sahen erschöpft aus. Sie hatten gute Laune versprochen bekommen und waren jetzt enttäuscht von sich, vom Urlaubsland und vom Veranstalter. Die Frau neben mir mit dem runden Rücken und dem kurzen Hals war dicklich und unglücklich. Sie ließ sich von ihrer Freundin fotografieren, wie sie im seichten Meer stand, die Arme einfach runterhängen ließ und in die Kamera guckte, ohne zu lächeln.

Das Meer zerstörte jetzt die Sandburgen. Dem kopflastigen Kind war das egal. Das Bauen hatte ihm Spaß gemacht, jetzt fand es genauso interessant, wie das Meer herbeikam und die Burgen wegleckte, als wären sie sein legitimes Futter. Vielleicht war der Kleine sogar stolz, daß das große Meer ankam, um seinen Kram zu essen.

Ich hatte mir ein schweres Buch mitgenommen, ein gutes Buch, du knabberst Jahre daran rum. Na ja, vielleicht du nicht, du haust das klar in einer Woche weg. Nach fünf Minuten war ich eingeschlafen.

»We should cherish the love we have, we should cherish the life we live. Cherish the love, cherish the love, cherish the love.«

Die Neuauflage dieses Liedes weckte mich, sie kam aus einem Blaster neben mir, aber ich ärgerte mich nicht, es war mir ein Vergnügen, meine Augen aufzuschlagen. Das Meer glitzerte stolz und überzeugend grün und silbern in der unschuldigen, blauen, zarten Luft. Fischerkähne schaukelten darauf wie auf einem Dali-Gemälde. Dieses weiche, zarte Licht am frühen Abend.

»Guckuck!« störte mich ein Mann, und ich muß ihn sehr wütend angeguckt haben, denn er war sofort wieder weg wie ein Krebs. Dann kam er zurück und entschuldigte sich. »No Fear« stand auf seinem T-Shirt. Er blieb bei mir stehen. Dann setzte er sich.

»Hallo«, sagte er. »Darf ich mich zu dir setzen? Ich wollte dich nicht stören, aber als ich dich sah, konnte ich nicht widerstehen. Ich suche die perfekte Frau. Eine, an der alles stimmt, Körper und Geist. Und du siehst aus wie das, was ich suche.«

»Du irrst dich«, sagte ich. »Ich bin keine perfekte Frau. Frag mal die Leute, die mich kennen.«

»Ich glaube nicht, daß ich mich irre.«

Vielleicht hatte er die Frau, die er suchte, deshalb noch nicht gefunden.

Er blickte mich sehnsüchtig und weich an.

»Ich möchte was erleben. Diese langweilige Insel kann man doch erst ertragen, wenn man fünfzig ist.«

»Aber sie ist schön«, sagte ich.

»Schön, pah. Was findest du hier schön?«

»Den Regenwald. Da will ich morgen hin.«

»Ich war noch nie da. Ich wüßte nicht, warum. Was ist schon schön an einem Wald.«

»Er ist geheimnisvoll. Wie ein Märchen.«

»Geheimnisvoll. Mag sein. Ich mag keinen Wald.«

»Und was ist mit dem Meer?«

»Das mag ich auch nicht. Ich kann nicht mal schwimmen, und ich hasse es, wenn mir Salzwasser in die Augen kommt. Komm heut abend wieder hierhin, ja?«

»Mir ist heute nacht ein Palmzweig auf den Kopf gefallen«, lenkte ich ihn ab. »Auf dem Weg zur Bar. Ich hatte immer schon Angst, mir könnte so was auf den Kopf fallen, aber die Leute haben mir das ausgeredet. Dann hörte ich das Sausen, dann den Aufprall, hier, die Beule.«

Er berührte meine Beule rasch und schüchtern.

»Das kommt sehr, sehr selten vor«, sagte er.

»Ja, ich weiß«, sagte ich. »Ich bin etwas Besonderes.«

»Denk nicht schlecht von mir«, bat er.

»Nein«, sagte ich. »Du auch nicht. Aber ich möchte wirklich nichts von dir.«

Das Gras scheint immer grüner auf der anderen Seite. In dem Fall war ich auf der Seite, die es wußte. Ich weiß, daß mein Leben und meine Person nichts sind, für das man sich und das Seine im Stich lassen sollte. Aber es ist schwer, sich das zu sagen, wenn einem jemand anderes sehr gefällt.

»Sad to say I'm on my way«, singt ein traditionelles karibisches Liebeslied, das oft für die Touristen gespielt wird.

Ich ging zum Plumpsklo bei der Strandbar. Ich wähnte mich allein, entspannte mich, da hörte ich eine Stimme neben mir dumpf durch das Holz der Wand: »Hallo, Lady? Alles in Ordnung?«

Ich stellte mich tot.

Mein Bus zurück nach Georgetown mußte gleich kommen, es konnte aber auch noch Stunden dauern. Ich wartete im Bushof. Diesen offen und aggressiv häßlichen Betonbau hatte jemand von der Entwicklungshilfe verbrochen.

Ein Mann saß ein Stückchen entfernt von mir.

Wie viele Menschen in der Karibik sah er kraftvoll und edel aus. Seine dunklen, muskulösen, langgestreckten Gliedmaßen wirkten majestätisch und gelassen. Er merkte gleich, daß ich ihn ansah. In der Karibik kann man nicht zehn Jahre versuchsweise gucken und dann so tun, als hätte man gar nichts im Sinn. Selbst wenn's so ist.

»Hey«, sagte er und setzte sich zu mir.

»Hey«, sagte ich und versuchte, weiter in meinem Buch zu lesen, aber so kann man sich nicht konzentrieren.

Er blickte wortlos vor sich hin. Dann sah er jemanden, den er kannte, rief ihm was zu, sie wechselten ein paar Worte. Ich mag es nicht, wenn ein Mann das so macht. Es aussehen lassen, als wär ich Nebensache für ihn, obwohl er mich doch gerade anmachen will. Ich weiß nicht, was ich davon halten soll. Katzen machen das mit Mäusen so wie dieser Mann mit mir.

»Aber das wird oft fehlinterpetiert!« hat mir eine Katzenfreundin mal gesagt. »Auch für die Katze ist die Jagd gefährlich! Sie ist dabei sehr aufgeregt und versucht, das durch Spielerei und scheinbare Ablenkung zu kompensieren. Sie muß auf ihre Beute cool und unberechenbar wirken. Darin liegt ihre große Chance.«

Mag sein. Ich hatte keine Lust, Verständnis zu entwickeln im Moment. Er brachte seine Stimme an mein Ohr.

»Haben Sie denn gar keine Angst, Ihr Leben zu verpassen, wenn Sie Ihre Nase nur in Bücher stecken, Lady?« fragte er.

»Ich lese gern!« sagte ich offensiv wie eine Raucherin. Er schüttelte den Kopf.

»Sie haben noch nie mit einem schwarzen Mann geschlafen, nicht wahr? Deshalb sind Sie so cool. Sie wissen nicht, was Sie verpassen. Es ist wunderbar«, raunte er lockend. »Jede, die es jemals versucht hat, war begeistert. Wenn Sie es einmal gemacht haben, werden Sie es immer wieder wollen.«

Seine Augen blickten weich.

»Willst du? Ich weiß, du willst es. Und du wirst es nicht bereuen, das verspreche ich dir.«

Er kam mit seinem Gesicht ganz nah, er drückte seine Lippen auf meinen Mund. Sie waren weich und muskulös und zwickten beim Küssen, wie Pferde das tun.

»Ist das nicht schön? Gefällt dir das nicht?«

So ein Selbstbewußtsein möchte ich haben. Um nicht un-höflich zu sein, sagte ich ja, aber es machte mich viel eher unsicher, als daß es mir gefiel. Er nahm meine Hand, sah sich rasch um, ob einer guckte, und legte sie auf seine Beule.

»Fühl«, sagte er. »Er ist für dich. Er wird dich nicht ent-täuschen. Er ist groß und stark, weißt du?«

Er lachte, verlegen, glaube ich. Er holte seine Brieftasche hervor und zeigte mir das Foto einer hübschen blonden jun-gen Frau.

»Sie war letztes Jahr meine Freundin. Sie kam aus Schwe-den. Sie schreibt mir immer noch. Wo wohnst du? Ich komm mit zu dir, ja?«

»Es geht nicht«, sagte ich. »Da ist auch schon mein Bus. Wir können uns nicht treffen. Ich hab einen eifersüchtigen Freund.«

Jawohl. In meinem Zimmer. Auf dem Teller.

»Warum willst du mich?« fragte ich die Banane.

Sie sagte nichts. Sie war ganz Schwanz. Sie zwängte sich in mich hinein. Das war erschütternd und ein Argument. Mir wurde wild zumute. Ich wollte das nicht, wo ich da hinkam, doch ich wurde unerbittlich hingeschraubt.

Dann sah ich Salvador Dali im Traum. Er führte eine Ka-rawane durch das Weltall an.

»Sie müssen sich ungeheuer anstrengen und ungeheuer mutig sein!« rief er mir zu.

Wer, ich? Der hatte Nerven.

Ich umgab mich mit der Vorstellung, tot und unsichtbar zu sein und ging meinem schweren Herzen einen Drink spen-dieren. Live-Musik kam aus dem Garten eines Restaurants im verrotteten Herzen Georgetowns. »This moment will ne-ver repeat, won't you rock steady, steady with me« ... Im tiefsten Grunde meiner Mördergrube können mich diese Worte immer überzeugen.

Der Sänger in dem Restaurant sang sie. Auch er hatte die

Georgetownsche Zahnlücke, ich hau mir auch bald eine rein.

Seine Band spielte alten, windschiefen Calypso, und er sang lustig, stolz und feurig, mit einem Temperament, das ein schweres Leben mit Humor zu nehmen versuchte. Er war keiner von den großen, prächtigen schwarzen Männern, die wie Models, Könige und Leichtathleten aussahen. Er war klein, sehnig, wie ein Fischer oder Hirte, sein leichtes Hemd stand ihm sehr gut. Er hatte schön geformte, bekiffte, müde Augen. Etwas Warmes, Träumendes schien in seinem Innern zu sein, das ihn wegzog und aus dem heraus er in die Welt sah wie aus einem Bett oder einem leichten, wolkigen Rausch. Seine näselnde Stimme kam wie aus einer fernen inneren Landschaft. Sie war wie ein kleines Fenster in etwas, das so weit weg war, daß es winzig aussah.

Ich sah etwas, das ich mal geträumt hatte. Auf dem Feld, wo altes Kraut verbrannt wurde, tanzte ein Teufel im Feuer. Kein böser Teufel. Er hielt seinen Kopf schief über seiner Geige, und dabei sah er mich an mit seinen Ziegenaugen. Er sah aus wie aus einem Pfeifenreiniger gebogen, wie diese Schornsteinfegerchen, die man zu Silvester auf was steckt, und seine Haut war schwarz verbrannt, und seine Hände waren staubtrocken und rauh wie Lehm. Er winkte mir, ich solle mitkommen, und ich war zu feige.

Dann verschwand das Bild.

Wiebke Lorenz
Ein Fortschritt

Hier eine Grundwahrheit: Alkoholische Getränke und Telefone vertragen sich nicht. Das ist einfach so. Jedenfalls bei mir. Jedenfalls dann, wenn ich emotional unausgeglichen bin. Und das bin ich seit genau vier Monaten, drei Wochen und zwei Tagen. Vor vier Monaten, drei Wochen und drei Tagen war noch alles in bester Ordnung, aber vor vier Monaten, drei Wochen und zwei Tagen hat Hanno mich verlassen. Seitdem bin ich emotional unausgeglichen. Tja, und seitdem ist das so mit dem Alkohol und dem Telefon.

Wie das genau aussieht, ist schnell erklärt: Immer, wenn ich abends vor lauter Kummer mal wieder zu viel getrunken habe, halte ich es auf einmal für eine total gute Idee, rumzutelefonieren. Bei Tageslicht betrachtet, ist das natürlich überhaupt keine gute Idee. Aber bisher ist es – wenigstens etwas! – noch nicht vorgekommen, daß ich bei Tageslicht schon so betrunken war, daß ich zum Hörer gegriffen habe.

Na ja, egal, ich rufe dann eben irgendwelche Freunde oder Bekannten an und jammere ihnen was von meinem schweren Schicksal vor. Anfangs habe ich natürlich auch immer Hanno angerufen, ihn angefleht oder auch mal beschimpft, wie's halt gerade so kam. Seit Hanno eine neue Rufnummer ohne Eintrag hat, habe ich ihn aber nicht mehr angerufen.

In letzter Zeit ist es überhaupt schon viel besser geworden. Meistens beschränke ich mich darauf, meine Mutter aus dem Schlaf zu reißen und ein »Mama, ich bin soooo unglücklich« zu lallen. Sie redet dann kurz beruhigend auf mich ein, sagt mir, daß alles wieder gut wird, und dann geht es mir auch tatsächlich schon viel besser. Das Gute daran ist, daß ich mich am nächsten Tag nicht bei ihr entschuldigen muß. Als Mutter versteht sie die Gefühlstiefen ihrer Tochter.

Bei anderen Leuten ist das schon etwas peinlicher, aber das habe ich ja mittlerweile ganz gut in den Griff bekommen. Denke ich jedenfalls.

»Ich bin von dem Dreckskerl geschieden! Und ich bekomme das Auto!« Tine steht breit grinsend vor meiner Wohnungstür, in beiden Händen eine Flasche Prosecco.

»Na, das muß ja wohl gefeiert werden«, sage ich.

»Das finde ich auch«, erwidert Tine und marschiert an mir vorbei schnurstracks ins Wohnzimmer. Es gibt also mal wieder einen guten Grund, alkoholische Getränke zu sich zu nehmen. Aber wenigstens ist heute Samstag, da kann ich morgen ausschlafen.

Während Tine sich an der ersten Prosecco-Flasche zu schaffen macht, erzählt sie mir, daß der Richter ihr ohne jeden Zweifel das Auto zugesprochen hat.

»Das wird den Idioten ganz schön ärgern, wenn er jetzt den BMW rausrücken muß. Aber schließlich haben wir ihn von meinem Bausparvertrag gekauft, auch wenn der Wagen auf seinen Namen läuft.« Tine drückt mir ein Glas in die Hand und wir stoßen an. »Also Prost! Endlich bin ich den Deppen los!«

So lange ich Tine kenne, und das ist in etwa schon zwei Jahre, seit wir bei der gleichen Versicherung arbeiten, versucht sie, sich von dem »Idioten« scheiden zu lassen. Ich weiß nicht einmal, wie er wirklich heißt, denn Tine nennt ihn immer nur »Dreckskerl«, »Sackratte« oder auch mal nur schlicht und ergreifend »Arschloch«. Die Sache mit der Scheidung wäre eigentlich schnell über die Bühne gegangen, sie waren nur ein halbes Jahr verheiratet. Aber der »Mistkerl« hatte sich wohl nicht ganz korrekt verhalten, was die Besitzverhältnisse betraf. Ich muß mir selbst eingestehen, daß ich an Tines Stelle wahrscheinlich auf das Auto verzichtet hätte, um so schnell wie möglich meine Ruhe zu haben. Aber Tine ist da anders. Eine Kämpfernatur.

»Ich kann dir gar nicht sagen, wie froh ich bin«, betont Tine noch einmal und gießt uns ein weiteres Glas Prosecco ein. »So bald ich das Sackgesicht erreiche, hole ich mir meinen Wagen.« Sie nimmt einen großen Schluck. »Ha! Dann kann das Arschloch in Zukunft seine Miezen mit dem Fahrrad aufreißen. Mal sehen, ob sie dann auch noch so auf ihn stehen!«

»Tut es dir denn nicht ein kleines bißchen leid, daß eure Ehe jetzt vorbei ist?« frage ich harmoniesüchtig und voller Wehmut an Hanno denkend.

»Leid? Um Gottes willen! Was soll mir denn da leid tun? Daß ich endlich den miesen Typen los bin, der schon vor unserer Ehe alles flachgelegt hat, was nicht bei drei auf den Bäumen war?«

»Hast du davon denn keine Ahnung gehabt?«

»Sonst hätte ich ihn wohl kaum geheiratet. Obwohl – es hätte mich schon stutzig machen sollen, daß der Scheißkerl dafür war, daß ich meinen Nachnamen behalte. Im nachhinein ist mir klar, warum: Er hat eben nie wirklich zu mir gestanden, und ich blöde Kuh hab es viel zu spät gemerkt. Aber, na ja«, sie leert ihr Glas in einem Zug und füllt es wieder, »jetzt ist es ja vorbei.«

Vorbei. Bei diesem Wort treten mir doch glatt wieder die Tränen in die Augen. Ich wünschte, ich wäre nicht so ein verfluchtes Weichei! Tine merkt es sofort.

»Noch so schlimm?« Ich nicke stumm. »Komm«, sagt sie und füllt mein Glas noch einmal bis zum Rand, »das hier hilft.«

Eine gute Stunde später haben wir bereits beide Flaschen Prosecco geleert und lechzen nach Nachschub. Aber immerhin geht es mir ein bißchen besser, Tines Heiterkeit hat mich angesteckt.

»Ich hab noch Bier im Kühlschrank«, sage ich und merke, daß meine Aussprache schon ein wenig zu wünschen übrig läßt.

»Ach nö«, erwidert Tine und hickst, »Bier auf Wein, das laß sein!«

»Heißt das nicht: Bier auf Wein, das ist fein?«

»Meinstu?«

»Weiß nicht.« Solche blöden Sprüche konnte ich mir noch

nie merken. »Aber das war ja sowieso kein Wein, sondern Prosecco.«

»Ist doch das gleiche«, stellt Tine fest.

»In Ordnung«, sage ich und rappele mich mühsam hoch.

»Was machst du denn?« will Tine wissen.

»Ich geh mal kurz zur Tanke und hole noch zwei Flaschen. Bin in fünf Minuten wieder da.«

Draußen auf der Straße schlägt mir kalte Luft entgegen, und ich drohe für den Bruchteil einer Sekunde wieder nüchtern zu werden. Soll ich jetzt wirklich noch zwei Flaschen holen? Vielleicht wäre es besser, aufzuhören und früh ins Bett zu gehen. Ach was, verscheuche ich diesen Anflug von Vernunft, Tine hat was zu feiern, also wird jetzt auch gefeiert!

Der Tankstellenbesitzer meines Vertrauens begrüßt mich freundlich, als ich durch die Tür stolpere. In den letzten Monaten hab ich seinen Umsatz kräftig angekurbelt. Ich glaube, er mag mich. Mittlerweile bekomme ich sogar immer eine Tüte umsonst, manchmal zusätzlich noch einen Schokoriegel, das nenne ich Service! Der Verkäufer reicht mir die Tüte mit den beiden Flaschen Prosecco (diesmal hat er noch einen Lutscher dazugetan), und ich eiere zurück zu meiner Wohnung.

Tine hat in der Zwischenzeit den überquellenden Aschenbecher geleert, die Flaschen in die Küche zum Altglas gestellt und einmal gut durchgelüftet. Schön, dann sieht es hier wenigstens nicht ganz so sehr nach Kneipe aus. Gierig greift Tine nach der ersten Flasche Prosecco, die ich ihr reiche, und entkorkt sie. Eine Sekunde später sind die Gläser gefüllt, und wir stoßen an.

»Prost!« ruft Tine. »Auf in die zweite Runde!«

Wie genau der Abend zu Ende ging, kann ich nicht mehr sagen. Ich erinnere mich schemenhaft, daß wir schließlich doch noch bei den Bierflaschen in meinem Kühlschrank landeten und Tine irgendwann zwischen zwei und fünf Uhr aus meiner Wohnung gewankt ist.

Als ich am Sonntagmittag wieder zu mir komme, fühle ich

mich jedenfalls überhaupt nicht gut. So gar nicht. Schätze, daß mit dem Bier auf Wein war doch nicht so fein, so was Blödes aber auch. Mühsam quäle ich mich aus dem Bett und stolpere zum Telefon. Am besten, ich bestelle mir eine Pizza, um den Restalkohol zu absorbieren.

Im Flur stehe ich ratlos vor der leeren Basisstation. Wo ist das Telefon? Gestern abend hat es hier doch noch gelegen, aber wo ist es jetzt? Ein ungutes Gefühl überkommt mich – ich habe doch wohl nicht schon wieder ...? Hektisch fange ich an, das Mobilteil zu suchen. Nach einer halben Stunde habe ich es gefunden. Es liegt unter meinem Bett. Mir bricht augenblicklich der Schweiß aus. Das ist ein ziemlich sicheres Zeichen.

Ich setze mich mit dem Telefon aufs Sofa. In Ordnung, Nummerncheck: Das Mobilteil speichert die letzten vier Rufnummern, die ich gewählt habe, ich kann meine Telefonaktionen also noch in etwa rekonstruieren. Die letzte Nummer, die ich angerufen habe: meine Mutter. Das geht ja. Die vorletzte Nummer ist Tines. Offensichtlich habe ich sie gestern nacht noch angerufen, um zu fragen, ob sie gut nach Hause gekommen ist. Zwar wohnt sie zu Fuß nur zehn Minuten von mir entfernt, aber bei ihrem gestrigen Zustand erschien mir ein Kontrollanruf offensichtlich angebracht.

Jetzt erinnere ich mich auch dunkel, noch mit ihr gesprochen zu haben. Also gut, die nächste Nummer: Pizzataxi. Da hab ich wohl schon gestern nacht versucht, mir etwas Eßbares zu organisieren. Was natürlich Unsinn ist, um Mitternacht macht der Lieferdienst zu. Die letzte Nummer. Mir stockt der Atem. Die kenne ich nicht! Habe ich noch nie zuvor gesehen! Wen habe ich da bloß angerufen? Und was um Himmels willen habe ich demjenigen in meinem Zustand erzählt? Hektisch greife ich nach meinem Adreßbuch und beginne, die Telefonnummern mit der im Display zu vergleichen. Erfolglos, die Nummer habe ich nicht eingetragen. Ob ich am Ende etwa einen Kunden angerufen habe? Habe ich vielleicht versucht, noch eine Lebensversicherung zu verkaufen? Oder jemanden beschimpft? Diese verdammte emotionale Unausgeglichenheit, die wird mich noch mal Kopf und Kragen kosten! Mit Fingern werden sie auf mich zeigen, jawohl! Langsam werde ich panisch. Ich durchwühle meine Kundenkartei. Aber auch hier Fehlanzeige. Was habe ich nur getan? Ich muß es wissen! Entschlossen drücke ich die Wahlwiederholung, einen anderen Weg, es herauszufinden, gibt es wohl nicht.

Nach dem dritten Klingeln springt ein Anrufbeantworter an, eine männliche Stimme erklingt: »Hallo, hier ist der Anschluß von Guido Langenfeld. Tut mir leid, Leute, ich habe beschlossen, mich über meinen Geburtstag aus dem Staub zu machen. Gratulationen und Nachrichten bitte nach dem langen Signalton. Ich melde mich, wenn ich Sonntagabend wieder zurück bin.« Dann erklingt minutenlanges Gepiepe, das anzeigt, daß schon ziemlich viele Leute eine Nachricht hinterlassen haben. Und einer von diesen Leuten bin ich gewesen. Guido Langenfeld. Nie gehört, nie gesehen. Und was habe ich ihm hinterlassen?

Diese Ungewißheit macht mich fix und fertig. Ich versuche, mich zu beruhigen. Was soll's? Habe ich eben jemandem irgendeinen Unsinn auf den Anrufbeantworter gesabbelt, es gibt Schlimmeres. Aber es will mir nicht so recht gelingen, mich davon zu überzeugen. Ach Hanno, warum hast du mich nur verlassen? Wenn du noch hier wärst, wäre das alles nicht passiert! Nun fange ich auch noch an zu weinen. Ich fühle mich furchtbar einsam und allein und unmöglich. Ich bin eben unmöglich. Kein Wunder, daß Hanno das Weite gesucht hat! Ist ja nicht auszuhalten mit mir! Und dieser Guido? Womöglich ist das ein Neukunde, der am Montag meinen Chef anruft und ihn fragt, was für unmögliche, durchgeknallte Mitarbeiter er eigentlich beschäftigt, die ihm volltrunken Nachrichten hinterlassen. Dann bin ich auch noch meinen Job los, großartig!

Nein! Wenigstens das werde ich zu verhindern wissen! Ich rufe die Auskunft an und lasse mir Adresse und Rufnummer von Guido Langenfeld geben. Die Nummer stimmt mit der, die ich gewählt habe, überein, das muß die richtige Adresse sein. Schnell springe ich unter die Dusche, um mich einigermaßen wieder herzurichten. Zwanzig Minuten später sitze ich im Auto und mache mich auf den Weg zu der angegebenen Adresse.

Wie zu erwarten, öffnet niemand, als ich klingele. Dieser Langenfeld hatte ja auch gesagt, daß er erst Sonntagabend wieder da ist, und jetzt ist es gerade mal drei Uhr nachmittags. Wie komme ich nun in die Wohnung, um das Band zu löschen? Oder soll ich doch lieber wieder nach Hause fahren? Ich könnte ja noch einmal anrufen und eine erklärende Nachricht hinterlassen. Aber ich habe ja nicht die geringste Ahnung, was ich ihm gestern nacht draufgesprochen habe. Möglicherweise ja auch gar nichts. Möglicherweise habe ich mich nur verwählt. Nur kam mir die Nummer nicht einmal annähernd bekannt vor. Und auch, wenn, was am wahrscheinlichsten ist, ich langsam wahnsinnig werde, muß ich jetzt etwas tun. Ich hole mein Handy aus der Tasche und wähle eine Nummer. Schlüsselnotdienst, etwas anderes fällt mir nicht mehr ein.

Eine Stunde später betrete ich tatsächlich die Wohnung von Guido Langenfeld. Leicht war es nicht, den Mann vom Schlüsseldienst zu überreden. Und billig schon gar nicht. Aber schließlich hatte der Mann, nachdem ich die traurige Geschichte von meinem Freund erzählt habe, der mich ohne Vorwarnung auf die Straße gesetzt hat, doch ein Herz. Und der Zweck heiligt schließlich die Mittel.

Die Wohnung ist ziemlich groß, und im Flur steht kein Telefon. Nur die Ruhe, sage ich mir, ich werde den Anrufbeantworter schon finden. Kurze Zeit später habe ich ihn entdeckt, im Schlafzimmer auf dem Nachttisch neben dem Bett. Er zeigt sechs Nachrichten an, eine davon wird wohl meine sein. Erst einmal hören, denke ich und drücke die – wie ich glaube – Abspieltaste. Nichts passiert, die war es nicht. Ich drücke eine andere Taste, das Gerät piept kurz und schweigt dann wieder. So ein Mist, wie bedient man das hier? Ich drücke auf die anderen Tasten, aber außer ein paar seltsamen Geräuschen ist nichts zu hören.

Der Anrufbeantworter blinkt noch immer und weigert sich beharrlich, mir die Nachrichten vorzuspielen. Ich könnte die Kassette herausnehmen, überlege ich, kann aber kein Kassettenfach entdecken. Scheint eins von diesen modernen Geräten mit Chip zu sein, so ein Ärger. Aber selbst, wenn es eine Kassette hätte, könnte ich sie wohl schlecht stehlen. Dann wüßte dieser Guido Langenfeld ja, das jemand in seiner Wohnung war. Und bei meinem Glück würde er irgendwie auf den Schlüsseldienst kommen und dann – nein, nein, viel zu riskant.

Ratlos betrachte ich den Anrufbeantworter und drücke noch einmal auf alle Knöpfe. Gleichzeitig schwöre ich mir, daß ich mein Leben auf der Stelle ändern werde. Ich muß mich endlich wieder in den Griff bekommen. Kann ja wohl nicht angehen, daß ich vor lauter Hanno-hat-mich-verlassen-Kummer jetzt schon zur Einbrecherin werde.

»Wer sind Sie, was wollen Sie hier?« Die Stimme hinter mir läßt mich augenblicklich erstarren.

Das war's! Guido Langenfeld hat mich in flagranti erwischt! Ich versuche, mich langsam umzudrehen, aber ich bin wie gelähmt.

»Wer sind Sie? Umdrehen!«

Die Gedanken wirbeln durch meinen Kopf, ich befinde mich mitten in einem Worst-case-Szenario. Was mach ich denn jetzt bloß? Irgend etwas von »verkehrte Wohnung« oder so stammeln ist vermutlich zwecklos. Scheiße! Gleich wird er die Polizei rufen und mich verhaften lassen. Und dann komme ich ins Gefängnis, mein Leben ist ruiniert! Immerhin schaffe ich es, die Willenskraft aufzubringen, mich zu der Stimme umzudrehen. Gleichzeitig breitet sich auf meinem Gesicht ein nahezu hysterisches Grinsen aus, passiert mir immer in unangenehmen Situationen.

Vor mir steht Guido Langenfeld und starrt mich böse an. Wenn er nicht so böse gucken würde, sähe er ganz gut aus, muß ich automatisch denken. Groß, blond, Mitte Dreißig.

»Ich«, beginne ich. Mehr fällt mir nicht ein. Was soll ich auch groß sagen? Was könnte mich aus dieser ausweglosen

Situation retten? Ich komme von der versteckten Kamera? Nein, ganz schlecht. Das soll eine Überraschung werden? Tolle Überraschung. Meine Gedanken überschlagen sich. Überraschung. Geschenk. Überraschung. Geburtstag. Dann hab ich es auf einmal, ich bin ein Genie: Geburtstag hat der Gute, ja richtig!

Ich versuche, so nett wie möglich zu lächeln. »Deine Freunde wollten dir eine Überraschung zum Geburtstag machen«, sage ich tapfer und setze mich aufs Bett, »und das bin ich.«

Guido Langenfeld starrt mich weiter an. Erst verwirrt, dann ungläubig – dann tritt ein Lächeln auf sein Gesicht.

»Das ist ja nett«, sagt er und kommt ein paar Schritte näher.

Na gut, dann ist das wohl jetzt so. Guido setzt sich neben mich aufs Bett und legt einen Arm um mich. Spontan überkommt mich ein Fluchtreflex, aber ich kann ihn unterdrücken. Lieber beiße ich in den sauren Apfel, als daß ich hier in Ketten abgeführt werde.

So sauer war der Apfel gar nicht, denke ich eine Stunde später. Eigentlich ziemlich süß. Und aufregend auch. Glaubt man ja nicht, was einem an einem Sonntagnachmittag so alles passieren kann. Ich liege noch reichlich erschöpft in den Kissen und spüre Guidos nackte, warme Haut an meiner. Hätte ich mir nie im Leben zugetraut. Und daß so etwas dann auch noch so schön sein kann, also wirklich nicht.

»Wie heißt du eigentlich?« fragt Guido und streichelt mir übers Gesicht.

»Ist das wichtig?« frage ich kokett.

»Ich würd's einfach nur gern wissen«, erwidert er.

»Und ich würd's gern für mich behalten.«

»Na gut«, sagt Guido, setzt sich auf und zündet sich eine Zigarette an. »Irgendwann werde ich es schon noch erfahren.«

Mit diesen Worten langt er rechts neben sich und drückt auf seinen Anrufbeantworter, der prompt anspringt. Mein Herz bleibt stehen.

Die ersten fünf Nachrichten sind Geburtstagsglückwünsche von Freunden und Verwandten. Dann beginnt die sechste Nachricht, und ich weiß, daß gleich alles vorbei ist.

»Hallo Arschloch«, erklingt eine Frauenstimme, die eindeutig nicht meine ist. »Hier ist Tine, deine ab sofort Ex-Frau. Ich sitze gerade bei einer Freundin und feiere unsere Scheidung. Und da dachte ich, ich rufe dich mal an und frage, wann ich den BMW abholen kann. Also meld dich bei mir.« Dann lacht sie kurz auf. »Ach ja: Herzlichen Glückwunsch zum Geburtstag. – Piiiiiep.«

Der letzte Ton ist noch nicht ganz verklungen, als ich schon wieder angezogen bin. Ich denke, ich kann jetzt nach Hause fahren. Guido guckt etwas verwirrt, als ich wortlos aufstehe und gehe. Verständlich, so etwas passiert ihm mit Sicherheit auch nicht alle Tage.

Unten im Auto muß ich auf einmal laut lachen. Das glaubt mir kein Mensch! Besser gesagt: Das werde ich auch keinem Menschen erzählen. Ich lasse den Motor an und fahre los. Und wenn Hanno das wüßte, schießt es mir durch den Kopf, er würde es nicht fassen! Dabei fällt mir auf, daß ich in der letzten Stunde nicht ein einziges Mal an ihn gedacht habe. Ein Fortschritt.

Gabriele Wohmann
Guten Appetit

Gerade war Gertrud Maier damit beschäftigt, aus einer aufgeschnittenen Zitrone die Kerne zu stochern (es blieben
noch genug in der Presse hängen: immer lästig, sie rauszu-
kratzen), da fiel ihr die *Bitte-kommen*-Talkshow ein, und die
Lust, ein bißchen herumzutelefonieren, stoppte den
Schwung für ihr Kuchenprojekt.

Eigentlich ist es ja längst nicht mehr sensationell, ich
meine, sie ist so oft im Fernsehen, aber ich will nicht, daß du
mir nachher Vorwürfe machst. Und heut abend ist sie in *Bitte-kommen*.

Bei offener Tür zur Diele lauschte Ludwig Maier, und
nach einigem Wie-gehts-wie-stehts und blah blah hörte er
den eifrigen Stolz mit, den seine Frau zu unterdrücken versuchte. Dann mußte sie den Mund halten, weil die andere redete – es wäre eine *Sie*, vermutete er, dem *Motor und Tech-
nik* diesmal wenig Interessantes boten.

Heut abend protegiert sie eine Freundin, die ein Buch
rausbringt, schnatterte Gertrud, und da gehts um irgendwas
mit Frauen über fünfzig und irgendwie wohl auch um Sex,
aber du weißt ja, wie das heute ist, und sie als Politikerin, ich
meine, sie kann sich da nicht zieren, und diese Frau mit dem
Buch ist schließlich ihre Freundin ... (tiefer Seufzer). Nur, du
weißt, sie schont sich zu wenig ... aber ja doch, kräftig aussehen tut sie, und trotzdem, wenn du mich fragst, dann sag
ich dir, sie übernimmt sich. Und zwar am laufenden Band.
Jetzt klang Gertrud wie eine Mutter, die sich Sorgen macht,
aber Sorgen, stolzgebläht wie Segel.

Gertrud hätte Ludwig nicht erst erläutern müssen *Das
war Lottie Knebel*, er war so clever wie sie, die mit dieser
Lottie Knebel die größte Klatschbase im Reigen ihrer Freundinnen als Brieftaube ausgewählt hatte. Es war ein harmlo-

ses Vergnügen, sich ein wenig beneiden und bewundern zu lassen, harmlos, und berechtigt der Stolz. Oh hätte doch nur eine Vorahnung mich gewarnt, dachte Gertrud am Tag nach *Bitte-kommen*. Nichts von *Zweitem Gesicht*, und manchmal hatte sie es. Macht Stolz blind?

Stolz konnten die Maiers schon auf ihre Tochter sein, als sie noch Prachtbaby, robustes Kind, attraktives unproblematisches Mädchen gewesen war, auf jedem altersstufenmäßig fälligen Gebiet erfolgreich, von den Freundschaften bis zur Schule: keine Scherereien, und ach: diese Strahlkraft! Schwer zu benennen, was über ihr tatkräftiges Gesicht im Schmuck einer Wucht goldblonder stabiler Haare hinaus andere Menschen unverzüglich gewann und von ihrer populären bodenständigen Besonderheit überzeugte. Und diese dicken Lippen: fast riskant! Ein Kußmund.

Die mit diesem Glückstreffer an Humanproduktion beschenkten Eltern kamen sich im Vergleich mit ihrem Erzeugnis unscheinbar vor, sie wunderten sich. Diese Tochter war eine Prämie, war Wertarbeit – und ohne es einander einzugestehen erinnerten sie sich keiner ihrer gutartigen ehelichen Pflichterfüllungen, die, so wie diese Tochter, das Prädikat Prachtstück verdient hätte, keiner Liebesnacht-Glanznummer. Vor mehr als fünfzig Jahren waren sie für dieses bißchen Schinderei belohnt worden, für nichts Besonderes. Ein Wunder. Fast wie Jungfrauen-Geburt, dachte Gertrud, wollte aber Ludwig nicht kränken, und anders als Joseph hatte er ja auch mitgearbeitet.

Allzu gut erinnern allerdings konnte Ludwig sich an die Bemerkung eines Kollegen in der Merkur-Versicherung, prinzipiell eine Art Freund. Aus welchem Grund er ins väterliche Schwärmen gekommen war, wußte er nicht mehr, aber den Kollegen hörte er bis heute: Die dümmsten Bauern haben die dicksten Kartoffeln. Ähnlich ging es Gertrud mit der Stichelei ihrer Beinahe-immer-noch-Freundin Ria Neuburg. Weißt du, Ria, ich mache mir Sorgen, eine schöne Tochter ist was Wundervolles, doch denk an die Männer! Sie ist die Blume, und wie die Bienen schwirren sie an und wollen naschen. Neidkampagne nannte Gertrud später die unvergessene Antwort (schon deshalb nicht zu tilgen, weil bis heute, und sie erkannte das bei jedem, meist via Fernsehen aufgefrischten Anblick, das töchterliche Anschwellen kein Ende nahm, auch vor der roten Ampel Alter nicht stoppte): Gertrud, meine Liebe, du weißt so gut wie ich: Große Busen sind nicht mehr up to date. Flache oder am besten gar keine sinds. Und eure Tochter ist Rubens. Ich sag nicht Botero. Ich hab Rubens gesagt.

Was aber zu ihrem Glück Gertrud auch nicht vergaß, was wirklich gesessen hatte, war ihre schlagfertige Replik: Was die Modemacher auch propagieren, es hilft nichts, Männer sind Männer und sie machen da nicht mit. Männer wollen Busen. Das sind Urtriebe. Das ist die Realität.

Nur ein einziges Mal hatten die Maiers das Thema Wie-kommen-wir-zu-diesem-Glanzstück gemeinsam behandelt und das auch noch unfreiwillig in der Gesellschaft anderer. Sie waren auf einer Party und alle miteinander angesäuselt, und weil die Tochter sich wieder einmal im Fernsehen bei einer Debatte gut geschlagen hatte, brüllte der Gastgeber aufgeräumt: Nun verratet es uns schon, ihr zwei Maier-Nachkommenschaftsexperten, wie habt ihrs angestellt? Wie kriegt man so ein Prachtexemplar hin? Ihr Tremolo fand Gertrud im nachhinein ziemlich albern und reichlich taktlos, zwei Gründe für viel Applaus: Das muß Zeus gewesen sein, der mich in dieser Nacht … na ihr wißt schon.

Darauf deutlich vernehmbar Ludwig, unerwartet mit dem Ehebrecher Zeus konfrontiert, und auch nicht gerade höflich: Wenns Zeus war, so hat er sofort wieder kehrtgemacht, denn eine Leda konnte er in Nummer 34, Hölderlinweg nirgendwo auftreiben, ha ha. Pech, da fand der göttliche Sodomit allerhöchstens meine gute brave Gertrud, die sich in griechischer Mythologie nicht allzu gut auskennt. Gertrud erinnerte sich, daß sie vor lauter Bewunderung für ihren gebildeten Mann (als Seniorenstudent holte er Menge nach) vergessen hatte, beleidigt zu sein. Einfach prima, wie er die gesamte beschickerte Crew über die Familienverhältnisse auf dem Olymp belehrte, und sie erfuhr, der Vater einer stattlichen Anzahl berühmter Kinder sei Zeus zwar gewesen, Aphrodite allerdings könne er nicht für sich beanspruchen. Aber immerhin doch Helena. Die schöne Helena.

Und die schöne Helena der Maiers wuchs heran, und mit ihrem Heranwachsen hielt der elterliche Stolz Schritt. Wurde sogar gefüttert, ja gemästet, denn nach eher unwürdigen Berufsjahren in der Software-Branche stieg die Tochter überregional zur allseits bekannten, oft auch im Fernsehen präsenten Person auf: als Landespolitikerin und angehende Landesvorsitzende ihrer Partei. Kommunalpolitisch in Jugendorganisationen hatte sie, die vor Umtriebigkeit immer zu platzen schien, sich in Lehrjahren bereits abgerackert, Ehrgeiz, Kompetenz und gewiß auch ihre quicklebendige Strahlkraft (und daß sie für ihre dunkle vehemente Stimme jedes Mikrophon wegschob) brachten sie fast bis ganz nach oben auf der Leiter des beruflichen Erfolgs. Leider doch nur *fast*: Sie engagierte sich für die falsche Partei.

In unserem Bundesland wirst du auf längere Sicht immer nur die Opposition anführen können, jede Wahl verlieren, warnte der Vater. Vergebens. Die Tochter, schon durch das Preisniveau ihrer Kleidung (allmählich Übergrößen aus Läden für Mollige) und die rauschgoldengelhafte Löwenmähne (in Dauerwellenaufplusterung verdoppelt) fern jeglicher Kleine-Leute-Muffigkeit, wollte genau für diese Klientel Vorkämpferin sein. Eine weitere Qualität, und die Maiers prahlten, Ludwig: Charakter hat sie auch, Opportunismus verabscheut sie. Gertrud: Und zu allem andern – sie ist wahrhaftig bis zum Raubbau, sie hat eine Vision.

Gertrud, nach der Durchsage an Lottie Knebel (das hieß: an alle), kümmerte sich jetzt wieder um ihren Kuchenteig, und dachte dabei an zwei kleine Beeinträchtigungen, die ihr doch immer wieder einmal zu schaffen machten. Die eine quittierte Ludwig mit Spott: Sei nicht affig, alle diese Jennifers und Nicoles werden schnell verjähren, Irmgard aber, das hat Dauer. Irmgard ist ein guter Name. (Ihn ärgerte mehr das angeheiratete Hüffel-Anhängsel an seinen redlichen ordentlichen Nachnamen. Bedeutende Maiers, mit ei oder ay und andern Varianten gab es nicht zu knapp, Professoren waren darunter, sogar ein Dichter. Conrad Ferdinand. Und klang nicht Hüffel etwas lächerlich? Man mußte an kleine Hasen denken.) Hüffel, Rüffel, Büffel, lästerte er, bis ihm auch ohne Gertruds pietätgebietendes *Psst!* eingefallen wäre, daß man über Tote nicht schlecht redete, und Karl-Ernst Hüffel war tot. Die Maiers tauschten sich darüber nicht aus, doch teilten sie sich in die Meinung vom Untergang des Schwiegersohns: Im ungleichen Kräfteverhältnis zwischen ihm und der allmächtigen Tochter mußte ihm die Puste ausgegangen sein.

Doch doch, Irmgard ist ein sehr passabler Name, er verströmt Geschichte, Tradition. Ludwig blieb fest, Gertrud aber überzeugte er nicht. Irmgard? Zu ländlich (obwohl die stattliche Tochter gut eine Großbäuerin abgeben könnte), treudeutsch (obwohl die Tochter zu keiner Nationalität so genau wie zur deutschen paßte, eine Germania, die in einer Scharade das Niederwalddenkmal ideal verkörpern würde), nein nein, *Irmgard* wurde dem Prunkstück nicht gerecht. Und ab und zu wiederholte Gertrud: Ich war damals für Monika und das wäre zeitlos gewesen und vor allem, es hätte etwas von ihrem Wesen. Monika! Die drei Vokale! Das tönt, das hat Temperament. Die Fanfare! Aber Irmgard – puh! Nur wegen der blöden Möbel, die du von deiner Tante erben wolltest.

Vergiß nicht ihre Aktien, mahnte Ludwig, und die standen nicht schlecht damals. Beide Maiers erinnerten sich an ihre ungeduldige Warterei: *Damals*, das war, als endlich die seit Jahren fällige Frau (sie hatte mit siebenundsechzig eines Morgens ihr Bett nicht mehr verlassen, blieb vierzehn Jahre drin, für immer) sich wider Erwarten doch noch dazu entschloß, von ihrem irdischen Ruhelager in das weißderhimmel wo plazierte, endgültige überzusiedeln.

Die zweite Einbuße: Irmgard, von jeher drall, doch niemals fettwabblig, eher kompakt schmackhaft und einer der Monster-Früchte ähnlich, wie sie bei landwirtschaftlichen

Ausstellungen von stolzen Bauern präsentiert werden, Irmgard vermehrte stetig weiter ihre schöne Fleischlichkeit, wodurch im gleichen Maß Konturen verlorengingen; ihr Körper wurde kofferförmig. In Gewändern, die schulterabwärts glitten, bis sie von der theaterlogenhaften Rampe ihres Breitwandbusens erneut angehoben wurden, weit geschnitten, damit der Bauch den freien Fall nicht hinderte, erinnerte sie an eine Juke-Box. Abträgliches aber war vergessen, so bald Irmgard ihr munteres Tempo vorlegte, mit Power und beherztem Optimismus (und einem im Fränkischen untypischen harten Akzent) Menschen für sich einnahm. Am Rundumstolz, der auch bildlich paßte, festzuhalten, war das gute Recht der Eltern. Bis gestern!

Verflucht, warum lief der Kaffee nicht durch? Gertrud hatte vergessen, die rote Taste zu drücken. Wie würden sie lästern, Lottie Knebel und alle! Sex und die ältlichen Frauen! Für mich wars immer ein Stilbruch, sinnierte Gertrud, eben noch gehts normal nett zu und du hast was Richtiges an und dann diese Prozedur und du bist nur noch ein Stück Fleisch. Aber wenn Ludwig sich nicht abgerackert und sie nicht stillgehalten hätte, gäbe es heute keine Irmgard. Sich das einzuprägen verhalf nicht zum gewohnten Lustgewinn. Das Beste am Alter: Schluß mit der geistesabgewandten Seite ehelichen Zusammenhalts. Gertrud hoffte, es falle Ludwig nachher auf, daß sie keinen Bissen runterbrächte. Oh die gefräßige Tochter!

Nach Karl-Ernst hatten im Lauf der Jahre zwei Lebensgefährten es geschafft, rechtzeitig auszubüchsen, um von der bombastischen Frau nicht zermalmt zu werden. Daß dies Herrn Hüffel passiert sei, argwöhnten die Maiers. Absurd, doch im Widerstand gegen die Vernunft so hartnäckig wie der Holzbock in der Pinzette: Irmgard hatte Karl-Ernst schlichtweg mit ihrer eindrucksvollen Masse plattgewalzt, und er unauffällig eines Nachts das Sterben bescheiden für sich erledigt, tot auf seiner (schmaleren) Seite des Französischen Betts gelegen. Prinzgemahlhaft der neben seiner Königin fast unsichtbare Schwiegersohn.

Nach einer zweiten Mutprobe? Für eine erste existierte der lebendige Beweis Arnfried. Der Sohn, Herrn Hüffels Trophäe, beglaubigte den Mumm des Vaters. Die Erinnerung an den sparsamen Todesfall Hüffel löste noch ab und zu kurze Dialoge aus. Ohne Tamtam und Zimbum, oder in der Sprache des Finanzmarkts, sagte Ludwig: Er war keine Kapitalanlage. Irmgard hingegen globalisierungsreif, Superkonzern, sie hat ihn glatt verschluckt. Gertrud reagierte als Frau naturnäher: Daß sie miteinander, du weißt schon, sie müssen ja was miteinander gehabt haben, wegen Arnfried, aber denk nur mal an sein Mündchen! Was für schmale Lippen! Von Irmgard hat er so gar nichts und ihre Gene, ich glaub nicht, daß seine da eine Chance hatten … Ludwig polterte: Willst du mir weismachen, sie hätte eine Nebenbuhlerin gehabt und dieses Hüffel-Häschen mit der zusammen Hüffel-Häschen Nummer Zwei fabriziert? Eine Tochter wie unsere und Konkurrenz? Nie und nimmer.

Das wars auch nicht, was in Gertruds Kopf spukte, sie genierte sich nur ein bißchen: Ich meinte, Arnfried, er beweist doch nur, daß sie dieses eine Mal miteinander … du verstehst … Ludwig unterbrach sie: Ich verstehe nicht, wie man zugleich so zimperlich sein kann wie du es im Moment bist und doch schon kurz davor, vulgär zu werden. Na ja, sagte Gertrud lahm, als hätte sie Brei im Mund, wir sehen es ja im Fernsehen, sie bringen ja keinen einzigen Spielfilm mehr ohne alle diese Szenen, du weißt schon … Ludwig, grimmig vergnügt, imitierte: Du weißt schon du weißt schon … und wurde dann er selber, energisch: Komm zur Sache, sei ordinär, das ist der Zeitgeist.

Gut, sagte Gertrud entschlossen, glatt über die Runden zu kommen, sie machen heute so vieles anders, ganze Programme, wie Varieté, Zirkusnummern … Sie gab auf. Ludwig wollte sie nicht kränken. Ihr Gedächtnis aber warf nur diese Maierschen gleichförmigen Mühseligkeiten ab, die aus dem Rahmen fielen, ungut düstere Nachtszenen. Vom ersten bis zum endlich letzten Mal waren sie ihr leidiger noch gewesen als alles, was als eheliche Pflicht tagsüber absolviert werden mußte, und sie wischte wahrlich verdammt ungern Staub, haßte Fensterputzen, und doch wars hundertmal besser (nicht unheimlich) als Ludwigs Bemühungen auf, über und in ihrem ergebenen Leib.

Wozu ihr wieder das Unfaßliche einfiel: Solcher Werktätigkeit kombiniert mit ihrer caritativen Duldung war das Mirakel Irmgard entsprossen, inmitten peinlicher Unappetitlichkeit. Ludwig, wir sehen es auf dem Bildschirm und ich finds jedesmal peinlich (vor allem, weil sie es mit ihm zusammen sah), obwohl es sich abnutzt, aber zurück zu unserer stattlichen Tochter und diesem Männchen von einem Mann, Karl-Ernst: Dauernd liegen jetzt die Frauen oben drauf, oder sitzen drauf...

Okay okay, machte Ludwig, dem das Sujet plötzlich überhaupt nicht mehr gefiel. Er fürchtete, seine gute alte Gertrud dächte, sie hätte was bei ihm versäumt, sei zu kurz gekommen und er ein Langweiler. Und weil sie heute so was machen ... Gertrud schnaufte, brach ab mit den Worten: Ich rede wirklich ungern über diese Dinge. Ludwig half aus: Du denkst, sie hat ihn erdrückt. Du denkst, nach Arnfried wäre nichts mehr zwischen den beiden gewesen, und bei einem zweiten Anlauf nach, laß mich nachzählen, nach acht mageren Jahren oder neun, da wärs passiert, nach Zölibat, Klosterruhe: Hüffels Heldentod.

Was ist, fragte Gertrud manchmal, gegen das rein geistige freundschaftliche Zusammenleben einzuwenden? Ludwig fand: ziemlich viel. Und sagte es nicht. Wieder litt er unter dem Verdacht, in dem vom Porno-Fernsehen verdorbenen Augen seiner Frau das Soll nicht erfüllt zu haben. Immerhin erhob sich aus einer seiner faden Umarmungen nach Schema F schaumgeboren Irmgard, das Machwerk Schöne Helena. Daß Gertrud außer barmherziger leichentuchhafter Hingegossenheit viel dazu getan hatte, konnte er nicht sehen.

Ach! Am Tag nach *Bitte kommen* betrauerte Gertrud die verlorene Unschuld der Fragen nach dem Hüffel-Sex. Immer wieder hörte sie die saftige Stimme ihrer Tochter: Nun bringe ich ja auch einen guten Appetit mit. Und ein inwendiges Bild gab Kartoffelpüree wieder, Erbsensuppe. Hüffel-Ehe-Mahlzeiten. Gefräßig, gefräßig, flüsterte sie.

Männer mit Selbstvertrauen, Unerschrockene, mußten es schon sein, die bei Irmgard zugriffen, und auch sie selber bevorzugte die Tapferen. Falls Herr Hüffel sich todbringend überschätzt hatte, warum, wenn die Maiers sich ihn vorstellten, schien er ein bißchen zu grinsen? Den anschwellenden Stolz auf anschwellendes Gedeihen wie einst bei der Tochter gönnte der hüffelgenetische Enkel ihnen nicht, aber im Ganzen gesehen war er ein guter Kerl, und die Maiers sahen ein, daß es eine Wiederaufbereitung der gloriosen Tochter nicht geben konnte.

Gertrud kam der für den Zitronenkuchen gedachte Teig nicht sämig genug vor, sie kippte ein drittes Ei in den Milchsee auf dem Mehl, beim Verrühren dachte sie an die abendliche *Bitte-kommen*-Talkshow und die ringsum nachtwächterhaft ankündigende Lottie Knebel. In welcher Aufmachung erschiene Irmgard? Wie wäre diese befreundete Frau mit dem Buch über Frauen ab fünfzig und Sex, bliebe die Sache diskret? Wohl kaum, entschied sie, gewöhnt an Talkshow-Moderatoren und deren Jagd auf Schlüpfrigkeit; obwohl sie die intimsten Angelegenheiten freimütig aussprachen (mit unanständigem Vokabular, um auf der Höhe der Zeit zu sein), kicherten sie kindisch, als gäbe es doch was zum Genieren. Würde Irmgard um ihrer Popularität willen dabei mitmachen? Wie kam sie zu dieser Frau und dem Sex-Thema, sie war nicht mehr im Alter für so was. Doch standen nicht trotz überschrittener Wechseljahre mutige Männer weiter bei ihr Schlange? Hatten wohl auch Chancen?

Die Zeiten haben sich geändert, schloß Gertrud aus ihrem Herumsinnieren, plötzlich bekümmert. Ein Lieblingswort aus Irmgards politischem Programm fiel ihr ein: ausgegrenzt. Mit Männern sollte sie Schluß machen, fanden die Maiers prinzipiell, aber gegen den aussichtsreichsten Kandidaten für das zur Zeit vakante Amt des Lebensgefährten hatten beide gar nichts. Im Gegenteil.

Es handelte sich um den verwitweten OB, er hieß bei ihnen

nur OB, und Irmgard redete ihn sogar so an: Reichst du mir mal bitte die Aufschnittplatte, OB, ach OBchen, schau mal, mein Glas ist leer … (die zwei hatten schon dreimal bei den Maiers zu Abend gegessen). Und wenn Irmgard Juke-Box oder Koffer war, dann war er Fahrkartenautomat und Schrankkoffer. Zusammen gaben sie ein pompöses Paar ab.

In ihrer Versunkenheit hatte Gertrud, die eigentlich nur abschmecken wollte, sich geistesabwesend tief ins Teiglecken verloren, einen um den andern seesandfarben umwickelten Zeigefinger steckte sie in den Mund, süßer Trost – und da kam ihr die Erleuchtung. Zum Glück ein paar Sekunden vor Ludwigs Erscheinen in der Küche. Mit der geknurrten Bekundung *Bierzeit* (er war daran gewöhnt, daß Gertrud ihm um halb fünf sein Bier servierte) hätte er sie um diese Entrücktheit gebracht, in der es manchmal zu glücklichen Einfällen kam. Schon holte sie statt der Backform das Backblech hervor, hatte sich gegen Kuchen und für Plätzchen entschieden (praktischer beim Fernsehen), und fragte: Sollten wir den OB zu uns rüberbitten? Mit ihm zusammen dieses *Bitte-kommen* sehen? (Ihn hätte Lottie Knebel nicht informiert, und als OB fehlte ihm sicher die Zeit, Fernsehprogramme zu studieren, falls Irmgard ihn nicht darauf gestupst hätte, und er überhaupt Zeit hätte, egal, den Versuch war es wert.)

Ludwig tat nur so, als müsse er Für und Wider prüfen (alte Gewohnheit, alter Verdacht gegen Frauenspleens): Meinetwegen, ruf ihn an. Mit eingebautem künstlichem Gähnen klang er gnädig, mimte den Nachgiebigen. (Er war extrem dafür!) Kurz störte Gertrud, unterwegs zum Telephon, mit Umkehr (zwei Schritten): Allerdings, es soll ja auch um Sex gehen. Und vielleicht wirds irgendwie etwas schockierend. Oder? Ach was, entschied Ludwig, Bierschaum um den Mund (und Gertrud wußte bei diesem vertrauten Anblick, abends mit dem OB gäbe es Wein), unsere Tochter weiß sich zu benehmen. Da bin ich unbesorgt. (War er es? Blinkte kein Warnlichtchen? Warum ging ihm *Vor Tische las mans anders* im Kopf herum?)

Nach zwei Schluck Bier und mit Blick auf die über ihren flachgewalzten Teig gebeugte Gertrud, die kleine Rundlinge ausstach und mit deren Haaren bis zum Abend noch irgendwas geschehen müßte (sie erinnerte ihn an eine staubflockige Maus) sprach er ihr und sich Zuversicht zu: Der OB ist nicht von gestern. Was den sogenannten Sex und die älteren Semester angeht, wird er eine Menge mehr davon verstehen als wir zwei. Das ist der Lauf der Welt. Man zieht sie groß, und dann ist man nicht mehr gefragt. Ludwig schnappte sich ein paar geringelte Teigstreifen, die zwischen den Rundlingen auf dem Brett herumlagen, wanderte ab.

Zum Abendessen konnte der OB zu Gertruds Erleichterung noch nicht kommen (mußte irgendwas eröffnen), aber nach zehn: sehr gern. Beim Abendessen mit OB, zum ersten Mal sein Solo, hätte sie sich verausgabt, auch war nichts Imponierendes zum Essen im Haus, für den Abend opferte Ludwig Chateau d'Arcin, und weil Zitronenplätzchen dazu nicht ideal paßten, schüttete Gertrud Chips und Cashews in kleine Schalen. Sie war ziemlich aufgeregt. Irmgards neue Frisur kannte sie noch gar nicht: die Rauschgoldengelmähne gekappt, kürzere und geringere Masse auf dem Kopf (machte das Gesicht breiter), fast ohne Locken, wodurch nun jeder wußte, die früheren waren unecht. Na so was, rief sie im ersten mütterlich engagierten Schreck, aber der OB lachte: Kenn ich längst. Steht ihr prima. Hörte Gertrud ein kleines Schmatzgeräusch? Leckte der OB in Erwartung kommender Genüsse sich die Zunge? Sie erfuhr, die abgeschnittene Pracht habe Irmgard dem OB geschenkt und war ein wenig beleidigt. Aber hier drin ist eine ihrer Babylocken! Sie klopfte auf ein Amulett, kaum angehoben ruhte es auf ihrem Busen, dessen matte Ausgelaugtheit die frühe Gier nach Vitalstoffen symbolisierte, durch die es zur späteren massiven Schönheitskönigin gekommen war. Schönheitskönigin? Nun, nicht im üblichen Sinn, nicht mehr, das bewirkte höheres Alter, Reife, die neue Frisur, und daß Irmgard in der Talkrunde recht überbordend wirkte.

Doch alle Zweifel wichen beim Blick auf diese befreundete Frau mit dem eben auf dem Markt erschienenen Buch, die Frau war ein Genuß. Weil Männer nie etwas merkten und damit der OB über den Umweg des Falschen das Richtige merkte, kommentierte sie: Zartes Pflänzchen, aber apart. Damit lenkte sie den OB auf die Mottenzerfressenheit dieser Person, und wenn er sich danach die Walküre Irmgard vornahm, liefe ihm das Wasser im Mund zusammen.

Die Maiers fragten sich nach einer gewissen Dauer der OB-Anwärterschaft auf die Lebensgefährtenstelle, ob die beiden schon miteinander intim geworden wären, bis es eines Tages Irmgard selber war, die ungefragt antwortete; zum Kurzbesuch warf sie drei goldplastikgerahmte, die durchsichtige Folie wölbende Gebilde auf den Küchentisch. Oh wie wunderhübsch, rief Gertrud, Gemmen! Oder Medaillons? So riesige und gerahmt! Nie gesehen! Siehst auch jetzt nicht, setz die Brille auf, sagte Ludwig, trat näher heran, äugte: Embryonen im Doppelpack? Soll man das essen? Nouvelle Cuisine, hm?

Irmgard lachte guttural und gutmütig, bevor sie erklärte: Fasanenbrüstchen. Ich hab sie neulich fürs OBchen und mich gebraten, sollte was Leichtes sein, weil wir endlich mal beide gleichzeitig am Nachmittag keinen Termin hatten und wir uns drauf freuten, zur Sache zu kommen, Nägel mit Köpfen zu machen, stell dir vor, wir kennen uns fast seit vier Monaten und hatten noch kein Fitzelchen Sex miteinander. Gertrud, schwummerig wie kurz vorm Schock, gab Ludwig den Tatbestand so wieder: Sie sind noch nicht intim. Immer würde es nicht funktionieren wegen ihrer Terminkalender.

Was sie dann wieder nicht herausbrachte, war ihre eigene diskret hingeräusperte Frage: Aber wieso, ich versteh nicht, ich meine: nachts? Nachts hat man frei, oder? Zum Glück fragte jetzt Ludwig genau so, denn Gertrud wurde das wirklich gern los: Irmgard machts nicht gern nachts. Sie sagt, Schlafentzug fördert das Altern. Jugendliche würden vergreisen bei Schlafentzug, Stoffwechsel und weißderhimmel was noch spielen verrückt. Sleep for beauty, sagte schon meine Mutter immer, wenn wir nicht ins Bett wollten. Irmgard möchte auch nicht müde sein, wenn sie es machen. Der frühe Nachmittag wäre ideal, sagt sie, und hinterher würden Tee und Toasts schmecken wie Sowieso und Ambrosia. Und Ludwig hatte zwar bloß *Sie spinnt* und *Nektar* geknurrt und war davongeschlichen, aber seinen seltsam neugierigen wachsamen Ausdruck vergaß Gertrud nicht.

Der OB hatte inzwischen Gertruds Prädikate für die befreundete Frau in ihrem Sinn geprüft und statt »zart« »jämmerlich« und statt »apart« »hochgestochen« eingesetzt. 1:0 für Irmgard. Die andere verblich in silbriger welker Fadenscheinigkeit! Strahlte zwar, aber mit wenig Volt, Schwachstrom, etwas vom Flair des (angeheirateten?) Adels aus (Sybilla *von* Brentlow: eieiei!), doch ach, wie ungewiß blieb unter Überwurfverhüllungen die Figur. Ungewiß auch die Haarfarbe, irgendwas zwischen weißblond, weiß-silbern.

Neben Irmgard zerfaserte die Frau. Oder wars bei Irmgard doch des Guten etwas zu viel? Gertrud mußte an ihr Backblech denken, auf dem, völlig mysteriös, die Zitronenplätzchen ungleich geraten waren, und die zwei Frauen verwandelten sich in Gebäck: aufgeschwollener Rundling Irmgard, Mickerling mit Adelstitel. Sie prüfte ihre Tochter plötzlich mit leichter Sorge: Der OB, als Mann untalentiert für differenziertes Beobachten (im weiblichen wohnte immer zugleich schon die Interpretation), urteilte vielleicht stur: Sie ist dick. Gewiß: Sie war eine Menge Mensch. Aber was für eine! Trotz des Haarschnitts (schade blieb es um das gigantische Löwenlocken-Markenzeichen): Die substanzielle Stabilität leuchtete und leuchtete ein. Müde hingegen die in Seidensträhnen abgeteilten Flusen der andern, abfallend vom Mittelscheitel. Ein Mittelscheitel ist keine gute Idee für ihre Art Kopf, sagte Gertrud, und weil sie beide Männer nicht neugierig machte, erklärte sie ungefragt: Ihr Kopf ist eiförmig.

Pssst! machte Ludwig, er und der OB fanden einen älteren Mann interessant, der chronisch lächelte und im *schwebenden Verfahren* (gegen ihn, irgendwas mit Steuerhinterziehung: ach Männer!) wie von einem Panzer gegen die Moderatorenfragen geschützt war (und irgendwas Dunkles, Strenges sagte Irmgard auch dazu, Gertrud bekam aber nicht mit, was). Daß die Buch-Frau schmächtig (keine Schultern), aber nicht wirklich schlank war, was sie mit all diesen Tüchern und Schals geheimhielt, verrieten geschwollene Handgelenke, die Gertrud plötzlich rührten. Auch nur eine Kreatur, vorerst sinds Ödeme, es gibt ein Datum, an dem sie stirbt.

Verglich man nur die Münder der zwei! Bei geschlossenen Lippen erinnerten sie an Brustwarzen, bei Irmgard eine propere halb sich öffnende Knospe, bei der anderen welke Kräuselung, und nur Irmgards regten den Appetit an. Gertrud mußte den OB darauf stupsen, nur: wie? Von Brustwarzen könnte sie nicht gut sprechen. Ihr Einfall würde zu seiner Entscheidung, also sagte sie: Lippen wie diese könnte ich niemals küssen. Gehts der Frau nicht gut? Ist sie herzkrank? Solche Lippen, bläulich blaßviolett, und irgendwie plissiert … gewiß, die Kamera ist unbarmherzig … Blaues Blut, ha ha: Ludwig, männlich stur, war wenig hilfreich. Statt seiner machte es der OB goldrichtig: Die gute Dame hat Pech. Solo ginge sie ja noch, aber neben unserer Irmgard ist sie ein Reinfall. Ach, das sollten die letzten guten Momente des Abends sein!

Im Badezimmer, als, wie er es nannte, das Kind in den Brunnen gefallen war, predigte Ludwig, als Seniorenstudent tüchtig und verspätet durch die Geisteswelt stapfend: Si tacuisses, philosophus mansisses. Gertrud klagte: Wären die zwei doch überhaupt nicht mehr drangekommen. (Vor allem Irmgard nicht, dachte sie, sie hätte sich besser nie eingemischt.)

Zuerst lief es gut, Irmgards seltsame Freundin berichtete (kontrastreich kühl beim aufgeheizten Thema) von ihrer Recherche bei den Frauen über Fünfzig und daß die übereinstimmend ihr höheres Lebensalter im Rückblick auf die Jugend als Gewinn werteten: Jedes Lebensdetail genossen sie eigentlich erst nach der Klimateriumsschwelle, alles erlebten sie intensiver, und gerade noch rief Gertrud heiter und, wie sie hoffte kokett, mitten im Zitronenplätzchenkonsum:

das sehe ich anders!, als der Mittelscheitel-Vielleicht-Adel mit gespitztem Kräuselwarzenmund ohne sich zu genieren herunterleierte: Und auch ihr Sexleben, übereinstimmend wurde es als sehr viel gewinnbringender erfahren, es schnitt prima ab im Vergleich zum Jugend-Sex. (Paßte nun *Das sehe ich anders* noch? Gertrud blieb lieber stumm.)

Ludwig machte Furore (es gab Augenblicke, in denen Gertrud ihn als alten Studenten etwas lächerlich fand): Diese Lady hätte sich besser vorher bei Sigmund Freud Rat geholt: »Der Verlust der Scham ist das sicherste Indiz der Dummheit.« Sagt Freud. Und ich sag euch: Vorsicht ist die Mutter der Porzellankiste im Fall von fehlender Allgemeinbildung. Und Gertrud war stolz auf ihn, hielt den OB für beeindruckt, nur – nach Irmgards Einmischung störte das Zitat ganz gewaltig. Ein böser Bumerang. Indessen bekannte Irmgards morscher Schützling so gleichmütig als ginge es um eine Bahnauskunft, auch sie mache die Erfahrung vertiefter Wahrnehmungen auf sämtlichen Lebensebenen inclusive Sex. (Immer noch schadenfrohe Gemütlichkeit bei den Maiers plus OB, alle leicht angesäuselt, Ludwig glossierte: Die sieht doch so etepetete aus, daß ich mich frage, wie sie es als Embryo geschafft hat durchzuhalten, nach neun Monaten sich rauszuquetschen.)

Und dann passierte das Schreckliche! Ludwig gab zwar den Filou, machte *Hört! Hört! Da heißts, sich anstrengen!*, dachte aber und sagte es später im Badezimmer: Auf so was hin kann ein Mann impotent werden. Der OB wird Irmgard sausen lassen, warts nur ab.

Irmgard hatte sich eingeschaltet. Aufgeblähte Sonnenblume neben einem Nachtschattengewächs dröhnte sie saftig: Apropos Genießen: Du planst doch ein Buch über Essen und Trinken, stimmts? Es stimmte, doch die Angeredete sah appetitlos und genußunfähig aus. Toll! lobte Irmgard. Ich war nie ein Kostverächter, von der Schweinshaxe bis zum Sex, nur: früher in meiner Ehe wars eben Hausmannskost und mittlerweile sind meine Ansprüche doch gewaltig gestiegen, nichts gegen eine dicke Salami, honny soit qui mal y pense ... aber bitteschön, beim Sex muß es schon die volle Bandbreite sein, Delikatessen, Spezialitäten. Ohne mindestens zwei Vorspeisen und die bitteschön nicht zu knapp ists nur die halbe Miete. Als Anfängerin bei meinem Mann gabs ja nicht mal ein Süppchen vorweg. (Es kommt Leben in die Bude durch sie, sagte Ludwig erstarrt und fast ohne Speichel, der OB machte hehe, und Gertrud, ganz ohne Speichel, glotzte stumm auf die fröhliche Tochter, deren Bekundungen alle im Studio aufweckten: Moderatoren, die Talkrunde, das Publikum.)

Nun bringe ich ja auch immer einen gesegneten Appetit mit, koche für mein Leben gern, womit ich sagen will: wir Frauen sollten den Männern mit eigenen Rezeptvariationen beistehen, beim Würzen helfen, damit eine gemeinsame Schlemmerei draus wird. Und nicht einer von beiden wie die Leiche auf der Autopsiepritsche alles mit sich geschehen läßt ...

Mußte Irmgard ein wenig rülpsen? Wie nach einem Fünf-Gänge-Menü sah sie aus und war doch immer noch nicht zu bremsen. Sie plauderte drauflos, unterstützt von glücklich neugierigen Moderatoren und Publikumsgelächter-Applaus, alles in ihrem kulinarischen Küchen-Sex-Latein, war der Star des Abends. Bloß leider nicht im Maierschen Wohnzimmer.

»Liebe ist Mast«, auch von Freud, sagte Ludwig. Es ist handfest, es ist nicht schlüpfrig, sagte Gertrud. Sie kocht gut, sagte Ludwig. Schon als Kind in ihrer Puppenküche, sagte Gertrud. Aber aus Versehen *Guten Appetit* zum warum nur so abrupten Abschied des OB.

Regula Venske
Tote Hose oder In Krüppel-Carlos Reich

Das Pappschild war abgegriffen und von einem fettigen Grau, und jeden Mittwoch, wenn Mariella es außen an die Türklinke hängte, mußte sie das Bedürfnis unterdrücken, sich auf der Stelle die Hände zu waschen. Immerhin teilte es in dreierlei Sprachen und dreifarbigen Schriftzügen mit, daß die Benutzer des Zimmers nicht gestört werden wollten, und solange sie sich nun schon hier heimlich mit Edgar traf, hatte es seinen Zweck zuverlässig erfüllt. Oder war es etwa nicht das Schild, das andere Hotelgäste davon abhielt, sich in der Zimmertür zu irren?

Nachdem sie mit gewohntem Griff hinter sich abgeschlossen hatte, ruhte sie einen Moment lang gegen die Tür gelehnt aus und schaute zu ihm hinüber. Ihr Blick war dunkel vor Erwartung, es mischte sich aber auch etwas anderes, schwer zu Bestimmendes hinein, ein helles Flackern, über das sich schnell ihre Augenlider senkten. Ein Lächeln, ein leichter Anflug von Spott mochten es gewesen sein, ein kleiner Unglaube, der sich weniger auf den nackten, malerisch auf dem Bett drapierten Mann bezog als viel mehr auf sie selbst, allenfalls auf beide gemeinsam.

»Nun mach doch endlich«, stöhnte er. »Wo hast du nur so lange gesteckt? Läßt mich hier warten, Liebes – dabei weißt du doch, wie – ich halt es nicht mehr ...«

Aber da war sie schon auf dem Weg, atemlos vor Erregung nun auch sie, und warf sich geschmeidig über ihn. Während sie seine Lippen mit ihrem Mund verschloß und sich dann mit der Zunge immer tiefer in seine Mundhöhle wühlte, riß er ohne Rücksicht auf Verluste ihre Seidenbluse auf. Mochte der Stoff reißen, mochten die Nähte platzen und die Knöpfe abspringen! Er achtete nicht darauf, wenn diese mit zartem Sirren unters Bett kullerten, wo sie inmitten dichter Staubflocken bei ihren Vorgängern der letzten drei Jahre zu liegen kamen. Unter diesen Betten wurde selten gekehrt, und dieses schmuddeligen Charmes wegen hatte er das Hotel ausgewählt. Nichts sollte ihn in diesen mühselig dem Terminkalender abgerungenen Mittwochnachmittagstunden an die propere Doppelhaushälfte im Holunderweg 14 erinnern, für deren Abzahlung er noch einige Jährchen würde büßen müssen.

Mit kundigen Händen schob er den Büstenhalter hoch und holte ihre Brüste hervor. Sie waren klein und fest, immer noch. Nicht zu vergleichen mit den schweren Kugeln, die seine Frau während der Stillzeiten ihrer beiden Kinder gehabt hatte. »Möpse!« hatte er sie damals, durchaus liebevoll, genannt. Ihr Anblick hatte ihn wohl erregt, aber er hatte nichts davon gehabt, denn mit einem hungrigen Baby und einem aufgeweckten Kleinkind im Haus war das Eheleben im Holunderweg 14 peu à peu auf der Strecke geblieben.

Mit der rechten Hand fing er an, ihre Brüste zu bearbeiten, die linke aber wanderte schon abwärts, über den Hintern und unter den Rock, dorthin, wo sich schwarze Spitze und weiße Mittwochnachmittagshaut trafen, und weiter noch, tiefer arbeitete er sich vor, bis in rosabraunschattierte Gefilde hinein, die das Zimmer plötzlich mit ihrem Ingwerduft erfüllten, und er ließ erst davon ab, als sie ihm kräftig in die Unterlippe biß.

Ob er vor Lust stöhnte oder vor Schmerz, hätte er selbst kaum zu sagen vermocht, er wußte nur, daß es jetzt schnell gehen mußte, so ausgehungert war er. Steil stand sein Schwanz, über den sie, die längst begriffen hatte, sich nun stülpte, und er stemmte sie hoch und bäumte sich auf, und dann, o Gott, kam er schon.

Nach einer kleinen Ewigkeit, wie ihm schien, fiel sie von ihm ab und streckte sich wohlig schnurrend neben ihm aus. Ihre linke Hand lag auf seiner Brust, zärtlich wickelte sie einzelne Brusthaare um ihren Zeigefinger.

»Hält dich wohl sehr kurz, deine Frau, wie?« sagte sie sanft. Er verdrehte die Augen und seufzte.

»Tote Hose!« sagte er rauh. »Seit der Geburt meines Sohnes läuft bei uns zu Hause rein gar nichts mehr.«

Sie schüttelte mitfühlend den Kopf.

»Armer Edgar«, sagte sie.

»Glücklicher Edgar«, sagte er. »Ich habe ja dich.«

Er griff nach ihrem Handgelenk und warf einen Blick auf ihre Armbanduhr. Es waren kaum sechs Minuten vergangen, seit sie ins Zimmer getreten war. Fast eine Stunde hatte er auf Mariella warten müssen.

»Weshalb warst du so spät dran – hat er was gemerkt?« fragte er.

»Ich glaube nicht«, antwortete sie zögernd. »Obwohl – etwas mißtrauisch war er schon. Wollte unbedingt wissen, weshalb ich nicht mit ihm käme. Als hätte ich Zeit, am helllichten Tag ins Kino zu gehen. Ich hab gesagt, ich müsse noch ein Buch in die Bibliothek zurückbringen, und daß heute die Frist abläuft. O weh, wenn er nun verlangt hätte, daß ich es ihm zeige – dumm ist er ja nicht. Nicht auszudenken … Und wie war es bei dir? Was macht Lenalein?«

»Räkelt sich bei meiner Mutter auf dem Sofa und guckt sich Fotoalben an. Ich hab einen Mokka bei den beiden getrunken und mich dann verdünnisiert. Die haben keinen Verdacht geschöpft, alle beide nicht. Das ist der Vorteil von geschäftlichen Terminen. Vermutlich waren sie froh, als ich endlich ging. Sie schwelgen in meinen Babyfotos.«

»Der geborene Ehebrecher!«

Sie schmiegte sich lachend an ihn, und er zog sie näher zu sich heran. Er spürte, wie sein Schwanz sich schon wieder regte, und als er sie an und auf sich drückte, spürte sie es auch.

»Du Ärmster, soooo ausgehungert«, murmelte sie.

Statt einer Antwort rollte er sich über sie und begrub sie fast unter sich. Mit ein paar kräftigen Stößen war er wieder in ihr.

»Gehörst du mir?«

»Immer.«

»Auch wenn wir nur dieses hier haben?«

»Immer und ewig, das weißt du doch.«

Eine kleine Weile verstrich, nur ihr gemeinsames Stöhnen und das rhythmische Knarren des Bettes waren zu hören – wenn da jemand gewesen wäre, der an der Tür gelauscht hätte. Denkbar war es immerhin, daß Krüppel-Carlo, der Portier, gelegentlich durch die Flure humpelte und sich verstohlen in die eine oder andere dunkle Ecke drückte.

Endlich mischte sich ein zweistimmiges Jauchzen in die Geräusche. Danach wäre für den Lauscher im Flur für ein Weilchen nichts mehr zu hören gewesen. Irgendwann schlug Edgar die Augen auf und blickte direkt in Mariellas selig verhangenen Blick.

»Ich liebe dich«, sagte er. »Leidenschaftlich. Auch wenn ich nur ein langweiliger Familienvater bin.«

Und dann zog er ihr endlich die zerrissene Bluse und den verrutschten Büstenhalter aus. Sie half ihm weiter und öffnete den Reißverschluß ihres Rockes, den er in der Eile nur hochgeschoben hatte. Schließlich lag sie nackt vor ihm auf dem Bett. Ihr Anblick erregte ihn aufs neue, er war jetzt aber imstande, sich geduldig, selbstlos fast, daran zu erfreuen.

Er begann an den Schläfen, sie abzuküssen, und sie streckte sich hin mit erwartungsvoll geschlossenen Augen und ließ alles mit sich geschehen, nahm auch ergeben den Umweg hin, der ihn vom Bauchnabel erst einmal beinabwärts bis zu den Zehenspitzen des linken Fußes führte und am rechten Bein wieder hinauf, das wichtigste Teilstück aussparend, so wie man sich das Beste eben für den Schluß aufhebt. Scheinbar willenlos lag sie da, wohl wissend, daß, was auch geschah, gut war, und er, der sich auf sie verstand, wußte ihre Hingabe zu deuten.

Jetzt reckte sie ihm den bloßen Hals entgegen, jetzt wölbte sich der Bauch, dann hob sie sich ganz, stand offen und bereit. Seine Zunge eroberte sie erst zärtlich, bald wilder, in steten kreisenden Bewegungen, so wie sie es ihm gezeigt hatte, und im entscheidenden Moment drang er in sie ein. Laut schrie sie ihm ihr Entzücken entgegen, und da schoß ihm das Bild seiner Frau durch den Kopf, wie er einst versucht hatte, sie unter dem dicken ehelichen Deckbett zu küssen, hart an der Grenze zum Ersticken und voller Angst, ihr fieberndes Töchterchen könne aufwachen und nach den Eltern verlangen.

Damals hatten sie es noch gelegentlich an den Wochenenden miteinander versucht, peinlich bemüht, jedes Geräusch zu dämpfen um des kindlichen Seelenheils willen. Nach Benjamins Geburt war auch das unterblieben, und seit anderthalb Jahren schlief seine Frau nicht einmal mehr nackt, sondern trug Flanellnachthemden in unmöglichen Mustern. Denn ihr Sohn hatte ein Alter erreicht, in dem er vorlaute Kommentare auf dem Pausenhof aufschnappte, deren Wirkung er frühmorgens an seiner Mutter erprobte. Einen Vorteil hatten diese braven Dinger immerhin: Er selbst hatte sich auf neues Begehren besonnen. Das rosa Flanell, die weißen Zackenlitzen, die Kringel- und Blümchenmuster weckten in ihm Visionen von schwarzen Strapsen und Leder-BHs. Entsprechend hatte er Mariella für diese verstohlenen Mittwochnachmittage tütenweise mit Reizwäsche versorgt. Den braven Familienvater hatte er schon lange satt. Nun kam ihm eine neue Idee, und seine Stimme bekam einen eifrigen Ton, als er ihr davon erzählte.

»Würdest du es tragen, nur für mich?« fragte er. »So ein ganz perverses Teil, perverser als jeder Keuschheitsgürtel? Ein verwaschenes Flanellnachthemd?«

»Ach, Männerphantasien«, seufzte sie. »Und was, wenn deine Frau merkt, daß ihr eins fehlt?«

»Das vermißt sie bestimmt nicht«, behauptete er. »Und wenn, dann kriegt sie zum Trost ein schwarzes Spitzenhöschen.«

Beide prusteten vor Vergnügen, aber plötzlich schien es Mariella, als sei auch vom Flur her ein kicherndes Krächzen zu hören. Abrupt setzte sie sich auf, sprang eilig aus dem Bett und griff nach ihren Kleidern.

»Verflixt, schon so spät! Ich muß los.«

»Eigentlich wollte ich heute sieben Mal mit dir fliegen«, maulte er. »Und nun soll ich mich schon wieder begnügen?«

»Sei zufrieden mit dem, was du hast. Und außerdem, auf den Wochendurchschnitt hochgerechnet, ergibt das eine durchaus akzeptable Frequenz. Immerhin zweieinhalb Mal.«

»Ich liebe dich«, sagte er noch einmal, als sei das die logische Konsequenz aus dem Vorangegangenen. »In welchem Film war er denn?« fragte er dann.

»König der Löwen, mal wieder«, antwortete Mariella knapp.

Sie mußte sich beeilen, um rechtzeitig bis zum Ende des Films am Kino zu sein. Mit seinen acht Jahren war Benjamin schließlich noch zu klein, um allein mit der U-Bahn nach Hause zu fahren. Er würde bei der Eingangstür auf sie warten, mit klebrigen Fingern, die nach Popcorn und Schokolade rochen und ihr, wenn er sie aufgeregt oder zärtlich damit antatschte, einen Vorwand gaben, sich zu Hause schnellstens der zerrissenen Bluse zu entledigen.

Edgar war noch eine kurze Gnadenfrist vergönnt, bevor er Lena, die Große, die nun schon aufs Gymnasium ging, von der Großmutter abholen mußte. Ob die alte Dame sich ebenso bereitwillig ihrer Enkelin und manchmal beiden Kindern widmen würde, wenn sie wüßte, was Mariella und er allwöchentlich in diesen Stunden trieben? Wohl kaum.

Glücklich und erschöpft lag er auf dem Bett und sah seiner Frau beim Anziehen zu. Hastig war sie ins Zimmer gestürzt, und in eben solcher Eile verließ sie es jetzt wieder.

»Bringst du noch zwei Liter Milch mit – deine Hose müßte bei der Reinigung fertig sein – ich liebe dich auch!«

Dann war sie draußen.

Lächelnd stand er auf und ging ins Bad. Während er unter der Dusche stand und den Spuren von Lippenstift und Liebe den Garaus machte, dachte er freudig erregt an das garstige Nachthemd, das er sich nächsten Mittwoch vornehmen würde. Als er kurz darauf das Zimmer verließ, wunderte er sich darüber, daß das fettiggraue Pappschild immer noch ordentlich an der Türklinke hing. Eigentlich hätte es von dem Schwung, mit dem Mariella hinausgestürmt war, auf den

Boden rutschen müssen. Ob sie sich die Zeit genommen hatte, es aufzuheben? Oder hatte jemand anderes feinsäuberlich für Ordnung gesorgt?

Als er die Treppe hinunterkam, saß Krüppel-Carlo wie immer an seinem Empfangstisch, anscheinend ganz und gar in ein Kreuzworträtsel vertieft. Aber war er, wenn man genau hinhörte, nicht ein wenig außer Atem?

Edgar beschloß, ihm heute ein doppeltes Trinkgeld zu geben. Er langte in seine Hosentasche und zog seine gesamten Münzen hervor. Zwölf Mark einundachtzig sowie einen goldenen Seidenblusenknopf häufte er vor Krüppel-Carlo auf.

»Danke, Chef«, grinste der. »Aber jetzt haben Sie gar nichts mehr. Tote Hose, Chef, ist es nicht so?«

»Bis nächsten Mittwoch«, sagte Edgar, nahm den Talisman-Knopf wieder an sich und klopfte mit den Fingerknöcheln zum Abschied bestätigend auf Krüppel-Carlos Tisch.

»Wieder die Vierzehn, Chef?«

»Einmal die Vierzehn, immer die Vierzehn«, nickte Edgar. »Ich bin schließlich monogam.«

Er spürte auf einmal, wie hungrig er war, und er freute sich auf das Abendessen im Holunderweg mit Mariella und ihren beiden wonnigen Kindern, die sicher schon voller Ungeduld darauf brannten, ihnen von Löwenvater und Löwensohn zu erzählen und davon, wie supersüß Papa als Kleinkind gewesen war.

Ulrike Anders
Die Schlangengöttin

Rudolf seufzte. Er lag auf dem Rücken und starrte an die Zimmerdecke. Die indirekte Beleuchtung des Schlafzimmers war Annis Wunsch gewesen.

»Im Schlafzimmer soll uns eine harmonische Atmosphäre empfangen, sanft und friedlich«, hatte Anni damals bei der Einrichtung des Hauses gesagt und die gewölbten Blenden ringsum an den Wänden anbringen lassen. Vor fünfundzwanzig Jahren. Das gedämpfte Licht war nach wie vor angenehm. Anni, jetzt war sie schon fast fünf Jahre tot.

Drei Jahre nach dem schweren Verlust hatte er sich zögerlich auf Anregung einer Kundin, die ihre Gleitsichtbrille bei ihm richten ließ und behauptete, auf Kreta an den Ursprüngen unserer Kultur ein anderer Mensch geworden zu sein, zu einer akademisch geführten Studienreise entschlossen. Sein Sohn Gerd, der mit Lebensgefährtin Rosi eine der fünf Filialen von Oppermann-Optik betrieb, hatte ihm sehr zugeredet und versprochen, während der vierzehn Tage ein Auge auf das Hauptgeschäft zu haben.

War er, Rudolf, auf Kreta wirklich ein anderer Mensch geworden?

Schon am Meeting Point des Flughafens, wo er inmitten einer Gruppe meist älterer Leute stand, von denen etliche vom Anorak bis zur Schuhsohle vorwiegend in Rentner-Beige gekleidet waren, hatte ihm Kirsten gefallen, als sie, in strammen Jeans, blondlockig und strahlend auf den Reiseleiter zutrat, ihren Koffer absetzte und ihm die Hand schüttelte.

»Dr. Schill? Ich heiße Kirsten Schneider. Oh, bin ich die letzte?« Sie blickte strahlend in die Runde.

Kirsten war sofort bei allen beliebt. »Unser Sonnenschein« wurde sie bald von Frau Müller-Hagen, einer dürren Fabrikantenwitwe, genannt. Und Rudolf stellte überrascht fest, wie angenehm ihm ihre Gegenwart bei den Mahlzeiten und Rundgängen war. Obwohl er doch eigentlich seine Anni noch immer liebte.

Die erste Station war Iráklion. Die riesige Palastanlage in Knossos wurde besichtigt. Dr. Schill, ein zur Fülle neigender sonnengebräunter Vierziger mit einem großen kleidsamen Strohhut auf dem bereits stark gelichteten Haar, beschrieb wortreich das minoische Zeitalter. Kirsten, ihren DuMont-Führer in der Hand, stellte zusätzliche Fragen. Rudolf fand alles sehr eindrucksvoll und mochte den Geruch von Thymian und Heckenrosen – oder was immer es war – und das Zirpen der Grillen und die Baumschatten und besonders Kirsten Schneider, wenn sie auch seiner Meinung nach diesen Schill etwas zu wichtig nahm. Dessen anekdotenreiches Besserwissen ging ihm bereits etwas auf die Nerven.

Am nächsten Tag, im archäologischen Museum, stieß Kirsten mehrmals kleine Rufe des Entzückens aus. Vor dem herrlichen schwarzen Stierkopf mit den goldenen Hörnern, vor dem Fresko mit den jugendlichen Akrobaten beim Stierspiel – man konnte nicht glauben, daß etwas so Vollkommenes schon vor dreieinhalbtausend Jahren geschaffen worden war! Zu der berühmten Schlangengöttin mit den vollen nackten Brüsten über der unwahrscheinlich schmalen Taille kehrte sie noch einmal mit Rudolf zurück. Die Göttin hatte die Arme seitlich erhoben und hielt in jeder Hand eine Schlange. Auf ihrem kronenartigen Kopfputz saß ein kleiner Panther.

»Man spürt die Dominanz der Frauen in der Gesellschaft damals, besonders in ihrem Kult«, sagte Kirsten, neu erworbenes Wissen weitergebend, und fügte bewundernd hinzu: »Fast unheimlich, diese ernsten, fordernden Augen.«

Rudolf betrachtete interessiert die bräunlichen Brustwarzen der Göttin und ließ dann, während Kirsten sprach, unwillkürlich seine Blicke über ihren wohlgeformten Busen im hellgrünen T-Shirt wandern.

»Ach, ich glaube, die Dominanz dieser Göttin ist nicht nur in ihren Augen zu finden«, sagte er lächelnd. »Wissen Sie, als wir noch Kinder waren und uns wieder einmal gestritten haben, hat mich meine Schwester angeschrien: Ätsch, und ich krieg später mal 'n Busen und du nicht! Die kannte schon als Neunjährige die natürliche Überlegenheit der Frauen.«

Kirsten lachte herzlich und zog dabei die Nase kraus. Dieser Oppermann konnte ja richtig witzig sein. Anfänglich hatte er etwas eingeschnürt gewirkt. Rudolf sah auf ihre geöffneten Lippen und die gesunden Zähne. Ein paar Schritte lang lag seine Hand zwischen ihren Schulterblättern, ehe sie wieder zu ihrer Gruppe stießen.

Die zweite und letzte Station der Reise war ein Bungalowhotel bei Ágios Nikólaos. Von hier aus sollten sieben Tage lang Exkursionen unternommen werden. Die Bungalows waren in einem parkartigen Garten über einen Hügel verteilt, der sanft zum Meer abfiel. Dr. Schill gab an der Rezeption die Schlüssel aus. Er richtete es bei den Einzelzimmern so ein, daß Herr Oppermann und Frau Müller-Hagen die Nummern 97 und 98 bekamen, Kirsten Schneider und er selbst die Nummern 18 und 19.

Als die Gruppe sich später zum Begrüßungscocktail auf der überdachten Restaurantterrasse traf, äußerte Frau Müller-Hagen in die Begeisterung der andern hinein etwas verkniffen: »Witwen sind überall benachteiligt. Immer sind die Einzelzimmer die miesesten. Mein Bungalow hat anstatt Meeresblick Sicht auf die Rückwand des Nachbarn.«

»Oh, das tut mir aber leid«, sagte Kirsten, der Sonnenschein, »wollen wir tauschen?«

Beim Abendessen – hier verteilte der imposante Oberkellner die Plätze – geriet Kirsten mit einem Arztehepaar und dem Reiseleiter an einen Tisch. Oppermann saß zwei Tische weiter. Mehrmals hob er sein Glas und trank ihr zu. Dr. Schill seinerseits stieß direkt mit ihr an. Danach ließ er seine Hand kurz auf ihrem Schenkel ruhen. Zwischendurch auch mal auf ihrem Rücken dicht über dem Po. Alle waren bester Stimmung in dieser warmen, sternklaren Nacht.

Spät, auf dem Weg zu ihren Bungalows, hielt Rudolf Kirstens Oberarm umfaßt. Beim Gute-Nacht-Sagen küßten sie sich auf die Wangen. Rudolf glaubte, dabei ganz kurz ihre Zunge gespürt zu haben.

Er fragte sie am nächsten Tag im Bus nach Kritsá, ob es ihr recht sei, wenn er versuche, den Oberkellner, der ja eher wie ein pensionierter Obrist aussehe, dazu zu bewegen, sie beim Abendessen an denselben Tisch zu setzen.

»Aber sicher. Ich fände es sogar besonders nett, falls es keine Umstände macht.«

Er fühlte sich den ganzen Tag über beschwingt. Sie schien ihn zu mögen. In der kleinen Kirche mit den byzantinischen Wandmalereien blieb Rudolf allein zurück. Er faltete eine Tausend-Drachmen-Note klein zusammen und steckte sie in den Schlitz des Spendenkastens. Umgerechnet immerhin ungefähr sieben Mark. Dann zündete er eine Kerze an und bekreuzigte sich. Er war katholisch erzogen, seit Jahrzehnten nicht mehr praktizierend. Jedoch noch etwas abergläubisch.

Als er zum Abendessen auf die offene Veranda trat, geleitete ihn der Obristen-Ober an den Tisch, an dem Kirsten mit dem Arztehepaar Wiegand bereits Platz genommen hatte. Sein Tischwechsel hatte, wenn man so will, keine Umstände gemacht – für ein Trinkgeld von rund hundert Mark.

Kirsten hatte die Haare nach hinten gebürstet und trug große blaugoldene Ohrclips und ein goldenes Halsband zu einem engen, leuchtend blauen Kleid. Sie strahlte ihn an. Seit vielen Jahren war Rudolf nicht mehr so froh und entspannt gewesen.

Das Essen war köstlich: französisch mit überraschenden griechischen Tupfern. Diesmal saß Dr. Schill zwei Tische weiter und hob jedes Mal sein Glas, wenn Kirsten hinschaute. Einmal streckte er vorher die Zunge etwas heraus und leckte sich über die Lippen. Die lebhafte Tübinger Arztfrau führte die Unterhaltung. Den alkoholischen Getränken – alles erste Qualität – wurde reichlich zugesprochen. Rudolf streichelte mehrmals Kirstens Arm. Einmal überließ sie ihm auch für Sekunden ihre Hand.

Und dann stellte Frau Wiegand beim Dessert ganz unbefangen – mitten in einer Anekdote über ihre Enkelin – an Kirsten die Frage, die Rudolf seit fünf Tagen nicht zu stellen gewagt hatte: »Haben Sie auch Kinder?«

Und Kirsten antwortete – nach einem kleinen, beinahe entschuldigenden Lächeln zu Rudolf hin: »Ja. Zwei Mädchen und einen Jungen.«

»Ach, wie nett! Und wie alt?« fragte Frau Wiegand.

»Dreizehn, zehn und fast fünf.«

Rudolf fühlte, wie sein Magen auf sein Herz drückte, und er hielt den Atem an und die Faust vor den Mund, um ein Rülpsen zu verbergen. Frau Wiegand setzte ihre Anekdote fort. Kirsten lachte etwas mühsam. Rudolf schwieg bis zum Ende der Mahlzeit.

Als er später auf dem Vorplatz zu ihrem Doppelbungalow Kirsten mit einem Handkuß »Gute Nacht« wünschte, sagte sie: »Geht es Ihnen nicht gut? Sie waren so still zum Schluß.«

»Mir war nicht ganz wohl.«

»Gute Besserung dann.« Flüchtig küßte sie ihn auf die Wange mit ihren weichen feuchten Lippen. »Auf morgen.«

In seinem Zimmer legte er sich aufs Bett. Dann stand er wieder auf und öffnete die Metaxa-Flasche, die er für alle Fälle gekauft hatte. Der Cognac breitete sich wohltuend warm im Magen aus. Was hatte er sich bloß eingebildet? Daß eine so entzückende Frau wie Kirsten mit ihrem runden, festen Busen, mit ihren wehenden blonden Locken auf ihn, Optiker Oppermann, 62, gewartet hatte? Er schenkte sich nochmals ein halbes Glas Metaxa ein. Es wurde eine unruhige Nacht.

Auch für Kirsten. Sie öffnete noch einmal leise ihre Tür und schlich den Gartenpfad hinunter. Schill saß auf einer Bank unter der Palmengruppe. Jetzt stand er auf.

»Ich wußte, daß Sie kommen würden«, sagte er und zog sie an sich.

Am nächsten Tag lud Dr. Schill Kirsten ein, vorn im Bus bei ihm und dem Fahrer zu sitzen.

»Wir fahren durch eine herrliche Landschaft, hier haben Sie mehr davon!«

Rudolf saß ganz hinten und versuchte zu schlafen, immer wieder hochgeschreckt durch die Erläuterungen des Reiseleiters, die aus dem Lautsprecher direkt über seinem Kopf schallten. Die durch viele Reiseprospekte bekannten malerischen Windräder der Lassíthi-Hochebene zogen, von Rudolf ungesehen, vorüber.

Beim Halt in der Nähe der Zeus-Höhle bei Psichró stieg er als letzter aus. Ein stämmiger Kreter mit dicken schwarzen Locken hob die Besucher unter scherzhaften Zurufen hintereinander über die hohe Felsenschwelle des Höhleneingangs. Rudolf ärgerte sich, daß er Kirsten dabei um die Taille faßte. Schließlich stieg auch er hinab, ohne Hilfe des Wächters. Innen war es fast dunkel, steil und etwas glitschig. Er ging nicht mit der Gruppe in jede Nische, blieb gleichgültig in der Mitte stehen. Am Ausgang gab der Wächter Kirsten einen Klaps aufs Gesäß. Er bekam von Rudolf kein Trinkgeld.

Auf der Rückfahrt saß Kirsten wieder neben Schill, der nun sein Mikrofon weggesteckt hatte. Dafür redete er ununterbrochen auf sie ein. Kirsten nahm zur Kenntnis, wie gut er Griechisch, aber auch Spanisch konnte und daß er sich unterbezahlt fühlte. Sie dachte daran, wie eigenartig sich seine etwas vorstehenden Zähne beim Küssen in ihrem Mund angefühlt hatten. Fast nagend. Irgendwie aufregend.

Rudolf beobachtete die beiden von seinem Rücksitz aus, und obwohl er nicht einmal sehen konnte, daß die Hand des Reiseleiters gelegentlich Kirstens Oberschenkel hinaufstrich, überlegte er, ob er überhaupt zum Abendessen gehen sollte. Schließlich konnte er dem Obristen-Ober ja nicht weitere hundert Mark in die Hand drücken, damit er ihn erneut umsetzte.

Später, nach dem Duschen, hatte er dann aber doch gewaltigen Hunger. Er trank wieder ein halbes Wasserglas Metaxa und machte sich auf den Weg zum Restaurant.

Kirsten trug einen weißen ärmellosen Hosenanzug. Ihre glatten Arme waren schon sonnengebräunt. Rudolf versuchte, nicht hinzusehen, und unterhielt sich während der ganzen Mahlzeit mit Dr. Wiegand über Augenoperationen und Kassenabrechnungen.

In der Nacht, vor ihren Haustüren, lachte Kirsten leicht beschwipst: »Der Schill geht mir auf die Nerven. Schill, schiller, am schillerndsten. Das nächste Mal setze ich mich im Bus wieder neben Sie, wenn Sie mögen.«

»Vielleicht war es besser so«, sagte er und schloß seine Tür auf. »Gute Nacht.«

Sie blieb stehen.

»Ich möchte aber nicht, daß Sie die ganze schöne Reise über muffeln«, sagte sie. Er drehte sich um.

»Muffeln ist vielleicht nicht ganz der richtige Ausdruck«, antwortete er. »Ich bin einfach etwas ... tief gestimmt ... Weil ich dich nicht haben kann.«

Sie zögerte einen Augenblick. Dann legte sie ihre Hände an seine Wangen und küßte ihn auf den Mund. Er schlang die Arme um sie, küßte sie auf Hals und Lippen, streichelte ihren Busen.

»Deine Brüste sind noch schöner als die der Schlangengöttin«, flüsterte er und preßte sie an sich, drängte ihr seinen anschwellenden Penis entgegen. Sie schob ihn sanft weg.

»Ich mag dich auch«, sagte sie. »Sehr. Aber können wir nicht versuchen, es ohne das hinzukriegen?« Dann schloß sie sehr schnell ihre Tür.

Heute ging sie nicht noch einmal in den Garten zu der Bank, wo sie gestern abend bei dem sanften Geräusch der fächelnden Palmenblätter Dieter Schills dicken Mittelfinger an ihrer Klitoris gespürt hatte.

Am nächsten Tag fand keine Exkursion statt. Beim Frühstück lud Rudolf Kirsten zu einer Fahrt nach Ágios Nikólaos ein. Sie bummelten in der quirligen Stadt, aßen am Mittag Moussaka und tranken eine Flasche Wein. Rudolf erzählte viel aus seinem Leben, von seinem Geschäft mit den fünf Filialen, auch von Annis Krankheit und Tod und daß das große Haus nun leer stand. Kirsten legte tröstend ihre Hand auf seine. Sie gingen untergehakt zum Hafen, entdeckten ein

223

kretisches Restaurant, an dem für den Abend Tanz angekündigt war.

Dorthin fuhren sie nach dem Essen. Es wurde äußerst lustig. Verständigungsversuche mit den Einheimischen in gebrochenem Englisch und mit anschaulicher Gestik. Bouzouki-Klänge. Tanz. Gegen Mitternacht wurden sie aufgefordert, mit den Männern Sirtaki zu tanzen. Kirsten begriff die Schrittfolge schneller als Rudolf. Es gab Beifall, Gelächter, Schulterklopfen und viel harzigen Retsinawein.

Vor ihren Türen umarmten sie sich lange.

Danach lag Kirsten, nur mit einem Laken bedeckt, in ihrem Zimmer, halb betäubt vom Duft des Gartens und dem Zirpen der Zikaden. Dann war sie plötzlich hellwach. Sie dachte an Schills Nageküsse, aber auch an sein mickriges Gehalt. Rudolf dagegen bedeutete die große Chance, aus ihrem kleinlichen Alltag und endlich von Stefan wegzukommen.

Stefan war Hauptschullehrer, sie hatten sich beim Studium kennengelernt. Sie sah ihn vor sich, immer in Jogginganzug und Turnschuhen entweder am Schreibtisch, über Schulheften verächtlich schnaubend, oder mit Bierglas vor dem Fernseher oder mit der Zeitung in der Küche. Himmel, wie satt sie ihn hatte!

Mama, die so an ihr hing und die ihr diese Reise ohne Stefan zum 38. Geburtstag geschenkt hatte, Mama hatte ihn ja nie leiden können. »Du hättest wirklich etwas Besseres verdient«, hatte sie schon damals bei der Verlobung gesagt. Doch dann war Hendrikje unterwegs.

Und die ersten Jahre waren ja auch ganz nett gewesen, trotz der knappen Kasse. Aber sie konnte sich nicht mehr an Stefans Zärtlichkeiten erinnern. Natürlich, Rudolf war nicht mehr der Jüngste, doch er sah noch recht gut aus mit seinem grauen Bürstenschnitt, hatte kaum Bauchansatz und schlanke, sehr gepflegte Hände, trocken und sanft ... und ein großes leeres Haus. Und beim Küssen hatte sie wieder sein Geschlecht an ihrem Bauch dicht über ihrer Scham gefühlt. Respektierte er, daß sie Mutter von drei Kindern war?

Am nächsten Tag auf der Exkursion, sie aßen in einem ländlichen Lokal, setzte sie sich nicht neben Rudolf, lächelte ihm aber gelegentlich zu. Später, als sich die Gruppe zerstreut hatte, suchte er nach ihr. Sie stand am Rand eines kleinen Felsens. Er sah von unten ihre nackten Schenkel hinauf in den dunklen Schatten ihres Minirocks.

»Vorsicht! Ich springe!« rief sie und fiel in seine Arme.

Er fühlte ihren Busen an seiner Brust. Sie atmete tief und sah ihm in die Augen. Dann schob sie ihn weg.

Als sie am Spätnachmittag wieder in ihren Bungalows waren, hörte Rudolf nebenan plötzlich einen Schrei. Er riß seine Tür auf. Kirsten hüpfte draußen, im Bademantel, auf einem Bein.

»Ich bin auf eine Biene oder Wespe getreten, es tut gemein weh!«

»Ist der Stachel noch drin?«

Sie ließ sich auf den Stuhl in seinem Vorraum fallen und hob das rechte Bein. Er kniete sich auf den Boden und nahm ihren Fuß in die Hand und sah den Stachel unter der anschwellenden großen Zehe. Er versuchte, ihn herauszudrükken.

»Meine Mutter hat uns so einen Stachel herausgesaugt. Soll ich?«

Sie öffnete leicht die Lippen und nickte. Er hielt ihre Zehe umspannt, biß leicht ins Fleisch und sog heftig. Dann spuckte er in seine Handfläche.

»Da ist er.«

Kurz nur sah er unter dem sich öffnenden Frotteemantel einen Büschel blonden Schamhaars, dann ließ sie das Bein sinken.

»Jetzt brauchen wir etwas zum Desinfizieren«, sagte er mit heiserer Stimme.

Er stand auf, kam mit seiner Rasierwasserflasche und einem Taschentuch zurück, betupfte den Einstich, küßte rasch hintereinander die fünf Zehen mit den rosa lackierten Nägeln, trocknete sich mit dem Taschentuch den Schweiß auf Oberlippe und Stirn und wandte sich ab.

»Geh jetzt bitte ganz schnell weg!« flüsterte er.

»Danke«, hauchte sie und humpelte nach draußen.

Am nächsten Morgen am Bus, vor der Fahrt nach Káto Zákros, fragte Schill, ob Kirsten wieder vorn beim Fahrer sitzen wolle. Wegen der Landschaft. Rudolf ging ein paar Schritte weg. Sie kam ihm nach.

»Macht es dir etwas aus?«

»Allerdings. Aber ich habe ja schließlich kein Anrecht auf dich. Leider.«

»Ich möchte mich nicht noch mehr in dich verlieben«, flüsterte sie.

Dann stieg sie vorn beim Reiseleiter ein. Dieter Schill legte sich die Windjacke auf den Schoß und halb über Kirstens Oberschenkel. Während er durchs Mikrofon ausführlich über den Stierkopf mit den goldenen Hörnern sprach, den die Gruppe in Iráklion im Museum gesehen hatte und der aus dem Palast von Káto Zákros stammte, zog er Kirstens Hand unter die Jacke auf den harten Ball zwischen seinen Lenden und hielt sie fest.

»Sie erinnern sich an den Fehltritt der Königin Pasiphae, die für den herrlichen Stier Minos in Liebe entbrannt war und sich von Daidalos ein Gestell in Form einer Kuh bauen ließ. Sie schlüpfte hinein, um sich von Minos bespringen zu lassen.«

Jetzt drückte Schill Kirstens Hand ganz fest auf sein Geschlecht, beugte sich nach vorn und schüttelte sich kaum merkbar.

»Das war der Gipfel des kretischen Stierkults.« Er machte eine Pause, atmete tief durch und grinste. »Die Frauen auf Kreta – denken Sie nur an die hinreißende Schlangengöttin – wußten offenbar schon immer, was sie wollten.«

»Sie sind einfach unverschämt«, murmelte Kirsten zitternd und zog ihre Hand weg. Sie sah nun nur noch aus dem Fenster.

Rudolf, vier Sitze hinter ihr, freute sich, daß sie nicht mehr mit Schill sprach, und betrachtete ihr Halbprofil und die sich ringelnden Locken in ihrem Nacken.

Für den nächsten Abend war das obligate Candlelight-Dinner angesagt. Eine dreiköpfige Band spielte schon während des Essens. Nach dem Dessert strebten einige Paare der schräg unter der offenen Veranda liegenden und von dort zur Hälfte einsehbaren Tanzfläche zu.

Dr. Schill trat an ihren Tisch und forderte Kirsten auf. Slowfox, dem Alter der meisten Hotelgäste angemessen. Schill schnippte mit den Fingern in Richtung Band. Dann führte er mit Kirsten einen rasanten Boogie Woogie vor. Rudolf, hingerissen von Kirsten und haßerfüllt gegen Schill, bestellte eine weitere Flasche Champagner. Leicht erhitzt kam Kirsten an den Tisch zurück und trank ein Glas in einem Zuge aus. Rudolf sog ihren durch den Schweiß verstärkten Sandelholzduft ein.

»Jetzt macht sich mein Bienenstich am Zeh wieder bemerkbar.« Sie blickte ihn kurz an.

»Ach«, fragte Frau Wiegand, »sind Sie gestochen worden? Hoffentlich ist der Stachel nicht noch drin?«

Kirsten lächelte Rudolf mit einem unschuldigen Augenaufschlag zu und antwortete: »Das glaub ich eigentlich nicht.«

Er schluckte.

»Oh, die spielen ja jetzt ›Strangers in the Night‹«, sagte sie amüsiert, »danach haben meine Eltern früher Schmiegemann getanzt, wie wir das nannten. So stimmungsvoll. Und ich habe mich furchtbar für sie geschämt.«

Rudolf umfaßte ihr Handgelenk.

»Stimmungsvoller Schmiegemann. Das möcht ich mal probieren. Tanzen wir? Trotz Bienenstich?«

Als sie sich auf der Tanzfläche gegenüberstanden, sagte er: »Ich hatte mir fest vorgenommen, dich nicht wieder anzurühren. Aber ich kann nicht anders.«

Er zog sie an sich. Sie tanzten eng aneinander gepreßt. Er schob sein Knie zwischen ihre Schenkel.

»Komm zu mir«, flüsterte er. »Bitte, bitte, komm ein einziges Mal zu mir.«

Sie legte ihre Hand auf seine Brust und schob den Mittelfinger zwischen zwei Hemdknöpfe auf seine nackte Haut. Als sie wieder an ihrem Tisch saßen, wurde ein schnurloses Telefon gebracht.

»Frau Schneider? Ein Anruf für Sie.« Kirsten ergriff den Apparat und ging an den Rand der Terrasse.

Als sie mit ernstem Gesicht zurückkam, fragte Frau Wiegand besorgt: »Hoffentlich keine schlechte Nachricht?«

Ohne Rudolf anzusehen, antwortete Kirsten: »Es war meine Mutter. Unser kleiner Sohn, der Vincent, ist bei ihr. Er hat keine Ruhe gegeben. Er wollte mal die Stimme von der Mama hören und wissen, wann sie wiederkommt.«

Sie sah über den Garten auf das schimmernde Meer. Rudolf warf einen Blick auf ihr halb abgewandtes Gesicht, trank sein Glas aus, tupfte sich mit der Serviette Mund und Stirn, stand auf, murmelte »Gute Nacht« und verließ die Terrasse.

Kirsten saß noch lange mit Wiegands und einigen andern Gästen zusammen. Schill verabschiedete sich später von ihr unter der Palmengruppe, indem er mit flinken Fingern ihre Seidenbluse aufknöpfte und, leicht nagend, ihre Schultern, Achseln und Brüste küßte. Obwohl sie das sehr erregte, drängte sie ihn weg. Sie hatte sich entschieden. Sie wollte Rudolf.

In ihrem Zimmer ließ sie die Tür offen. Er mußte sie doch gehört haben. Warum kam er nicht.

Der nächste Tag, der letzte, war von der Reiseleitung »zur freien Verfügung« vorgesehen. Kirsten sah Rudolf weder beim Frühstück noch am Wasser. Sie lag in der Bucht auf einem Liegestuhl und fühlte sich sehr allein. Und sie war beunruhigt. Hatte sie etwas falsch gemacht? War es wegen ihrer Kinder? Meine Güte, es gab doch Abertausende von Menschen, die Kinder hatten und sich trotzdem scheiden ließen.

Dr. Schill kündigte den Damen in den Liegestühlen an, er werde jetzt zu der kleinen der Bucht vorgelagerten Insel schwimmen. Das sei immer sein Abschiedsgruß an Kreta.

»Kommen Sie mit, Frau Schneider?«

Kirsten nahm – unter Warnrufen und Gelächter – die Herausforderung an.

Als Rudolf von einem der verschlungenen Gartenpfade zu der Gruppe unter den Sonnenschirmen trat und begriff, daß die Köpfe weit draußen im Meer Kirsten und Schill gehörten, spürte er einen stechenden Schmerz in der Herzgegend. Er mußte sich setzen. Er starrte über das Wasser, sah nach einer Weile, wie Kirsten in ihrem leuchtend roten Badeanzug auf dem ihm unendlich weit entfernt vorkommenden Inselchen über Steine kletterte, wobei ihr dieser Schill helfend die Hand reichte. Dann setzten sie sich auf einen Felsen und winkten. Rudolf war wieder aufgestanden. Er winkte nicht zurück. Aber sie mußten ihn gesehen haben. Kirsten schwenkte heftig die Arme in seine Richtung.

In seinem Zimmer legte er sich aufs Bett. Und nach mehreren großen Schlucken aus der Metaxa-Flasche und einem nachfolgenden bleiernen Schlaf beschloß er, ein Taxi nach Ágios Nikólaos zu nehmen, für Schwiegerfreundin Rosi ein Geschenk zu kaufen und allein dort zu essen.

Kirsten hatte von der Insel aus gesehen, wie Rudolf allein am Ufer stand und sich dann abwandte und wegging. Hatte sie den Bogen überspannt? Jetzt mußte sie handeln.

Als Rudolf aus seiner Dusche kam, sah er ein Stück Papier unter der Tür: »Hallo! Ich habe dich den ganzen Tag vermißt! Hol mich um sieben Uhr ab! K.«

Sieben Uhr? Das Abendessen wurde erst ab acht Uhr serviert. Schon wieder dieses Herzflattern und der Druck auf den Magen.

Als er pünktlich um sieben anklopfte, rief sie: »Komm rein! Die Tür ist offen!«

Sie hatte die blonden Locken hochgesteckt und stand, eng in ein rotes Badelaken gewickelt, vor dem Spiegel. Jetzt griff sie nach zwei leeren Colaflaschen auf der Ablage, hob seitlich die Arme und drehte sich um. Ihre Brüste waren nackt.

»Zum Abschied die minoische Schlangengöttin persönlich«, sagte sie mit einem strahlenden Lächeln.

Sekundenlang stand er da und starrte sie an.

»Warum tust du das?« fragte er dann leise. »Um mich noch mehr zu quälen?«

»Aber nein. Ich habe mich dagegen gewehrt. Doch nun will ich bei dir sein.«

Da trat er auf sie zu, ging halb in die Knie, umfaßte ihre Taille und küßte die steifen Brustwarzen. Sie ließ die Cola-flaschen fallen. Er schob sie zum Bett, riß ihr das Badelaken vom Leib. Sie sank nach hinten. Atemlos blickte er auf ihren blonden Schoß.

»Bleib so«, flüsterte er, ging die paar Schritte ins Bad und kam sehr rasch zurück, nackt, mit aufgerichtetem Penis. Sie öffnete die Schenkel. Aufstöhnend warf er sich über sie, und sie nahm ihn auf.

Auf dem Rückflug sagte er ihr, daß er ohne sie nicht mehr leben wolle. Sie hatte ihr Ziel erreicht. Und das Verrückte war, daß die Nacht weit über ihre Erwartungen gegangen war. Seine zweimalige triumphale Freude hatte sie so ange-steckt, daß sie ihn mit ausgefallenen Zärtlichkeiten zu einem dritten Erguß gebracht hatte, ein kleiner feuchter Fleck zwi-schen ihren Brüsten.

Jetzt sagte sie, den Kopf an Rudolfs Schulter gelehnt, daß alles sehr kompliziert werden würde. Auf keinen Fall dürfe ihr Mann das Sorgerecht für die Kinder bekommen. Rudolf schwor, bis sie für immer bei ihm sei, werde er jeden Tag an-rufen.

Und das tat er. Pünktlich um halb neun Uhr morgens, ehe er ins Geschäft ging und wenn ihr Mann und die Kinder aus dem Haus waren. Später kopierte sie ihm die Stundenpläne. Sie richteten ihre Telefonate und die sehr seltenen Treffen danach ein.

Da Kirsten im Neubaugebiet eines Dorfes nahe der Groß-stadt lebte, umgeben von viel teilnehmender Nachbar-schaft, war an ein Wiedersehen in der Nähe ihres Wohnor-tes überhaupt nicht zu denken. Und Rudolf wohnte zwei Autostunden entfernt. Sie aber hatte keinen Wagen zur Ver-fügung, weil Stefan den Opel selbstverständlich für seinen Weg zur Schule brauchte.

Das erste Mal trafen sie sich in einem Wäldchen, das Kirsten mit dem Bus erreichen konnte. Nach einem Spaziergang, bei dem sie alle paar Schritte stehenblieben, um sich zu küssen, zu streicheln und aneinanderzupressen, entdeckten sie eine offene Wetterschutzhütte. Die umlaufenden schmalen Sitzbretter erwiesen sich trotz mehrerer Versuche als ungeeignet für einen Liebesakt. Es endete damit, daß Kirsten breitbeinig mit geschürztem Rock auf der Holzbank stand und sich von Rudolf küssen ließ.

Das zweite Treffen fand am Rhein statt. Rudolf hatte seine Autodecke über dem Arm. Vielleicht fand sich ja irgendwo eine abgeschirmte Stelle. Sie kamen an einem Bootshäuschen vorbei, drückten gegen die schiefe, knarrende Tür. Der Raum war leer. Rudolf warf die Decke hin. Die Begierde, endlich wieder ihren nackten Körper zu sehen, zu fühlen, zu küssen, war so groß, daß er ihr die Kleider fast vom Leib riß, ehe sie sich, halb auf der Decke, halb auf dem staubigen Bretterboden, umeinandergeklammert liebten.

Kirsten hatte einen Splitter im Gesäß. Und war sich nun ganz sicher, daß er sie heiraten würde. Wie konnte sie die Kinder auf ihre Seite bekommen?

An einem Vormittag im Oktober holte Rudolf Kirsten nahe der Ausfahrt Süd ab und brachte sie später zurück, nur um ihr sein Haus zu zeigen und sie für eine wilde halbe Stunde im eigenen Bett zu haben. Ihr ging dabei durch den Kopf, wie man das Schlafzimmer modernisieren könnte.

Einmal traf Kirsten zufällig Dieter Schill auf der Straße. Nach ein paar anzüglichen Komplimenten fragte er nach ihrem Verehrer, dem betuchten Brillenmenschen.

»Wir werden heiraten.«

»Donnerwetter«, sagte Schill mit einem maliziösen Lächeln, bei dem seine kleinen Raffzähne sichtbar wurden. »Interessant. Ich sollte mich vielleicht mal nach einer reichen Witwe umschauen. Vorbedingung wäre bei mir allerdings: Spitze im Bett. Und diese Mischung ist selten.«

Ihr stieg das Blut ins Gesicht, und sie ließ ihn stehen.

Anfang November hatte Kirsten durch widrige Umstände

und ein verlängertes schulfreies Wochenende sieben Tage nichts von Rudolf gehört. Sie mußte eine Entscheidung treffen. Mit Taxi und Zug fuhr sie in seine Stadt und betrat kühn sein Geschäft.

Wie er sie da stehen sah, in einem rehbraunen, tief ausgeschnittenen Blazer über dem Minirock, fremd und bekannt zugleich, mit ihren hellen glänzenden Strümpfen atemberaubend sexy, wurde er aschfahl, drehte sich weg und tat ein paar Schritte durch die Tür hinter sich in seine Werkstatt.

Von seinem Arbeitshocker aus hörte er, wie Kirsten zu seiner Mitarbeiterin Evi sagte: »Guten Tag. Ich möchte meine Sehschärfe überprüfen lassen. Ist das bei Ihnen möglich?«

»Selbstverständlich«, antwortete Evi und rief in Richtung Werkstatt: »Herr Oppermann, sind Sie frei?«

Sie führte Kirsten in einen Raum, der nur durch eine Falttür vom Verkaufsbereich getrennt war, und bat sie, hinter dem Prüfgerät Platz zu nehmen.

Rudolf brauchte mehrere Minuten, ehe er hineingehen konnte. Er begrüßte sie mit etwas heiserer Stimme, nannte laut seinen Namen, zog die Tür zu und schaltete das Licht aus. Stumm riß er sie an sich. Dann knipste er die Beleuchtung der Schrifttafel mit den Buchstaben und Ziffern in verschiedenen Größen an und legte seine Hand zwischen Kirstens Schenkel.

»Soll ich nun die Sehschärfe oder die Schärfe prüfen?« flüsterte er und fragte dann überlaut: »Können Sie die oberste Reihe lesen?«

»Ja ... G – M – R – N – S – ...«

»Und die nächste bitte?«

Längere Pause.

Dann: »E – F – N – B – ...?«

»Ja? Ist es so besser? ... Und wie steht es mit der dritten Reihe?«

Heftiges Atmen.

»C – I – T – O – ...« und seufzend: »Oooh«, und noch zweimal ganz kurz: »O – o!«

»Oder wechseln wir noch einmal eins höher?«

»Ja ... bitte ... E – F – N – B – A ... aaah!«

Sie bäumte sich auf, preßte die Oberschenkel übereinander und hielt sich den Mund zu.

Beiden war sofort danach klar, daß sich eine solche Begegnung nicht wiederholen konnte. Dafür gab es auch keine Gelegenheit mehr.

Als Kirsten sich kurz nach halb eins aus dem Taxi schwang, lehnte Stefan über dem Balkongitter ihrer im ersten Stockwerk gelegenen Mietwohnung. Er empfing sie im Wohnzimmer.

»Wo warst du?«

»Wieso bist du zu Hause?«

»Ich frage dich, wo du warst.«

»Ich war in der Stadt.«

»Ach. Und wieso per Taxi?«

»Weil ich spät dran war. Und wieso bist du hier?«

»Weil ich früh dran war. Und warum bist du spät dran? Und in diesem Outfit?«

Kirsten blickte Stefan an: auf seinen ausgebeulten grauen Trainingsanzug mit grünen und lila Applikationen, auf seine fettigen Haare, auf seinen Drei-Tage-Bart. Vierzehn Jahre Ehe.

Dann sagte sie plötzlich ganz ruhig: »Ich habe mich verspätet, weil ich bei meinem Geliebten war.«

Die folgenden Wochen hatten für alle Beteiligten etwas Unwirkliches. Die ganze Familie war unfähig, die Konsequenzen zu erfassen, nachdem das Wort »Trennung« gefallen war. Stefan, völlig überrascht und tief gekränkt, reagierte ausschließlich gehässig oder verbissen ironisch. Er versuchte überhaupt nicht, Kirsten zurückzugewinnen. Die beiden Töchter wollten sich nicht von ihren Schulfreundinnen trennen und also beim Papa bleiben.

Nach den Weihnachtstagen voll angespannter Zuwendung und schwelender Abneigung, mit einem viel zu großen Christbaum, von Stefan gekauft – »die Kinder sollen nicht noch mehr leiden« –, war es dann soweit. Kirsten zog mit Vincent bei Rudolf ein.

Rudolf lag auf dem Rücken und starrte an die Zimmerdecke. Die Scheidung hatte Kirsten hinter sich, und heute
waren sie auf dem Standesamt gewesen. Leider konnten sie
keine Hochzeitsreise machen, weil der kleine Vincent diese
Woche eingeschult werden sollte. Dabei hätte ein Urlaub
Rudolf gut getan. Sein Herz machte ihm immer öfter zu
schaffen. Der Arzt hatte ihm ein Medikament verschrieben,
das ihn sehr ermüdete.

Heute war ihre Hochzeitsnacht. Er hatte rechtzeitig sein
Magenpulver gegen das Aufstoßen genommen, das ihn gelegentlich, besonders bei Aufregung, plagte. Vorhin hatte er –
nach zweiwöchiger Pause – Kirstens Nachthemdträger her-
untergeschoben und die Brüste seiner Schlangengöttin, wie
er sie nun gern nannte, geküßt. Gerade als er spürte, wie sein
Glied anschwoll, gerade da stand der Junge in der Tür.

»Mama! Ich habe mir in die Hose gemacht! Ich habe
Durchfall!«

Kirsten hatte Rudolf unsanft zurückgeschoben und war
aufgesprungen.

»Ich komme, Liebling!«

Seitdem waren eineinhalb Stunden vergangen. Wahrscheinlich hatte sie sich neben Vincent gelegt, um ihn zu beruhigen, und war bei ihm eingeschlafen. Das war schon
mehrmals vorgekommen in letzter Zeit.

Rudolf starrte an die Zimmerdecke. Dann schaltete er die
seinerzeit von Anni installierte indirekte Beleuchtung aus.
Ein Anflug von Schwermut, ein diffuses Ziehen breitete sich
in ihm aus, drückte auf Herz und Kehle und brannte in den
Augen.

Rudolf seufzte.

Jutta Motz
Dienstleistungen

Der Bus brachte mich zum Rathenauplatz. Ich stand vor dem einzigen Hochhaus weit und breit. Hier wartete ein möbliertes Einzimmerappartement auf mich. Selbst wenn ich diese Bleibe nur vorübergehend beziehen mußte, sollte ich mich wirklich in diesen Hochhausblock verfrachten lassen? Manche Architekten sollte man mit Gefängnis nicht unter zwölf Monaten bestrafen, dachte ich, als ich die Haustüre aufschloß und mein Gepäck hineinwuchtete.

»Rudi Sperling, Hausmeister, was suchen Se hier?« tönte es plötzlich hinter mir.

Aus meinen Gedanken gerissen, drehte ich mich rasch um. Vor mir stand ein kleiner, etwas untersetzter Mann, der mich neugierig musterte. Seine Jeans endeten unter einem beachtlichen Biergrab, das ein kariertes, wollenes Hemd umspannte. Zwei flinke Äuglein zwischen mühevoll angefutterten Fettfalten betrachteten mich neugierig.

»Lisa Wolf, eine neue Bewohnerin, mein Appartement soll im 20. Stock sein«, stellte ich mich vor.

»Was heißt hier *soll*? Das müssen Se doch wissen!«

»Jemand hat es für mich gemietet. Ich bin heute gerade erst angekommen ...«

»Sin Se die aus Amerika, aus New York. Kommen Se, ich zeig's Ihnen.«

Rudi, der Hausmeister ging auf den Lift zu und ließ mich hinter sich einsteigen. »Wir zwei Schlanke passen da schon rein!« verkündete er mit einem spöttischen Blick auf meinen Umfang, seinen Bauch und mein Gepäck.

Der Fahrstuhl setzte sich in Bewegung. Nach einer relativ langen Fahrt hielten wir an, und Rudi führte mich auf eine offene Galerie, von der die einzelnen Türen abgingen. Unter mir donnerte der Verkehr über die Rathenaukreuzung.

»Schönen Blick ham Se«, stellte Rudi fest und sah in die Ferne. »Der Funkturm wird abends angestrahlt«

»Das dürfte den Lärm kaum mindern.«

Rudi nahm mir den Schlüssel ab und öffnete die Wohnungstüre. Zögernd trat ich ein. Was immer ich mir vorgestellt hatte, eine solche Ansammlung von Geschmacklosigkeiten hatte ich nicht erwartet. Ein französisches Bett stand mitten im Raum. Der Bettüberwurf und der Fenstervorhang schimmerten in einem alles beherrschenden roten Glitzerstoff. Der Teppichboden war beige, dafür war ich dankbar. Es fehlte ein Schreibtisch. Ich trat auf einen kleinen Balkon, der eher ein Austritt war, und blickte über Bäume und Schrebergärten in Richtung Wilmersdorf.

»War das hier ein Puff?« Ich deutete mit einer leicht angewiderten Geste auf das Bett und einige kleinere Möbelstücke, die mit verschiedensten Stoffen in wechselnden Rottönen verkleidet waren.

»Vermutlich«, meinte Rudi ungerührt. »In 'ner Großstadt weiß man nich, was die Leute so treiben. Und Berlin is 'ne Weltstadt!« fügte er stolz hinzu.

Und ohne Zweifel mit allen Widrigkeiten einer solchen behaftet. Ich überlegte kurz, wie ich das Zimmer seiner denkwürdigen Ausstrahlung berauben konnte. Zuerst nahm ich den Bettüberwurf weg und rollte ihn zusammen.

»Helfen Sie mir bitte!«

Rudi sah mir hilflos zu, dann begriff er und faßte mit an. Wir drehten das Bett und schoben es so an die Wand, daß es in seiner Bedeutung gemindert wurde. Unter einem rotlila Stoff verbarg sich ein kleines Bücherregal, auf dem zwei Väschen standen. Ich knüllte den billigen Stoff zusammen und schob das Regal ans Kopfende des Bettes. So hatte ich einen Platz gefunden, auf dem die falsche Tiffanylampe stehen konnte. Zum Schluß schob ich den Ohrensessel in die Mitte des Raumes und stellte den kleinen Teetisch daneben, dahinter die Stehlampe.

»Und nu?« Rudi sah sich ratlos um. »En bißchen leer, da unterm Fenster.«

»Ich brauche einen Schreibtisch und einen Stuhl, der soll ans Fenster, damit ich möglichst viel bei Tageslicht arbeiten kann.«

»Für 'ne Studentin seh'n Se aber 'n bißchen alt aus.«

Rudi war offensichtlich kein Freund falscher Komplimente. Ich beschloß, mich so zu zeigen, wie es meinem Auftrag entsprach. Ich war Angestellte einer großen Versicherung in den Vereinigten Staaten, sollte hier verdeckt ermitteln und hatte als Kunstkritikerin aufzutreten. Als eine nicht sehr erfolgreiche, schoß es mir durch den Kopf, wie man an dieser Bude ablesen konnte.

»Ich arbeite für verschiedene Zeitungen. Schreibe über Ausstellungen, über Vernissagen. So Sachen, die mit Kunst zu tun haben.«

»Sie verstehen was von so 'nem Zeug?«, der Zweifel in seiner Stimme war nicht zu überhören, »wo sie die Reste vom Freßgelage an die Wand nageln?«

»Das kommt heute eher selten vor«, wagte ich einzuwenden.

»Na, nu hör'n Se aber uff! Bin ich neulich an 'ner Galerie vorbei, da war'n lauter bunte Bilder von der Marilyn drin, der Monroe. In rosa, in hellrosa, in hellila und so. Immer dasselbe. Also Marilyn in rosa hätt ich mir übers Bett jehängt, war 'n dolles Mädel! Wissen Se, wat dat kostet?« Rudi sah mich so vorwurfsvoll an, als wäre ich für die Preisgestaltung bei Andy Warhols Grafiken verantwortlich.

»Ja, das weiß ich, ist ein bißchen zu teuer, um es übers Bett zu nageln.«

»Na, bei denen piepst's doch! Ich hab das 'nem guten Freund erzählt, und der is mit mir hin. Und wie wir da durchs Fenster glotzen, kommt die Schickse von Galeriemutter und vertreibt uns. Da sacht mein Freund zu mir, das kann ich dir beschaffen. Zu 'nem viel besseren Preis.«

»So eine Grafik wie da in der Galerie?« fragte ich, hellhörig geworden.

»Na, klar, der hat da 'ne Quelle, wo so Sachen billjer sind.«

Ich war unvermutet schon mitten in meinen Ermittlungen.

»Rudi, könnten Sie mir auch so ein Blatt besorgen? Ich meine nur, falls es wirklich ganz billig sein sollte, ich hab nicht viel, und ich verdien auch nicht soviel.«

»Wolln Se och 'ne Marilyn? In Rosa?«

»Nein, lieber von demselben Künstler die Büchsen mit der Suppe. Für meine Küche, das würde da ganz gut hinpassen.«

»Ach, so eine sin Se! Essen nur Warmjemachtes aus der Büchse. Ich frach meinen Freund, ob er och Suppendosen hat. Kann er gleich mal beim Kollejen nachgucken, wenn er meine Marilyn holt«, sagte es und verschwand, bevor ich ihm ein Trinkgeld geben konnte.

Die Trostlosigkeit meiner neuen Bleibe schlug mir aufs Gemüt.

Warum habe ich mich von meiner Versicherung zu diesem Auftrag überreden lassen? Sicher, ich wollte wieder nach Berlin und hatte deshalb meinen Job in New York termingerecht gekündigt. Völlig unerwartet bot mir der oberste Chef daraufhin einen neuen Arbeitsvertrag an, für einen Vierundzwanzig-Stunden-Job in Berlin! Verbunden mit der Zusicherung einer fürstlichen Entlohnung, wenn ich den mir zugedachten Aufgaben gewachsen sein sollte.

Ich gehöre zu den Menschen, die frühstücken müssen, am liebsten so ausgiebig wie die Engländer. Notgedrungen gesundheitsbewußt, machte ich mir zwei Vollkornschnitten, eine mit Magerquark, eine mit Marmelade, und eine Kanne Kaffee.

Es klingelte an der Türe. Ich ging zu meinem Guckloch und spähte hinaus. Ein konkav verzogener Rudi Sperling stand mit viel Papierkram davor. Ich öffnete, und er drückte mir nach einem kurzen »Morchen« den Papierberg in die Hand.

»Was sind 'n Sie für 'ne Berühmtheit, soviel Post!«

Ich warf einen oberflächlichen Blick auf das Durcheinander. Rudi schien meine Post schon in Augenschein genommen und vorsortiert zu haben, denn er berichtet mir: »Galerien und Museen und so Sachen. Mit Einladungen, bei denen es sogar was zu essen gibt.«

Ich bedankte mich für die Auskunft, und da ich keine Anstalten machte, ihn hereinzubitten, drückte er mir den Briefkastenschlüssel in die Hand.

»Der gehört noch zur Wohnung.«

Ich schloß die Türe und setzte mein unterbrochenes Frühstück fort. Das Telefon klingelte.

Ich nahm ab und meldete mich pflichtbewußt: »Wolf, guten Tag.«

»Wölfchen, du süßes, reißendes Wölfchen, kannst du mir nicht ein paar wunderschöne Schweinereien sagen, damit ich mir einen runterholen kann?« Die Stimme hatte einen leicht schnarrenden Tonfall, fast befehlsmäßig.

Ich war sprachlos, und die männliche Stimme flüsterte gierig rauh: »Wie ist es, mein reißender Wolf, wenn du dich auf mich stürzt und mich in die Eier beißt?«

»Es ist mir völlig piepe, wie das ist. Wenn Sie's wissen wollen, machen Sie das doch selber!«

Wütend legte ich auf. Zwar war es mir gelungen, die Wohnung durch den Kauf eines Schreibtisches von einem Puff beinahe in eine Studierstube zu verwandeln. Doch per Telefon war ich offensichtlich noch mit der Zentrale für telefonische Selbstbefriedigung verbunden. Ich suchte die Nummer der Beratungsstelle der Telefongesellschaft und rief dort an.

Eine freundliche Dame, berufsmäßig an viele Merkwürdigkeiten gewöhnt, fragte in einem Ton, als würde es sie tatsächlich interessieren, was ich denn zu bemängeln hätte. Ich erläuterte ihr mein Problem, und ohne hörbar zu grinsen, fragte sie mich nach meiner Telefonnummer, obwohl sie die auf ihrem Display ablesen konnte. Dann wiederholte sie, was ich gesagt hatte, so als wolle sie sich versichern, daß es so etwas gebe, bestätigte kurz den Inhalt der Beschwerde und versprach, zurückzurufen.

Ich wandte mich den Vorbereitungen für meine Ermittlung in Sachen Kunstfälschung zu. Als erstes würde ich ein Interview mit einem Künstler machen müssen, deshalb wählte ich seine Telefonnummer und lauschte nach zweimaligem Läuten einer sehr tiefen, interessanten Männerstimme, die verkündete: »Hier ist das Atelier von Bodo Scheußlich. Ich bin nicht zu Hause. Bitte hinterlassen Sie eine Nachricht, oder rutschen Sie mir den Buckel runter!«

Ich beeilte mich, meinen Namen, die Zeitung, für die ich schrieb, und meine Telefonnummer auf Band zu sprechen.

Kaum hatte ich aufgelegt, klingelte das Telefon wieder, und die freundliche Dame von der Telefongesellschaft teilte mir mit, sie habe meinen Anschluß überprüfen lassen. Da sei keine hundertneunziger Nummer zugeschaltet. Es würde sich vermutlich um einen Einzelfall handeln, den sie persönlich außerordentlich bedauere. Das letzte glaubte ich ihr sogar. Ich bedankte mich.

Wieder klingelte es. Ich griff zum Hörer, und die mir schon bekannte Schnarrstimme dröhnte: »Mein süßes, reißendes Wölfchen, du weißt doch ganz genau, daß ich mich nicht selbst in die Eier beißen kann. Bitte erzähl mir eine wunderbar widerliche Geschichte. Ich bin schon ganz furchtbar geil ...«

Ich legte sofort auf, denn es stand zu befürchten, daß mein Telefonerotomane irgendeine böse Bemerkung von mir zum Anlaß nahm, mich noch einmal anzurufen. Ein Einzelfall also! Wie wird man einen Einzelfall los?

Als das Telefon wieder klingelte, brüllte ich doch einen weiteren Ratschlag ins Telefon: »Fick dich ins Knie!«

Bevor ich den Hörer hinknallen konnte, antwortete die sympathische, dunkle Stimme vom Telefonanrufbeantworter: »Das hab ich schon oft versucht, aber nie geschafft. Er ist zu kurz.«

Bodo Scheußlich, der Künstler! Mir blieb nichts anderes übrig, als mich ganz altmodisch, ganz umständlich zu entschuldigen. Der Künstler in meiner Leitung erwies sich als unkompliziert und begann das Gespräch, als seien obszöne Begrüßungen für ihn selbstverständlich.

»Ich war gerade einholen. Auch Maler essen, entgegen einer weit verbreiteten Meinung, hin und wieder etwas.«

Auf seine Frage, was ich von ihm wolle, antwortete ich vorsichtig sondierend: »Ich bin Journalistin, auf Kunstkritiken spezialisiert.«

Wir vereinbarten ein Treffen für den kommenden Abend in seiner Stammkneipe am Prenzlauer Berg.

Und wieder läutete das Telefon. Nun versuchte ich, mich ganz neutral zu melden: »Hallo?«

»Bin ich da richtig?« Die Stimme des Mannes zögerte.

»Wen möchten Sie denn sprechen?« probierte ich es ganz behutsam.

»Die Dame, die sanfte, die in der Zeitung eine Anzeige gemacht hat, in der Abendzeitung. Elvira soll sie heißen«, stotterte mein Anrufer. »Hat sie jetzt Zeit für mich, oder soll ich später noch einmal anrufen?«

»Was für eine Anzeige? In welcher Abendzeitung?« Langsam fiel bei mir der Groschen.

»Bin ich vielleicht falsch verbunden?« Der Herr am anderen Ende der Leitung holte aufgeregt Luft. »Dann entschuldigen Sie bitte die Störung. Ich mache so was zum ersten Mal, ganz bestimmt!«

»Ich auch. Bitte, erzählen Sie mir, um was für eine Anzeige es sich handelt.«

»Die Abendzeitung, unter Bekanntschaften, da werden Bekanntschaften per Telefon vermittelt. Gestern hat da Elvira, eine sanftmütige Dame, die eine sehr gute Figur haben soll – steht jedenfalls da –, annonciert. Sie hat behauptet, daß sie sich mit vielen erotischen Dingen gut auskennt. Ihre Telefonnummer ist gleich darunter angegeben. Da dachte ich, ich ruf mal an ...«

Ich konnte nicht anders, als erneut einen guten Rat zu geben: »Das Telefon, das bringt's doch nicht! Warum gehen Sie nicht in einen Puff? Da finden Sie sicher eine passende Frau!« riet ich ihm, bevor ich auflegte.

An diesem Vormittag hatte ich noch zwölf weitere Anrufe. Danach verließ ich meine Wohnung, um einen Großeinkauf zu starten. Alles erschien mir reizvoller als die Nähe meines Telefons.

Den späten Abend verbrachte ich in dem breiten Bett. Ich hatte ein Faxgerät und einen Telefonanrufbeantworter gekauft und alles erfolgreich installiert. Aber ich hatte den Lautsprecher des Anrufbeantworters nicht abstellen wollen, vielleicht gab es ja doch einen wichtigen Anruf. An Schlaf war nicht zu denken. Ich las einen Kriminalroman. Nach acht einschlägigen Anrufern endlich eine bekannte Stimme.

»Nimm ab, verdammt, Lisa, ich will dich sprechen«, tönte es aus meinem Anrufbeantworter.

Ich schälte mich aus dem Bett, kam aber zu spät, Marlene war nicht mehr in der Leitung. Dafür hatte ich einen weiteren verbalerotischen Freier an der Strippe.

»Amphitrite, meine Süße, meine Holde! Was wollen wir uns denn heute an Zärtlichkeiten füreinander ausdenken?« tönte es.

»Was Sie sich ausdenken, ist mir egal, ich lese gerade ein hinreißendes Buch, in dem eine kaltblütige Mörderin allen Männern, die ihr nachstellen, den Schwanz abschneidet!« erklärte ich meinem ungebetenen Anrufer. Ruhe in der Leitung.

Nach einer kurzen Pause: »Amphitrite, bist du mir böse?«

»Die Dame heißt Aphrodite«, verkündete ich meinem halbgebildeten Anrufer und legte auf.

Ich suchte gerade Marlenes Nummer, als das Telefon wieder klingelte. Da ich auf Marlene hoffte, nahm ich unvorsichtigerweise den Hörer sofort ab.

»Kannst du mir die Telefonnummer von Aphrodite sagen?« tönte es unterwürfig.

»Sie steht vermutlich unter Olymp im Telefonbuch«, antwortete ich, bevor ich auflegte, und wählte dann sofort Marlenes Telefonnummer.

Nachdem wir alles besprochen hatten, was es für den kommenden Tag zu besprechen gab, riet mir Marlene, der ich auch von meinem Ärger mit dem Telefon erzählt hatte: »Zieh den Stecker raus.«

Während ich auf allen vieren auf dem Boden nach der richtigen Strippe suchte, überlegte ich, welch eine anstrengende Beschäftigung diese telefonischen Sexgespräche sein mußten. Wie konnte die Angerufene wissen, ob sie eine Sanfte, eine griechische Göttin, ganz fürchterlich nuttig oder eine reißende Wölfin sein mußte? Es schien sich um einen Berufsstand mit mehr Menschen- beziehungsweise Männer-erfahrung zu handeln, als ich vermutet hatte.

Völlig zerschlagen kroch ich nach nur vier Stunden Schlaf aus dem Bett. Wer immer auch vor acht Uhr da an meiner Haustüre klingelte, er war des Todes.

Ich riß die Türe auf und plärrte: »Was wollen Sie?«

»Dich besuchen, Lisa!« sagte ein sehr wohlerzogener junger Mann von fünfzehn Jahren und ging an mir vorbei in meine Wohnung. Er trug eine Schultasche unter dem Arm und ein Stativ. Jonas, der jüngste Sproß der Familie Neugebauer. Mein kleiner Cousin von einem Meter fünfundachtzig! Ich schloß die Türe hinter ihm.

»So früh?« fragte ich verschlafen und hatte nicht die leiseste Ahnung, welcher Tatsache ich seinen Besuch zum Frühstück zu verdanken hatte. Ich latschte barfuß in meine Küche und setzte die Kaffeemaschine in Betrieb.

»Was trinkst du?« fragte ich meinen ungebetenen Gast.

»Nur Milch, ich hab schon gefrühstückt.« Er rumpelte in mein Wohnzimmer.

»Dein Glück, ich habe nur Vollkornbrot und Magerquark«, eröffnete ich meinem Besucher.

»Pfui Deibel!« Jonas schien falschen Schein zu hassen. »Du Ärmste«, fügte er noch mitleidig hinzu.

»Danke für die Anteilnahme.«

Der Kaffe begann fauchend zu tröpfeln, und meine Laune hob sich.

»Mußt du nicht in die Schule?«

»Hab heute zwei Stunden später. Der Lehrer hat die Grippe. Leider hat sich die Welle nicht ausgebreitet, da der dumme Kerl gleich beim ersten Schniefen zu Hause geblieben ist.«

Ich sprach ihm mein Beileid aus. Mit meiner Kaffeetasse

in der Hand kam ich ins Zimmer, wo er sich gerade zu schaffen machte. Auf dem Fußboden stand sein Stativ und darauf eine Rolleiflex. Langsam erinnerte ich mich. Marlene hatte mir gestern nacht noch versprochen, daß ihr Sohn eine Zeichnung für mich fotografieren würde.

Ich suchte sie ihm heraus. Als er fertig war und sein Stativ in der Schultasche verstaut hatte, bückte er sich und steckte mein Telefonkabel in die Dose.

»Hättest du wohl vergessen?« fragte er.

Das Telefon bimmelte sofort los.

»Willst du nicht drangehen?«

Er sah mich fragend an. Ich schüttelte den Kopf.

In dem Augenblick krächzte mein Anrufbeantworter: »Hier ist die Nummer...«, und ehe ich hinspringen und den Lautsprecher ausstellen konnte, tönte es schon: »Du geile Fotze, was hältst du von Sex am Morgen? Laß uns der Liebeskunst frönen!«

Wütend riß ich an der Telefonschnur. Jonas betrachtet mich mit sehr viel Hochachtung.

Als er sich verabschiedete, meinte er: »Du bist die zweifellos tollste Cousine, die ich mir vorstellen kann.«

Dann ging er. Nachdem ich die Türe hinter ihm geschlossen hatte, lehnte ich mich erschöpft dagegen.

An diesem Vormittag hatte ich noch einmal ein langes Telefongespräch mit einer anderen freundlichen Dame der Telefongesellschaft. Sie versprach, meine Leitung überprüfen zu lassen.

Ein Blick auf meine Armbanduhr und mir war klar, daß ich mich beeilen mußte. Duschen, anziehen, weg! Fünfzehn Minuten später trat ich auf den Ku'damm und marschierte in Richtung Bushaltestelle.

Der Himmel war grau, die Straßen hatten an den Seiten aufgeschaufelte Haufen von gefrorenem Schnee, den die Autoabgase schwarz gepudert hatten. Es war kalt und feucht. Offensichtlich liebten die Berlinerinnen wilde Tiere und hatten sich gleichzeitig dem Artenschutz verschrieben.

Synthetische Pelze, wohin ich blickte, Tiger und Panther schienen der letzte Renner. An der Bushaltestelle stieß ich mit einer Frau zusammen, die aus dem Supermarkt kam. Sie wäre mir nicht aufgefallen, hätte sie nicht einen Wildnerz getragen. Die kleinen Felle zeigten in dem trüben Licht einem warmen Glanz. Wir entschuldigten uns, ich hastete weiter und erwischte gerade noch meinen Bus.

Ich war spät dran. Mit Marlene hatte ich mich in der Galerie verabredet, von der Rudi Sperling gesprochen hatte. »Über Mittag geschlossen«, stand an der Türe. Wir gingen in ein Restaurant, und Marlene war entschieden der Meinung, daß wir als erstes mein Telefonproblem lösen mußten. Sie ließ sich ein Telefonbuch kommen und suchte die Adresse der Telefongesellschaft heraus.

»Da gehen wir jetzt hin!« verkündete sie, und wir machten uns auf den Weg.

Es hatte wieder zu schneien begonnen, und der nachmittägliche Verkehr versprach, ein Chaos zu werden. Wir fuhren mit der U-Bahn. Kaum am Ziel angekommen, reichte Marlenes fordernder Auftritt aus, uns innerhalb von nur fünf Minuten zu einer Stelle im ersten Stock zu bringen, wo die ganz besonders schwierigen Beschwerden bearbeitet wurden. Dies sagte jedenfalls die ältere Dame an der Information gleich beim Eingang.

Marlene eilte voraus. Ich konnte kaum mithalten, in der Hand ein Blättchen, daß ein Herr Heitmeyer im ersten Stock für unsere Beschwerde zuständig sei.

»Es ist Zimmer 117«, rief ich der vorausstürmenden Marlene nach.

Wir landeten auf zwei Stühlen vor einer Türe, durch die man erst eintreten durfte, wenn ein grünes Lämpchen aufleuchtete.

Marlene wandte sich mir ganz siegessicher zu: »Siehst du, mit ein bißchen Geschrei erreicht man bei diesen Behörden am meisten.«

Plötzlich wurde die Türe aufgerissen, eine sehr elegante Frau in einem glockig geschnittenen Nerzmantel kam heraus. Sie war vielleicht ein wenig zu stark geschminkt. Wütend blieb sie in der Türe stehen.

»Glauben Sie wirklich, ich mache eine Anzeigenkampagne in drei einschlägigen Zeitungen und lasse mir dann von Ihnen das Geschäft versauen. Kein einziger Anruf, seit drei Tagen! Und Sie behaupten, die Telefongesellschaft kann da nichts machen?«

Die Antwort aus dem Inneren des Raumes fiel wohl sehr unfreundlich aus, denn die Dame schrie jetzt ganz undamenhaft.

»Was heißt hier Schweinkram? Ihr verdient doch kräftig mit! Sie dürften die Höflichkeit haben, von einem anerkannten Gewerbe zu reden, Sie, Sie ...«, offensichtlich fiel ihr keine geeignete Beschimpfung ein.

Das Lämpchen über der Türe wurde grün. Marlene stand auf, drängte sich an der Dame vorbei ins Zimmer. Ich blieb überrascht vor ihr stehen. Kein Zweifel! Die Dame, mit der ich an der Bushaltestelle zusammengestoßen war. Die Dame, deren Wildnerz diesen wunderschönen honigfarbenen Ton hatte, der mir sofort aufgefallen war.

Also grüßte ich freundlich und fragte: »Wohnen Sie nicht in der Nähe des Rathenauplatzes? Habe ich Sie nicht schon beim Einkaufen im Supermarkt gesehen?«

Sie guckte mich völlig desinteressiert an.

»Möglich«, knurrte sie ungehalten. »Warum?« fragte sie, plötzlich neugierig geworden.

»Was haben Sie für eine Telefonnummer?«, und ich betrachtete sie mir genauer, hatte ich doch wissentlich in meinem Leben noch nie eine Telefonsexmutter gesehen.

»Weiß nicht, was Sie das angeht«, murrte sie. »Kümmern Sie sich um Ihren Kram ...«

»Genau das mache ich. Nur hab ich das Problem, keine Nacht schlafen zu können, weil bei mir dauernd das Telefon klingelt ...«

Jetzt wurde sie ganz aufmerksam, und sie drängte sich mit in das Zimmer, in dem ein etwas gestreßter Beamter hinter einem Schreibtisch saß, und er hatte die äußerst dankenswerte Aufgabe, besonders schwierige Reklamationen bearbeiten zu dürfen. Im Augenblick verbreitete er überzeugend den Eindruck, der Lage nicht mehr gewachsen zu sein.

Aber er erbot uns eine Ehrbezeigung, indem er kurz sein Gesäß lüftete und sich vorstellte: »Heitmeyer mit y«, und mit einer weit ausholenden Geste über das ganze Zimmer fügte er hinzu: »Bitte nehmen Sie Platz!«

Um im Gespräch mit der Dame ohne Telefonanrufe etwas weiter zu kommen, nannte ich ihr meine Telefonnummer.

»Verdammt noch mal, die blöden Kerle haben beim Anschluß des Computers eine Drei mit einer Neun verwechselt!«

Und nun stürzte sie auf den ausgelaugten Typen, schmiß sich über den Schreibtisch und zerrte ihn an der Krawatte aus seinem Stuhl.

»Können Sie nicht mal eine hundertneunziger Nummer anständig mit meinem Telefon verknüpfen? Müssen Sie das arme Frauchen da«, sie zeigte auf mich, »Nacht für Nacht belästigen lassen? Sie Trottel, Sie!«

Marlene tat der Mann leid, und sie ergriff die Dame von hinten, hob sie an der Taille leicht an und stellte sie in der Mitte des Raumes wieder ab. Der malträtierte Herr richtete seine Krawatte gerade und nahm wieder hinter seinem Schreibtisch Platz. Er machte sich in des Wortes wahrstem Sinne klein.

»Sie kommen wegen …?« fragte er leise.

»Zu viele Telefonanrufe von Herren, die von mir schöne Geschichten hören wollen«, teilte ich ihm mit.

»Ihre Telefonnummer und Ihren Namen bitte!«

Das Geschäftsmäßige in seinem Ton verriet neue Sicherheit. Er befand sich wieder auf bekanntem Terrain. Ich gab bereitwillig Auskunft. Er notierte sich alles, dann entschuldigte er sich für das Versehen der Telefongesellschaft, und wir verabschiedeten uns.

Als wir wieder alle drei im Flur standen, sagte die Dame: »Darf ich mich vorstellen, Marina Kurz. Ich wohne in dem alten Wohnhaus, dem mit den Gerüsten, direkt Ihnen gegenüber. Wenn Sie mal was brauchen, lassen Sie es mich wissen. Meine richtige Telefonnummer kennen Sie ja nun.«

Sie gab mir die Hand, nickte Marlene respektvoll zu und stöckelte durch den Gang zur Treppe.

»So sieht also eine Liebeskünstlerin aus«, meinte Marlene, ihr nachdenklich nachblickend.

»Oder eine Lebenskünstlerin?«

»Vermutlich beides!« Sie lachte auf ihre Art.

Vom Telefon meckerte mir am nächsten Morgen als erstes Marlenes Stimme entgegen: »Steh auf, und koch dir einen starken Kaffee. Ich ruf in zehn Minuten wieder an.«

Ich quälte mich aus dem Bett und unter die Dusche. Dann griff ich zu meinem Vorrat an Farben und Pudern. Nachdem mein Gesicht maskenhaft geschminkt war, trug ich Lidstrich und Wimperntusche auf. So geschützt, würde ich mich den Anforderungen des Tages stellen können. Gestärkt von einer Vielzahl guter Vorsätze und einer Tasse Kaffee, setzte ich mich ans Telefon und wartete auf Marlenes angekündigten Anruf. Als ich den Telefonhörer gleich nach dem ersten Klingelton abnahm, tönte mir die bereits bekannte Männerstimme erneut entgegen.

»Wölfchen, mein liebes Wölfchen, konntest du meinen Anruf nicht mehr erwarten?«

Ich begann mich zu fragen, wie viel Blödheit beim männlichen Geschlecht straffrei durchging. Bildete sich so ein Anrufer tatsächlich ein, die von ihm telefonisch Erwählte könne sich kaum bremsen vor Sehnsucht?

»Dein Tigerbärchen möchte nicht, daß du wieder so schnell auflegst. Ich rufe extra früh an, damit du Zeit für mich hast.«

Ich drückte auf den Knopf am Telefonfaxgerät, das die Telefonnummern ausdruckte, die mich in der letzten Zeit angefaxt oder angerufen hatten. Die letzte Nummer mußte die von meinem Tigerbärchen sein.

»Wölfchen, laß uns zusammen in dem Garten der Lüste wildern gehen!« Der Kerl schien nicht ganz ungebildet.

»Tigerbärchen oder wie immer Sie heißen mögen, mein Faxgerät hat gerade Ihre Telefonnummer ausgespuckt, und wenn Sie nicht augenblicklich aus meiner Leitung verschwinden, rufe ich Ihre Frau oder Ihren Chef an und rede mal ein paar Takte mit ihnen über Ihre Vorlieben.«

»Das gibt's doch nicht!« Die Stimme meines Gesprächspartners hatte nichts einschmeichelnd Kindliches mehr.

Ich nannte ihm seine Telefonnummer und hörte eine Weile keinen Laut in der Leitung.

Dann, als ich schon auflegen wollte, fragte Tigerbärchen: »Sie wollen mich jetzt also erpressen?«

»Lassen Sie mich endlich in Ruhe! Haben Sie wirklich nicht gemerkt, daß es sich hier um einen Privatanschluß handelt? Beim Anschließen der Nummern ist etwas verwechselt worden, das ist alles.«

»Entschuldigen Sie bitte die Störung, das wird nie wieder vorkommen.«

Mein Tigerbärchen war der Stimme nach nun ein ganz passabler Mann, vermutlich in den mittleren Jahren. Wir verabschiedeten uns höflich kühl und legten auf. Dem Herrn von der Telefongesellschaft mit dem »y« im Namen, dem würde ich die Hölle heiß machen! Aber ich kam noch nicht dazu.

»Domina, du wunderschöne Lederfrau, schon seit Tagen versuche ich, dich zu erreichen! Sag mir, welche Strafen du mir heute auferlegst!« Die Männerstimme in meinem Telefon hatte einen nicht zu überhörenden fordernden und gleichzeitig unterwürfigen Klang. »Hast du dein schönes, schwarzes Ledermieder an? Das mit den Strapsen? Nimm die lange Lederpeitsche, die mit den Knoten am Ende der Riemen!«

Ich hatte nicht damit gerechnet, daß der Anschluß noch immer nicht abgeschaltet war. Außerdem erschien mir die Tageszeit, nämlich beinahe Mittag, für derartige Gespräche nicht gerade stimulierend.

»Nimm einen Bindfaden, bind ihn um deinen Schwanz und zieh ganz fest zu. Nach zwei Stunden spätestens solltest du einen guten Urologen aufsuchen«, riet ich meinem Anrufer mit einschmeichelnder Stimme.

Dann hörte ich nur ein Schnaufen, kein lustvolles, ein empörtes eher. Ich bekam Mitleid mit dem armen Kerl.

»Machen Sie das lieber nicht«, sagte ich, »sonst könnten Sie sich ernsthaft verletzen. Nehmen Sie das Geld, das Sie hier am Telefon verplempern, und gehen Sie zu einem guten Psychologen. Lassen Sie sich helfen!«

Mehr hatte ich dazu nicht zu sagen. Ich war offensichtlich weniger im Telefonsex, aber dafür weiterhin in guten Ratschlägen bewandert.

»Sie sind eine verdammt blöde Kuh! Glauben Sie, ich rufe an, um ihren Psychologenquark zu hören? Ich will meinen Spaß haben!«

Der Hörer wurde aufgeknallt. Frau Marina Kurz hatte dank meiner unprofessionellen Hilfe einen weiteren Kunden verloren.

Nun beschloß ich, dem Treiben ein für alle Mal ein Ende zu setzen. Ich ließ mich mit der technischen Störungsstelle der Telefongesellschaft verbinden. In der Zwischenzeit suchte ich den Zettel jenes Herrn heraus, der für die schwierigen Reklamationen zuständig war. Die Störungsstelle spielte in der Zwischenzeit ihr Musikstück auf meine Telefonkosten. Dann meldete sich eine Männerstimme. Ich hatte sofort den Eindruck, einen ausgewiesenen Techniker an der Strippe zu haben.

»Können Sie bitte einen Telefonanschluß umleiten. Es handelt sich um eine Dienstleistungsnummer, die auf meinen Apparat geschaltet ist, die aber ab heute von einem Herrn in der Telefongesellschaft höchstpersönlich beantwortet werden soll.« Schweigen in der Leitung. »Eine Anweisung von allerhöchster Stelle«, versuchte ich mein Glück noch einmal.

»Wie heißt denn der Kollege, auf den Ihre Dienstleistungsnummer geschaltet werden muß?«

Noch hörte ich ein nachdenkliches Zögern in der Stimme des Technikers.

»Hans Heitmeyer mit y!«

Mehr sagte ich nicht, sondern wartet auf die Reaktion. Nach einer längeren Pause fühlte ich mich bemüßigt, die Durchwahl des Herrn Heitmeyer zu diktieren. Der Tonfall meines Gesprächspartners war so, daß wohl auch er nicht zum Fanclub des Herrn Heitmeyer gehörte.

»Welche Nummer ist das, die ich auf seinen Apparat schalten soll?«

Artig wiederholte ich die Telefonnummer. In der Zwischenzeit hatte ich die Visitenkarte von Marina ausgekramt und gab sie dem Störungsfachmann durch. Ich durfte ja wohl davon ausgehen, daß es sich um ebendiese Telefonnummer handelte, die es umzuleiten galt.

Nach einer sehr langen Zeit hörte ich ein unterdrücktes, glucksendes Lachen: »Ihre Nummer kann ich hier sehen, auf dem Display. Aber das ist doch eine ...« Ein hörbares Räuspern, mein Gesprächspartner war zu einem Entschluß gekommen: »Ist diese Nummer fälschlich auf Ihren Apparat geschaltet worden?« fragte er jetzt ausnehmend freundlich. »Sie sagten, der Befehl, diese Nummer auf Herrn Heitmeyer mit y umzuschalten, sei von ganz oben ...?«

»Ja, und es hat absolute Priorität!« Ich konnte durchaus im Befehlston reden, wenn es sein mußte. »Und zwar in der nächsten halben Stunde!«

»Selbstverständlich, gnädige Frau, wird sofort erledigt. Sie werden mit unserem Service zufrieden sein«, meinte er.

Ich legte beruhigt auf. Wie schade, daß ich nie erfahren würde, ob es mir gelungen war, dem Herrn Hans Heitmeyer ein paar fröhliche Stunden mit geilen Männern am Telefon verschafft zu haben.

Aber nun konnte ich mich endlich auf meinen Auftrag konzentrieren. Jetzt wurde es erst wirklich spannend, in Berlin zu sein. Und Marlene und Rudi standen mir bei.

Sybille Schrödter
Der Schlüssel zur Lust

Ungeduldig wartete sie darauf, daß er sie nur ein einziges Mal ansehen würde. Sie sah prüfend zur anderen Bettseite, aber er machte keinerlei Anstalten, sie auch zur eines Blickes zu würdigen. Im Gegenteil, er trug die Lesebrille auf der Nase, hatte seine Stirn so gerunzelt, daß die Denkerfalte steiler denn je hervorstach, und eine Akte vor sich auf der Bettdecke ausgebreitet. Er arbeitete auf Hochtouren.

Das hatte er nicht immer getan. Noch vor zwei Jahren hatten sie das Schlafzimmer lachend zur arbeitsfreien Zone erklärt.

»Was willst du eigentlich? Er kommt doch wenigstens nach Hause«, hatte ihre beste Freundin Marie neulich zu ihr gesagt. »Ist doch immer noch besser, als wenn er mit seiner Sekretärin Überstunden im Büro macht, wie mein Ex!«

Voller Anspannung konzentrierte er sich auf den Fall »Meyer gegen Meyer«, wie sie dem Aktendeckel unschwer entnehmen konnte. Ihr wurde plötzlich ganz heiß vor Zorn. Da holte er sich so eine dämliche Scheidungsgeschichte ins Bett, statt sie auch nur ein einziges Mal anzugucken. Heiße Begierde erwartete sie ja gar nicht mehr. Nur ein wenig eheliches Interesse an dem durchsichtigen Nachthemd, unter dem sich ihre trotz zweier Kinder immer noch nicht hängenden Brüste abzeichneten. Immerhin hatte sie für dieses verführerische Nachtgewand ein kleines Vermögen hingeblättert! Aber sie würde ihn nicht darauf ansprechen, denn die Schmach saß ihr noch tief im Nacken. Vor ein paar Wochen hatte sie sich schwarze Strapse mit goldfarbenen Herzen gekauft und war im Schlafzimmer lasziv auf- und abstolziert. Kurz hatte er von seinem Fall in Sachen Raub aufgeblickt und ihren Verführungsversuch mit den Worten »Du weißt doch, ich steh nicht auf Hausfrauensex!« zunichte gemacht.

Nein, sie würde ihm keinen Hinweis auf dieses hauchzarte Dessous geben, das soviel wie sein neues Faxgerät gekostet hatte. Er sah erschöpft aus, und graue Fäden durchzogen sein volles schwarzes Haar. Was hatte er früher alles unternommen, um auch noch im Bett attraktiv zu wirken! Jetzt trug er ein schlabberiges T-Shirt und ein Tuch um den Hals gewickelt. Ach ja, er litt seit Tagen an Halsweh. Da hatte sie eine spontane Eingebung.

»Hast du eine Geliebte?« Diese Frage kam unvermittelt und stand eine Weile unbeantwortet im Raum. Sie hielt den Atem an. Martin sah zunächst gar nicht von seiner Akte auf. Dann hob er den Kopf, tippte sich mit dem Finger an die Stirn und fragte sie, ob sie noch alle Tassen im Schrank habe.

Jetzt ließ er seinen Blick flüchtig über ihren Ausschnitt gleiten: »Hast du dir deshalb das billige Teil da zugelegt? Tschuldigung, aber ich find's völlig unerotisch. Wer soll denn auf so was abfahren?«

Wütend sprang Elena aus dem Bett und brüllte: »Du solltest das Wort Erotik überhaupt nicht mehr in den Mund nehmen, weil du das höchstwahrscheinlich für eine Handy-Marke hältst!«

»Verdammt, ich habe im Moment viel Streß!« schrie er zurück.

Sie griff sich wutschnaubend ihre Bettdecke und trat den Weg zum Gästezimmer an, wie so oft in letzter Zeit. Manchmal suchte sie den Streit, um allein in das andere Bett gehen zu dürfen. Hier feierte sie dann ihre ganz privaten Feste. Freudenfeste! Heute streifte sie ihr Nachthemd hastig, beinahe lieblos ab und warf es neben das Bett auf den Boden. Zunächst blieb sie ruhig liegen und versuchte, nicht mehr an ihn zu denken, bis sie ganz langsam ihre Hände unter die Bettdecke gleiten ließ. Zögernd und sanft streichelte sie die Innenseiten ihrer Schenkel. So wie er es sonst immer getan hatte. In der Zeit, bevor er zum Starverteidiger geworden war.

Sie ärgerte sich, daß sie ausgerechnet an *seine* Hände denken mußte. Sie hatte sich fest vorgenommen, an einen fremden Mann zu denken: an den muskelbepackten Trainer aus dem Fitneß-Center oder den Adonis vom Paketdienst. Sie legte ihre Hände resolut unter ihren Nacken, kniff die Augen zusammen, schimpfte eine Weile mit sich und begann noch einmal von vorn. Nun stellte sie sich einfach beide Männer vor: den Fitneßtrainer und den Adonis, wie die ihre Schenkel berührten, aber penetrant schlich sich immer wieder der eigene Ehemann in ihre Fantasie ein.

Er berührte sie spielerisch, erst zart, dann fordernd, aber immer mit einem angenehmen Druck. Sie hatte solche Sehnsucht nach ihm! Jetzt war es ihr egal. Mit den Fingerspitzen berührte sie ihre Schamlippen und strich dann suchend entlang bis an die Seiten. Sie suchte diese eine Stelle. Daß der Orgasmus, den sie sich dort machte, besonders heftig war, hatte sie erst neulich rein zufällig entdeckt.

Von dieser unglaublichen Entdeckung hatte sie ihm noch gar nichts erzählt, und doch war er es, der sie jetzt auf dieser Seite sanft und langsam und dann immer heftiger und härter rieb. Sie spürte, wie feucht sie war, als er sich über sie beugte und im Augenblick des Orgasmus in sie eindrang. Sie schrie auf, ließ die Hände ruhiger werden und legte sie auf ihren Bauch. Nach wenigen Minuten wiederholte sie das Ganze noch einmal. Dieses Mal spielte der Fitneßtrainer mit. Dann schlief sie wohlig erschöpft ein.

Sie wachte von dem Kaffeegeruch auf, der ihr in die Nase stieg. Vor dem Bett stand Martin in seinem Anzug, die Robe über dem Arm und wie immer in Eile. Die Kinder hatte sie gestern zu ihrer Mutter gegeben, weil sie tatsächlich gehofft hatte, sie würde ihn dank dieses Nachthemds, das jetzt zerknüllt vor dem Bett auf dem Boden lag, verführen können.

Sie liebte ihn, wie er so dastand, so hilflos, als wolle er sich entschuldigen. Und sie dachte nur an das eine: ihm jetzt den Reißverschluß der Hose zu öffnen und … Anscheinend sah er ihren begierigen Blick, denn jetzt verabschiedete er sich hektisch.

Im Türrahmen drehte er sich noch einmal um. »Wenn ich weniger zu tun habe, dann … Glaube nur nicht, daß ich dich nicht mehr begehre«, flüsterte er heiser und fügte noch hinzu: »Aber ohne dieses Tütü!« Er sah auf das Negligé am Boden und grinste verlegen.

Kaum hörte sie die Haustür klappen, sprang sie eilig aus dem Bett, denn sie mußte die Kinder von ihren Eltern abholen, zur Schule fahren und dann ein Geburtstagsgeschenk für Martin kaufen. Es war höchste Zeit. Morgen war es soweit. Ansonsten kaufte sie es immer schon Monate vorher. Sie hatte glücklicherweise einen Tag Urlaub, denn auch sie hatte in den letzten Wochen manches Mal bis zum Umfallen gearbeitet. Genau deshalb verstand sie ja auch nicht, warum er immerzu seine Überarbeitung vorschob. Bei ihr war es anders. Wenn sie schon soviel arbeitete, wollte sie sich wenigstens mit scharfem Sex belohnen.

Lustlos schlenderte sie durch die Einkaufspassage. Ihr wollte dieses Mal einfach nichts einfallen. Sonst war ihr das Schenken immer leicht von der Hand gegangen. Vielleicht sollte sie ihm ein Buch über Tantra schenken oder einen scharfen Porno? Plötzlich begann ihr Herz heftig zu klopfen. Sie hatte eine Idee. Mit forschem Schritt ging sie in Richtung der Sex-Shops. Hier hatte sie schon immer einmal hingehen wollen. Schließlich wohnte sie bereits etwas länger in Hamburg.

Unschlüssig blieb sie vor der Tür stehen. Vergeblich suchte sie nach einem passenden Geschenk im Schaufenster. Es kam ihr vor wie die Auslage eines Geschäfts für Scherzartikel. Wenn sie etwas kaufen wollte, dann müßte sie den Laden schon betreten. Sie zögerte. Wie blöd sie sich auf einmal vorkam. Sie sah bereits folgende Schlagzeile vor ihrem inneren Auge: »Erfolgreiche Architektin, Mutter von zwei Kindern, geniert sich, in einen Sex-Shop zu gehen!«

Beherzt öffnete sie die Tür und trat ein. Als sie drinnen das Publikum sah, das vorwiegend aus älteren Männern bestand, wollte sie sofort umkehren. Doch schon fragte sie auf breitestem hamburgisch eine biedere Verkäuferin, die ebenso im Supermarkt an der Käsetheke hätte stehen können, nach ihren Wünschen.

Sie wußte nicht so recht, was sie sagen sollte, doch dann holte sie tief Luft und sagte: »Ein Geschenk für meinen Mann!«

»Hm?« erwiderte die Verkäuferin und versicherte eilfertig: »Also, was immer gut ankommt, ist unsere Literatur. Wir haben hier diverse Bildbände. Männer haben ja gern was zum Gucken!«

Mit diesen Worten führte sie die interessierte Käuferin zu der Ecke mit den Pornos. Eifrig pries sie ihr die unterschiedlichen Hefte an: die Hochglanzbroschüre mit den Megabrüsten, das knallbunte Büchlein mit den diversen gespreizten Schenkeln und schließlich das Ratgeberbuch mit den einhundertsechzig Stellungen für den Hausgebrauch. Elena kam sich plötzlich uralt und spießig vor. Ihren ersten und letzten Porno hatte sie in der Studienzeit besessen und dann irgendwann völlig vergessen. In der Anfangsphase mit Martin hatten sie ihn ein einziges Mal gemeinsam durchgeblättert. Dann war er bei irgendeinem Umzug verlorengegangen.

Elena war mehr als unschlüssig und bat die Verkäuferin, sich einfach umschauen zu dürfen. Nachdem sie belustigt ein paar besonders ausgefallene Vibratoren betrachtet hatte – das pinkfarbene Modell, das biegsame im Tigermuster und das für alle Öffnungen –, betrat sie zögernd ein kleines Nebenzimmer, das nur Lederkleidung und jede Menge Folterinstrumente enthielt. Auch wenn Sadomaso – wollte man den Medien glauben – mittlerweile zum Volkssport des kleinen Mannes geworden war und damit öffentlich, bereitete Elena diese Abteilung Unbehagen. Vor allem, als sie einen untersetzten glatzköpfigen Mann – der sie im übrigen an den Herrn Krenzmeier aus ihrer Bankfiliale erinnerte – dabei beobachtete, wie er zielstrebig nach einer Lederkappe griff. Sofort stellte sie sich dieses Männchen vor, wie es wimmerte und getreten werden wollte, und fand allein den Gedanken daran alles andere als erregend! Jetzt grinste er sie auch noch verschwörerisch an. Sie beschloß, den Laden umgehend zu verlassen.

Doch dann blieb ihr Blick an einem einfachen Rohrstock

hängen. Sie vergaß den kleinen Mann, und es kamen ihr automatisch ganz andere Bilder in den Sinn: Sie lag über einen Sessel gebeugt, Martin zog ihr den Slip aus und ließ den Stock über ihren nackten Hintern gleiten, nicht so, daß es weh tat, sondern es war nur ein leichtes lustvolles Schlagen. Sie spürte, wie sie feucht wurde. »Das ist ja wunderbar!« hatte Martin bei ihrem ersten Mal die Heftigkeit kommentiert, mit der Elena auf Erregung reagierte. Erst als sie den vermeintlichen Bankkassierer jetzt ein Paar silbrig glänzender Handschellen aus dem Regal nehmen sah, erwachte sie aus ihrer Fantasie. Er tat das demonstrativ mit einem lüsternen Seitenblick auf Elena. Sie schnitt ihm eine Grimasse, die alles andere als ermutigend auf ihn wirkte. Er drehte ihr sofort den Rücken zu.

Plötzlich wurde Elena wütend. Dieser Laden war nicht das, was sie suchte. Sie brauchte schlichtweg einen Mann aus Fleisch und Blut und nicht die Blicke eines verklemmten Gartenzwergs! Einfach einen Kerl im Bett, wie sich Marie immer auszudrücken pflegte. Und wenn ihr eigener nicht wollte, dann war sie ja geradezu gezwungen, es mit einem anderen zu treiben. Selbst schuld, dachte sie.

Von diesem Entschluß beflügelt, wollte sie den Laden verlassen, doch die Verkäuferin hatte noch einen letzten Tip für sie: »Schön sind auch unsere Gutscheine! Das mögen Paare ja auch gern, gemeinsam ein büschen zu gucken!«

Mit diesen Worten drückte sie Elena einen solchen Gutschein in die Hand. Sie bedankte sich und stopfte, kaum war sie wieder auf der Straße, das kleine Stück Papier lieblos in ihre Handtasche. Sie war eine Frau der Tat, und dementsprechend galt es jetzt, den Plan, einen Mann zu finden, auch umzusetzen. Aber wie und mit wem? Sie hatte mehrere Freundinnen, die sich mittlerweile einen Geliebten zugelegt hatten, aber sie fand immer, das müsse doch ungeheuer anstrengend sein, und außerdem liebte sie Martin …

Als sie sich am Kiosk eine Packung Zigaretten holte, fiel ihr Blick auf eine Stadtteilzeitung. Früher hatte sie diese noch regelmäßig gekauft, und sie erinnerte sich, wie oft sie sich gemeinsam mit ihren Freundinnen über die Textversuche – besonders der Männer – lustig gemacht hatte. Mit ihrer Zeitung unterm Arm suchte sie sich im nahegelegenen Park eine Bank. Das Layout war etwas verändert, aber die Rubrik Anzeigen existierte noch.

Sie hatte heute den ganzen Nachmittag Zeit, denn die Kinder waren bei Freunden verabredet. Zügig überflog sie alle diese Schreie nach der einzigen und großen Liebe und landete schließlich bei dem, was sie suchte: Sex pur!

Doch nichts machte sie auch nur annähernd an … Die Anzeigen waren plump, flach und hochgradig abturnend – bis auf eine. Auf den ersten Blick war sie eher unscheinbar. Sie aber las den Text einmal, zweimal, und wie in Trance holte sie ihr Handy aus der Tasche und wählte die Nummer.

Eine tiefe männliche Stimme meldete sich mit: »Bitte?«

Sie schluckte und versuchte, möglichst zusammenhängende Sätze herauszubringen: »Ich habe Ihre Anzeige gelesen und bin interessiert!« Sie schluckte noch einmal.

Er fragte sie ganz ruhig: »Welche Anzeige?«

»Die in der Zeitung, die Kontaktanzeige!« antwortete sie möglichst sachlich, als wollte sie von ihm einen gebrauchten Kühlschrank kaufen.

Jetzt aber befahl er – keinesfalls freundlich, sondern in einem Ton, der keine Widerrede duldete: »Den Wortlaut bitte!«

Da wollte sie schon auflegen, aber dann sagte sie zögernd: »Verwöhne Ihr Gesäß mit strenger, zarter Hand!«

Einen Moment lang war es still, dann fragte er: »Wollen Sie gleich kommen?«

Ihr Mund war jetzt so trocken, daß sie gar nicht mehr schlucken konnte.

»Was ist?« fragte er ungeduldig: »Ja oder nein?«

Diese Stimme, diese Situation! Elena beobachtete sich für eine Sekunde lang von außen. Es war absurd. Eine erwachsene, gutaussehende, erfolgreiche Frau saß mit ihrem Handy in einem Park und ließ sich von einem armen Mann, der es nötig hatte, Anzeigen aufzugeben, Befehle erteilen, doch sie antwortete brav mit: »Ja!«

Nicht eben freundlich gab er ihr eine Adresse durch. Sie wiederholte Straßenname und Nummer. Jetzt bekam seine Stimme wieder diesen kehligen Klang: »Ich freue mich auf dich ... und deinen Hintern!«

Hektisch schaltete sie ihr Handy aus. Das letzte hatte sie verstört, hatte sie gestört, war ihr einerseits unangenehm, andererseits zog es sie magisch an ... So fuhr sie mit ihrem Wagen durch die ganze Innenstadt nach Othmarschen. Daran hatte sie gar nicht gedacht, daß es vielleicht jemand war, den sie kannte. Schließlich lebte sie in Blankenese. Sie kannte so viele Menschen. Oder wenn es nun ein durchgeknallter Mandant ihres Mannes war, ein Mörder, ein Scheidungsfall, ein ...

Die Nummer 17 war tatsächlich eine Villa. Einen Augenblick lang blieb sie unschlüssig vor dem Haus stehen, dann ließ sie den Wagen noch einmal an und fuhr weiter, aber nur um die nächste Straßenecke. Dort parkte sie das Auto und lief zu Fuß zurück. Jetzt wollte sie es genau wissen, nicht feige sein.

Sie war so nahe daran, etwas Abenteuerliches zu tun. Sie stellte sich vor, wie der unbekannte Mann mit der tiefen Stimme sie wortlos mit einem Kuß begrüßen, ihr zärtlich den Slip herunterziehen und sich dann genüßlich ihren Arsch betrachten würde. Nein, er würde ihr nicht weh tun, sondern sie auffordern, sich über einen Stuhl zu legen, damit er sich sanft ... Die Vorstellung erregte sie, und ihre Hand zitterte stark, als sie auf den Klingelknopf drückte. Ein Namensschild war nicht an der Tür. Es dauerte lange, bis jemand öffnete.

Elena sah als erstes in zwei stahlblaue Augen, die sie neugierig musterten. Obwohl er grinste und ein ungewöhnlich gutaussehendes Exemplar von Mann war, dominierten diese Augen. Warum dieser Mann wohl keine Frau hatte? Oder ob er eine hatte und die nichts davon wußte? Elenas Gedanken überschlugen sich, als er sie durch den riesigen Eingangsbereich eine Treppe hinunter führte. Plötzlich hatte sie das Gefühl, in einem Traum gefangen zu sein. Sie befand sich auf dem Weg in einen Keller, gefolgt von einem großen, jungenhaft aussehenden, strohblonden Hünen von schätzungsweise Mitte Vierzig.

Willenlos ließ sie sich in einen der Räume schieben. Hier war alles wie in einem Schulzimmer eingerichtet. In der Mitte des Raumes stand ein Schreibtisch, auf dem Rohrstöcke in allen Größen lagen. Plötzlich wußte Elena, warum ausgerechnet diese Anzeige sie so angezogen hatte. So hatte alles angefangen, und deshalb mußte es noch einmal geschehen. Über einem Stuhl hing eine sorgfältig zusammengefaltete Schuluniform. Elena ahnte, daß sie die jetzt würde anziehen müssen. Der Mann hatte überhaupt noch kein Wort mit ihr gesprochen.

Er zeigte auf den Faltenrock und befahl: »Anziehen!«

Elena wollte protestieren, erst einmal über Bedingungen reden, ihm erklären, daß er es nur wie ein kleiner Junge würde machen dürfen. Sie begann den Satz mit: »Aber ...«

Weiter kam sie nicht, denn er gab ihr eine schallende Ohrfeige und brüllte: »Halt's Maul, du Nutte!«

Wenn ihr dieser stumme Gang in die Katakomben auch leicht unheimlich gewesen war, hatte sie dabei trotzdem eine gewisse Erregung empfunden. Doch als sie ihn so brutal reden hörte, waren auf einen Schlag all diese prickelnden Lustgefühle völlig verschwunden. Sie befand sich plötzlich in einem falschen Spiel, dessen Regeln sie nicht akzeptieren wollte.

Sie wehrte sich, als er sie hart am Arm packte und schrie: »Nein. Bitte nicht!«

Der Blonde faßte sie noch brutaler an. Er hielt das offensichtlich für eine besonders raffinierte Art der Anmache. Heiser befahl er: »Hosen runter!« Dann zerrte er linkisch an ihrer Strumpfhose.

Das war zuviel! Statt Panik zu empfinden, brach sie in ein schallendes Gelächter aus. Es war einer jener Lachkrämpfe, die auf dem Kehlkopf pocherten und die sich nicht mehr unterdrücken ließen. Dann sah sie in seine blauen Augen. Er konnte nicht verbergen, daß ihn ihr Verhalten verunsichert hatte. Im Gegenteil, er wirkte jetzt hilflos. Er tat ihr beinahe leid, aber er versuchte krampfhaft, nicht sein Gesicht zu verlieren.

Er sagte mit gefährlich klingender Stimme nur: »Verschwinde!«

Sie stolperte aus dem Raum in den Vorraum des Kellers, die Treppen hinauf und traute sich erst stehenzubleiben, als sie vor ihrem Wagen angekommen war. Als sie alle Türen von innen verriegelt hatte, spürte sie die Angst und malte sich aus, was ihr in den Katakomben eines Psychopathen alles hätte passieren können. Sie nahm die Zeitung und zerriß sie in Fetzen. Dann fuhr sie in die Stadt zurück und versuchte, die ganze Geschichte augenblicklich zu vergessen. Das tat sie am besten, indem sie endlich ein passendes Geschenk für Martin fand.

Und was sie noch nie in ihrem Leben getan hatte: Sie kaufte ihrem Mann schließlich und endlich eine goldene Krawattennadel.

Wie gewohnt, feierten sie zu zweit bei einem Champagner in seinen Geburtstag hinein. Als er die Schachtel öffnete, behauptete er sogar, sich über das Schmuckstück zu freuen. Bei seiner Lieblingsmusik kuschelten sie sich auf ihrem bequemen Sofa ganz dicht aneinander.

Martin bemerkte scherzhaft, daß sie ja nun den Status eines älteren Ehepaares erreicht hätten, wobei er offensichtlich auf ihr Geschenk anspielte.

»Meinst du wirklich?« fragte sie, sprang auf, kramte in ihrer Handtasche und holte den Gutschein des Sex-Shops hervor.

»Eigentlich wollte ich dir das schenken, Opa!« sagte sie und reichte ihm das leicht zerknitterte Papier. Er fragte grinsend, ob sie den Laden kenne. Dabei schob er seine Hand unter ihr hochgerutschtes kleines Schwarzes.

»Ja, seit gestern!« sagte sie, und beide sahen sich eine Zeitlang schweigend an.

Er guckte jetzt mit diesem leicht glasigen Blick, der sie

schon immer scharf gemacht hatte. Und dann begann sie, ihm mit etwas erregter Stimme ihre erotischen Gefühle beim Anblick des Rohrstocks und die damit verbundenen Erinnerungen an ihren ersten Orgasmus zu schildern: Wie der Nachbarjunge, mit dem sie Schule gespielt hatte, ihr befohlen hatte, sich über die Bank zu legen, sie zart geschlagen, geküßt und dann angefaßt hatte. Martin grinste nicht mehr, sondern schob ihren Slip so zur Seite, daß seine Fingerspitzen sie jetzt berühren konnten.

Dabei sah er sie immer noch an. Mit leicht belegter Stimme fing er an, von seinem ersten Mal zu erzählen, von dem viel älteren Mädchen, das ihn auf dem Sofa ihrer Eltern verführt hatte. Jedes Wort, das sie sprachen, erregte die beiden mehr und mehr. Martin war immer noch angezogen, und während er weiterredete, strich sie von außen an seiner Hose entlang. Schon lange hatte sie nicht mehr eine solche Erektion bei ihm gefühlt.

Jetzt tat sie das, was sie seit Wochen hatte machen wollen. Sie öffnete vorsichtig seinen Reißverschluß, kniete sich vor ihm hin und nahm seinen Schwanz in den Mund, doch er wollte etwas anderes. Er zog sie zu sich auf das Sofa, streifte ihr zärtlich den Slip ab, befahl ihr, sich über die Sofalehne zu legen, schlug sie ein paar Mal sanft, dann etwas härter, streichelte sie zwischen den Schenkeln und berührte sie ganz intuitiv an jener Stelle, von der sie ihm noch nichts erzählt hatte. Sie stöhnte auf, dann schrie sie, weil der Orgasmus so heftig und unerwartet schnell kam wie noch nie zuvor. Was sie selbst in den wildesten Anfangszeiten nicht geschafft hatten, ging in dieser Nacht in Erfüllung: Sie schliefen mehrmals miteinander.

Sie übertrumpften sich mit erregenden Schilderungen ihrer Fantasien und Erlebnisse. Sie hörten nicht auf, sich die Dinge zuzuflüstern und zu befehlen. Es war, als hätten sie einen gemeinsamen Schlüssel zur Lust gefunden. Sie erzählte ihm alles ... bis auf den Hünen. Den behielt sie für sich.

Am nächsten Abend auf seiner Geburtstagsparty turtelten sie wie jung Verliebte, und Marie flüsterte ihrer Freundin grinsend zu, sie sehe aus wie ein frisch geficktes Eichhörn-chen. Elena wollte noch etwas Freches entgegnen, als es wie-der an der Haustür klingelte. Ganz die perfekte Gastgeberin öffnete sie dem Neuankömmling.

Das erste, was sie sah, war ein Paar stahlblaue Augen. Der große blonde Mann räusperte sich verlegen. Elena starrte ihn an, doch in dem Moment erblickte Martin seinen neuen Gast, reichte ihm strahlend die Hand und sagte: »Liebling, darf ich dir unseren neuen Oberstaatsanwalt vorstellen? Ich halte es ja sonst nicht mit dem Feind, aber Herr Dr. Münzer ist eine rühmliche Ausnahme. Er hat ein Herz für uns An-wälte, denn er schlägt nicht ganz so hart zu!«

Martin verstand nicht ganz, warum seine Frau, statt den Gast zu begrüßen, in schallendes Gelächter ausbrach.

Marianne Weissberg
Die Gib's-mir-Zitronencremeroulade und andere erotische Höhepunkte

Haben Sie auf dem Gipfel der Lust auch schon mal an Zitronencremeroulade oder an eine Panettonebombe gedacht? Dann wissen Sie bereits, daß das Naturschauspiel Orgasmus unbedingt mit kulinarischen Genüssen verglichen werden sollte. Und die schmecken, je nachdem, wie, mit wem oder ob man sich gar alleine an den Tisch setzt, immer anders, dito Orgasmus.

»Ich kann mir vorstellen, was ihr das ganze Wochenende so tut ...«, stellte mein Jüngster sachkundig feixend fest, als ich mit einem neuen Liebhaber aufkreuzte. Und der Sohn drohte, ein Loch in die Wand meines Schlafzimmers zu bohren. Siamkatze Daisy wußte genau, was los war, durfte nicht mehr auf meinem Duvet schlummern und maunzte beleidigt. Hund Timmy hatte es aufgegeben, vor der Schlafzimmertüre zu warten, und stöhnte nur noch hin und wieder traurig.
Sie ist bekannt, diese erste Phase des Verliebtseins, die auch von der Umgebung von in- bis sehr brünstig kommentiert wird. Diese Phase eins, wenn zwei sich auffressen könnten – überall, jederzeit, nonstop. Nur schon der Gedanke an den Liebsten läßt einen im Bus aufseufzen, im Laden verträumt die dicksten Gurken streicheln. Der Blick auf die Uhr findet alle dreißig Sekunden statt. Höchstens der sündhaft teure Einkauf im Dessous-Geschäft lenkt ein wenig vom Bangen und Warten ab. Dann, endlich der Abend – das Objekt der Begierde naht, trifft ein, Vorhang zu, die Vorstellung beginnt. Kurz, es herrscht absolute Hochfrequenz.
Nun ist ja schon viel geschrieben worden über dieses Naturschauspiel, wie es entsteht, wo genau es sich aufbaut, über einen kommt und sich dann wieder abbaut. Darum brauchen wir uns hier nicht zu kümmern, das haben wir im

Biologieunterricht gelernt und bereits wieder vergessen. Es gibt nur eine befriedigende Antwort: Sex ist eine Plackerei, und ohne das Schmankerl Orgasmus würde ihn niemand betreiben. Ergo gäbe es uns schon lange nicht mehr.

Wir haben ihn also aus reinem Überlebenstrieb in unser Repertoire aufgenommen. Doch ist Ihnen auch schon aufgefallen, daß jeder Orgasmus anders ist – vergleichbar mit dem vielfältigen Geschmack von Eßbarem? Nein? Bei Ihnen säuseln in der Ohrmuschel bloß Geigen oder Fanfaren schmettern, wenn er anrückt? Dann geht es bei Ihnen ziemlich geschmacklos zu. Ich denke, Sie brauchen etwas Nachhilfeunterricht! Falls Sie aber schon immer ahnten, daß noch etwas anderes gebraucht wird für die hinreißende bis megageile Nacht mit ihm, dann verrate ich Ihnen auf den folgenden Seiten die notwendigen Kulinarien. Sexmal.

Aber auch denjenigen, die noch nicht soweit sind – was mir leid tut –, könnten die Zubereitung und der Genuß meiner Orgikulinarien auf die Sprünge helfen. Wenn dann noch eine Zunge, ein netter Vibrator, die elektrische Zahnbürste oder ein geschickter Finger zugange sind, sollte es endlich klappen. Auf die Pimmelstoßkraft allein sollten Sie nicht vertrauen, auch wenn sein Träger das fest und wahrscheinlich nicht sehr steif behauptet.

EINS. Fangen wir beim Turbobetrieb in Sachen Sex an. Seine Höhepunkte rollen ab wie endlose, mächtige Wogen, die einen, schließlich nach Luft schnappend, am Strand wieder aus ihren Fängen entlassen. Ich kann nicht mehr, schreit man, oh, nein, gib mir noch davon! Es handelt sich um den sogenannten gut gefüllten Zitronencremerouladenorgasmus.

> DIE OH-JA-GIB'S-MIR-ZITRONENCREMEROULADE – *sie setzt sich aus einem Biskuitteig zusammen und einer ziemlich schweinischen Zitronenbuttercreme. Die Zubereitung dauert, doch beim Turbosex werden ja auch Sekunden zu Stunden und umgekehrt.*

Zutaten Teig: *80 Gramm Zucker, 4 Eigelb, Schale von zwei Zitronen, 4 bis 6 Eischnee, 60 Gramm Mehl.*

Die Eigelbe turbomäßig mit dem Zucker und der abgeriebenen Zitronenschale aufschlagen, bis die Masse schaumig wird, jetzt erst die Eiweiße ganz, ganz steif schlagen und schichtenweise mit dem Mehl auf die Eimasse geben, mit einem Gummischaber vorsichtig darunter heben. Ein Backblech mit Backpapier belegen, die Masse einen Zentimeter dick so ausstreichen, daß eine Fläche von ca. 25 mal 30 Zentimetern entsteht. Backen bei sehr guter Hitze in der Ofenmitte exakt 10 Minuten. Zum Auskühlen ein zweites Backblech oder Alufolie über die Teigfläche legen, so trocknet sie nicht aus.

Zutaten Creme: *120 Gramm Butter, 50 Gramm Puderzucker, 1 Eigelb, Schale von 2 Zitronen, 1 Eßlöffel Zitronensaft.*

Die weiche Butter mit den übrigen Zutaten mit einer Gabel gut durchmischen.

Jetzt die erkaltete Roulade dünn mit Aprikosenmarmelade bestreichen, nun mit der Buttercreme bedecken – beim Endstück nicht ganz bis außen – und sehr satt einrollen. Mit reichlich Puderzucker bestreuen. Ganz Raffinierte machen noch regelmäßig kleine Einschnitte und stecken Zitronenscheibchen hinein. Man kann die Roulade gut mit ins Bett nehmen und zu zweit von beiden Seiten her bearbeiten.

ZWEI. Geben Sie es zu. In Ihren erotischen Träumen spielt das Davor die tragende Rolle. Auch bei mir. Diese Phantasien, wie man ihn (den Chef, den Maler, Prince, den Reitlehrer, den Gärtner etc.) endlich kriegt. Vielleicht spielt man im Traum auch erst eine Partie Schach als Prélude für das, was danach unweigerlich kommt. Nein, das ist gar nicht so abwegig.

Die erotischste Filmszene aller Zeiten findet im Film

»Thomas Crown ist nicht zu fassen« zwischen Faye Duna-
way und Steve McQueen statt. Er ist ein Edelgauner, sie eine
hartgesottene Versicherungsexpertin. Zwischen den beiden
und dem Bett steht sozusagen nur noch das Schachbrett.
Und trotzdem spielen die beiden das Spiel genüßlich zu
Ende, kosten jeden Zug aus. Diese Spannung, diese kleinen
Gesten, die alles sagen. Diese Sekunden, bevor *es* passiert.

Alles wird dann unendlich cremig und wunderbar süß.
Deshalb kann das Crescendo nur heißen:

> CHOCOLATE-CREAM-ORGASMUS – *dieser Schokola-*
> *dentraum ist luftig und deftig zugleich, er nährt gut,*
> *was wichtig ist, denn nur zu oft schwinden im Sextau-*
> *mel die Kräfte.*
> *Zutaten: 2 Eier, 60 Gramm Zucker, 100 Gramm beste*
> *dunkle Schokolade, 400 Gramm Schlagsahne.*
> *Eier mit dem Zucker sehr schaumig schlagen, danach*
> *die Schokolade mit 4 Eßlöffel warmem Wasser und*
> *einer guten Prise ganz fein gemahlenem Kaffee lang-*
> *sam schmelzen. Auskühlen lassen und gut unter die*
> *Eimasse mischen. Jetzt die Sahne flaumig schlagen und*
> *mit dem Rest so kurz mischen, daß noch Schlagsahne-*
> *spuren sichtbar bleiben. Falls die Vorfreude von geist-*
> *vollen Gesprächen und Getränken begleitet war, darf*
> *auch noch ein Schuß Kirschwasser in die Chocolate-*
> *Cream. Einige Stunden in den Kühlschrank stellen,*
> *nicht mehr mit dem Finger hineinstechen, das läßt sich*
> *schlecht wieder ausbessern. Mit sehr großen Löffeln*
> *gemeinsam und gierig essen.*

Was ich in puncto geiler, feuchter Träume – gepflegter: ero-
tischer Phantasien – noch sagen wollte: Unser ganzes
menschliches Streben zielt doch nur auf diesen Moment
hin, wo zwei Begehrende ineinandersinken dürfen. Und
hoffentlich nie mehr voneinander lassen müssen. Ja, da bin
ich altmodisch. Oder beziehungsgestählt. Sex macht auf die
Dauer einfach mehr Spaß, wenn jedes Mal nicht das letzte

Mal sein könnte. Denn letzteres artet in Streß aus, auch wenn Unsicherheit prickelnde Hochfrequenz hervorrufen kann.

Ich hatte einmal einen Liebhaber, der war buchstäblich immer auf dem Sprung. Deshalb mußte es *jedes Mal* geschehen, wenn wir uns trafen, natürlich mehrere Male, mal oben, mal unten, mal von … Und natürlich hatte es mir noch keiner vor ihm so besorgt wie er. Sagte er. Verdammt anstrengend.

Obwohl ich so tat, als ob es immer noch ganz toll war, zählte ich bald heimlich unter dem Schrank die Staubmäuse, gähnte hinter dem Abrollen der Kondome und unterdrückte den knurrenden Magen. Und ich war froh, als er mich wegen »mangelnder Libido«, so sagte er, fallenließ. Endlich konnte ich im Bett wieder Spaghetti essen und in Ruhe schlafen.

Dieser Mann, nennen wir ihn mal Toni, war ein typischer Macker. Denen verfällt man auch als emanzipierte Citylady ganz gerne mal. Als ich kürzlich eine Umfrage las, was Männer beim Sex denken, war ich gar nicht erstaunt, das paßte so gut zu Toni & Co. Männer denken, während sie sich mit uns vereinigen, an Sport, Probleme im Geschäft und an Geld. Hin und wieder an andere Frauen. Bitte schreien Sie nicht auf. Denn Frauen haben meist folgendes im Kopf: Bin ich ordentlich enthaart, was machen die Kinder und der Abwasch? Das ist auch für uns, die wir ja so sensibel sind, kein Ruhmesblatt und stützt meine Überlegungen, daß man Sex als eine ganz normale Beschäftigung unter vielen anderen betrachten sollte.

DREI. Zurück ins Bett mit Toni. In solchen schweißtreibenden Affären wird man vom Höhepunkt erschlagen wie von einer

> PANETTONE-BOMBE – *sie kommt rasend schnell daher, trifft einen mit einem Knall und läßt einen zwar orgasmusmäßig befriedigt, aber ernüchtert zurück.*

Zutaten: *Ein italienischer Panettone aus dem Italo-Markt. Ein Becher gutes Vanilleeis.*
Dem Panettone wird oben ein Deckel abgeschnitten, dann wird er so ausgehöhlt, daß eine Vanilleeisfüllung darin Platz findet. Haben Sie einen großen Becher besorgt, muß die Höhle größer sein, aber so, daß der Panettone nach dem Füllen noch gut zusammenhält. Das Eis sollte zum Reinlöffeln ziemlich weich sein. Nun den Deckel aufsetzen, ins Gefrierfach stellen, einige Zeit wieder durchfrieren lassen.

Schmeißen Sie ihm die ganze Bombe an den Kopf, oder servieren Sie sich selbst ein schönes Stück, nachdem Sie ihn, wenn Sie der bombigen, aber auf die Dauer kräftezehrenden Orgasmen leid sind, endgültig rausgeworfen haben.

VIER. Nach solchen Zeiten voller Sex und null Gefühlen ist erst einmal Enthaltsamkeit angesagt. Nie war ich glücklicher als alleine mit meiner Katze. Das Bett wird vom Sportplatz wieder zum Lebensmittelpunkt. Man kann darauf Magazine türmen, daraus Frisuren ausschneiden und sie auslegen, um zu vergleichen, ob Erdbeerblond, Auberginenviolett oder Schneewittchenpechschwarz besser ist. Hat man ein Bett mit Ablage, stapeln sich darauf Bodies, BHs, Bettsocken, Bettflaschen. Es ist egal, wenn halb ausgegessene Pfirsichhälftendosen auf dem Boden stehen, der Hund auf den Bettvorleger aus dem Maul mieft und schrecklich haart. Die Ritterpornos, in denen schwarzlockige, grünäugige, vermeintlich mausarme, in Wahrheit hochadlige Muskelmänner schmachtende, schwache und zugleich kecke Frauen retten, biegen sich schamlos. Gute Literatur auf dem Nachttisch? Die braucht man doch bloß, um bei Männern Eindruck zu schinden.

Nach genau dreieinhalb Wochen ohne denkt man, die erste Woche war schon schlimm, was aber, wenn man immer alleine, solo, single, einsam und verlassen bliebe? Man wartet auf den hohl tönenden Nachhall dieser Frage und wartet. Nein, es gibt doch so vieles, das man sexlos leben und genießen kann. Nichts dürfte das schmackhafter orchestrieren als der

> ANSTATT-TORTEN-TRAUM – *dafür kann man nämlich alles verwerten, was schon vorhanden ist, und phantasievoll hinzufügen, was bei Frauen alles noch so herumsteht.*
>
> Zutaten: *Der halbgegessene Marmorkuchen oder ein ähnliches, bereits staubtrockenes Fabrikat. Eine halbgeleerte Büchse Birnen. Und die zwei schon überreifen Bananen in der Obstschale. Haben Sie in der Batterie geleerter Liköre noch einen Rest Eierlikör? Nehmen Sie, was Sie finden: den Becher Schokoladencreme, den Sie sich aufsparen wollten als Belohnung für die halbtägige Crashdiät, oder den Schlagsahnebecher, mit dessen Inhalt Sie früher anstrengende Sexspiele veranstalteten.*
>
> *Kuchenreste in flache Stücke schneiden. Den letzten sauberen, flachen Teller damit auslegen. Den Saft der Birnen darüber geben, so daß der Kuchen gut getränkt ist. Jetzt die Birnen und die der Länge nach geschnittenen Bananen hübsch darüber drapieren. In alle Lükken den Likör gießen. Absolut flächendeckend mit der Schokoladencreme oder ähnlichem begießen. Alles im Kühlschrank gut anziehen lassen.*

Dazu paßt ein uraltes, aber immer noch messerscharfes Video, das Sie sich zu zweit nie ausleihen würden, wie zum Beispiel »Dirty Dancing« oder »Atemlos« (natürlich mit Richard Gere), zu dessen Höhepunkten Sie den Tortentraum ganz unelegant mampfen. Nach diesem Anstatt-Orgasmus ist es ziemlich schwierig, wieder zu einem einigermaßen geregelten Handbetrieb zurückzufinden.

Der muß sein, sonst trocknet die Frau aus. Außerdem spornt nichts so sehr die Libido an wie die Zeiten ohne

Mann oder ohne Frau. Herrschaften, sage ich Ihnen, ich könnte in solchen Zeiten glatt ein ganzes Hollywood-Studio mit Ideen, ganzen Drehbüchern, was sage ich, Filmen in voller Länge versorgen. Im Unterschied zu den erwähnten Phantasien, die sich um ein genau definiertes, zu eroberndes Sex-Objekt drehen, ist für die Ankurbelung und den erfolgreichen Ablauf des Handbetriebs alles mögliche verfilmbar.

Sie sind die Regisseurin eines unglaublich seichten Softpornos, eines Sado-Maso-Knallers oder von Starfucker, Teil 66. Manchmal ist es schwierig, sich zu entscheiden, ob man vor oder hinter der Kamera stehen sollte. Ob man bloß zusehen oder es mittreiben will. Und wie schnell die ganze Chose ablaufen darf. Soll es ein künstlerisch wertvoller Kurzfilm sein, oder ist volle Spielfilmlänge angesagt? Drehen wir einen rasanten Video-Clip oder vielleicht einen pompösen, aber ultrakurzen Werbefilm, der, die eigenen Vorteile schamlos im Vordergrund, dann gleich zur Sache kommt?

Hauptsache, Sie haben Ihre Ausrüstung – Ihr inneres, erotisches Auge – immer parat. Denn wenn Sie schon länger vom automatischen Beziehungssex auf die sportliche Handschaltung umgestellt haben, kann das Begehren Sie überall und jederzeit überfallen. Und Sie werden männlich unbeschwert. Ihre Kollegen holen sich im Salon nebenan ja auch schnell über Mittag ihre entspannende Massage, während wir glauben, sie nähmen einen Zahnarzttermin wahr.

FÜNF. Darf ich Ihnen im folgenden einen eigens für Sie komponierten Porno vorstellen, der bei Anfängerinnen erst garantiert zu einem Lachanfall – Humor gehört zum Sex wie die Himbeere in den Himbeerflip –, dann aber wie eine libidinöse Lawine mitreißt zum *Himbeerflip-Handbetrieb-Höhepunkt.*

Aber lesen Sie erst, was die zarte, leidenschaftliche Rebecca mit ihrem unglaublich gut bestückten Sir Ruppert Ravenhurst, Knight of Wellhaven, erlebt. Stellen Sie sich eine armselige Hütte vor. Sie kauert dicht gedrängt mit anderen schäbigen Behausungen an einem mächtigen Schloßhügel. Wir schreiben das Jahr 1212 nach Geburt unseres Herrn Jesus. Das Land liegt seit Jahrzehnten in einem Krieg, der die Menschen und Dörfer entzweit. Und das nur, weil König Desmond der Bärtige von seinem schurkischen Schwager Wallmond gefangengehalten wird. Eine kleine Schar aufrechter Adliger hält noch dem in einem Kerker schmachtenden Desmond die Treue. Zufälligerweise ist dieser Kerker im trutzigen Wachturm des Schlosses, das wie ein Adlerhorst die ärmlichen Hütten beäugt.

Eines nebligen Morgens pflückt Rebecca Waldbeeren. Auch ihre ärmliche Kleidung kann ihren schwellenden Busen, den wohlgeformten, herzförmigen Hintern nicht verbergen. Gerade bückt sie sich zu einer besonders reifen Himbeere. Ihr rotblondes, wallendes Haar verdeckt ihr die Sicht auf die Umgebung. Was Verderben bringen könnte, denn in diesen Zeiten ist solches an der Tagesordnung. Und da ereilt sie auch schon das Unglück. Ein Landsknecht des schurkischen, also des bösen Wallmond stürzt sich auf die unschuldige Rebecca, lüpft mit seiner eisenbehandschuhten Hand ihre Röcke, unter denen sie, wie damals üblich, nichts trägt, zieht aus seiner Rüstung seinen mindestens dreißig Zentimeter langen Mannespfahl, rückt die wimmernde Rebecca auf einem Baumstamm noch schön zurecht und will sein grausames Werk verrichten.

Wer gerne Geschichten hört, in denen Frauen von Bösewichten genötigt werden, kann hier selbst weitermachen. Bei mir geht es anders weiter.

Ein gutturaler Schrei! Der Schurke bricht zusammen. Rebecca, der die Sinne geschwunden sind, wird von einem glänzenden Ritter auf sein schneeweißes Streitroß gezogen. Er donnert die hölzerne Ziehbrücke hinauf ins Schloß. Von mitleidigen Händen wird die immer noch ohnmächtige Rebecca in ein Bett gelegt, das nach frischer Kernseife und ein wenig Lavendel riecht.

»Oh, wo bin ich, wer hat mich hierher verschleppt?«

Rebecca richtet sich mit einem Ruck auf. Sie springt aus dem Bett. Ihre fein ziselierten Füßchen hasten über die schweren Bohlenbretter, die mit exquisiten Teppichen belegt sind. Sie sucht ihre Lumpen, denn die Arme ist splitterfasernackt. Da geht die Türe auf, eine hohe Gestalt in schwarzen Seidengewändern schreitet herbei. Rebecca zuckt zusammen.

»Aye, Sir, Ihr seht mich nackt und schutzlos, bitte geht von dannen!«

Eine verzweifelte Träne rollt über Rebeccas elfenbeinbleiche Wangen, ihre rosenroten, vollen Lippen zittern. Wieso kommt ihr diese Umgebung so bekannt vor? Ist sie doch bei ihrem armen Mütterlein aufgewachsen und nicht in einem Schloß. Im Dorf munkelte man freilich, daß sie ausgesetzt und von eben diesem Mütterlein in einer Baumhöhlung gefunden wurde.

»Magd, Ihr schuldet mir einen Gefallen!«

Nur unmerklich öffnen sich die kühn geschwungenen Lippen der vermummten Gestalt. Weiße Zähne blitzen. Sie kommt näher. Rebecca flüchtet sich ans Fenster. Vergeblich. Die Milchglasscheiben sind nicht zu öffnen.

»Sir, sagt mir, was Ihr wollt, ich gebe Euch alles. Nur nicht meine Unschuld«, schluchzt Rebecca. »Man wird mich im Dorf verstoßen.«

Sie hört den Mann ungläubig lachen, ein Rohling. Doch sie kann nicht umhin, seine edle Gestalt zu bewundern. Unter den Gewändern zeichnen sich Muskeln wie Stahl ab. Und da, zwischen den Lenden, erhebt sich eine Wölbung. Rebecca erschauert. Unbekannte Gefühle überwältigen sie.

»Nein, laßt mich! Was wollt Ihr von einer armen Magd?«

Rebecca schleudert ihm ihre Worte ins Gesicht. Ihr liebreizendes Gesicht rötet sich, ihre amberbraunen Augen blitzen. Ganz hat sie vergessen, daß sie nackt ist.

»Vor Euch steht Sir Ruppert Ravenhurst, Knight of Wellhaven, und ich brauche einen Erben, den ich am Ende dieses Jahres dem schmachtenden Desmond vorweisen kann. Er wird ihn überzeugen, sich endlich zusammen mit uns zu widersetzen.«

»Und was wollt Ihr von mir? Ich bin doch nur eine arme, kleine Magd, soll Euer Sohn ein Bastard sein?«

»Wißt Ihr es denn nicht, Lady, Ihr seid von edlem Geblüt. Ihr wurdet ausgesetzt. Ihr seid Wallmonds ermordeten Cousins Tochter. Er fürchtete Euren Liebreiz, der schon damals sichtbar war.«

Mit Kennermiene mustert er jede Wölbung ihrer zitternden Gestalt. Sir Ruppert nähert sich wie ein schwarzer Panther der sprachlosen Rebecca. Er hebt sie in seine Arme und sinkt auf das weiche Bett. Mit ihren kleinen, weißen Fäustchen hämmert die Hinweggelüpfte verzweifelt an seine eisenharte Brust. Doch seine verlangenden, lavaheißen Lippen haben sich auf Rebeccas Mund gepreßt. Seine heiße Zunge beginnt, ihren Mund zu erforschen. Vermessen und genüßlich. Da, ein leises Stöhnen entwischt ihrer Kehle, die wie bei einer Nachtigall pocht. Wie gelähmt läßt Rebecca es zu, daß er ihre pfirsichfarbenen Brüste erforscht, mit seinen fordernden Händen ihren seidenweichen Bauch massiert, schließlich ihre bebenden Schenkel öffnet. Rupperts Atem wird heftiger, als er ihre Muschel vom weiblichen Nektar des Verlangens glitzern sieht.

»Lady, laßt es zu, ich kann nicht mehr, gebt Euch hin!«

Ruppert reißt mit einer einzigen Bewegung seine Gewänder herunter. Rebecca erblickt, erschreckt aufschreiend, sein mächtiges Liebesschwert und bereitet sich auf den Stoß vor. Tief in ihr läßt Sir Ruppert, der immer noch seine Maske trägt, seine seidige, heiße Manneskraft los. Und die von einer Woge der Lust überwältigte Rebecca hebt sich ihm entgegen, um ihn noch besser empfangen zu können.

Beinahe schwinden ihr die Sinne, und ein heißer Strom trägt sie an den Rand der Ohnmacht. Ein Schrei von Ruppert, und sie, die vor Minuten noch völlig ahnungslose Magd, wird hinweggehoben in einen tiefblauen Himmel. Und während sie noch schwebt und ihre mit Liebesnektar überfließende Muschel zuckt, betrachtet Ruppert hingerissen seine Zukünftige, die in dieser Nacht den Samen für seinen Erben empfangen hat.

Zurück zu Ihnen: Solche selbstgestrickten Geschichten um maskierte Lüstlinge bringen also Himbeerflip-Höhepunkte empor. Schnell fabriziert, heftig und erfrischend süß. Danach ist man gleich wieder einsatzbereit für den harten Alltag.

> HIMBEERFLIP. Zutaten: *Milch, Himbeeren, Zucker.*
> *Für ein großes Glas braucht es drei Deziliter kühl-*
> *schrankkalte Milch, schöne, reife Himbeeren, ca. 150*
> *Gramm. Den Mixer so lange mixen lassen, bis die*
> *Himbeermilch gleichmäßig rosa aussieht, je nach Fru-*
> *strationspegel einen bis zwei Eßlöffel braunen Zucker*
> *hinzugeben. Nochmals kurz mixen.*

Augen schließen, Kopf nach hinten, langsam und genießerisch schlucken. Ein kurzer, aber intensiver Spaß. Kann öfters als kleine Zwischenmahlzeit, in der Arbeitspause oder als Einschlafhilfe angerührt und genossen werden. Verschafft Lust auch ohne seidenglänzenden Ritter.

SEX. Wie ich anfangs schon erwähnte, herrscht zum Beginn einer Liebe Hochfrequenz, danach nimmt man die Lust, wie sie einen überkommt. Meist wunderselten, weil sie nicht beide gleichzeitig trifft.

Auch die Umwelt kümmert sich nicht mehr, auch Hund und Katze nicht, es herrscht allenthalben Niederfrequenz. Ich habe Buch geführt, bald gibt es jeden Tag einen Grund, warum es nicht paßt. Und dann, wenn wir in dieser Zeit der gemütlichen Niederfrequenz doch endlich buchstäblich übereinkamen, erlitt ich einen typischen *Eingeklemmten.*

> EINGEKLEMMTER – *das sexte Rezept der Zahl nach.*
> *Zutaten: Zwei große, knusperfrische Scheiben Brot.*
> *Butter, Schinken, Gurkenscheiben.*
> *Man bestreicht die Brote mit der weichen Butter, legt*
> *reichlich Schinken auf eine Scheibe, belegt das mit ganz*

vielen Gurkenscheiben, die ruhig überhängen dürfen,
klappt die zweite Brothälfte darüber.

Wahrscheinlich ist Ihnen während der Vorbereitung das Wasser im Mund zusammengelaufen angesichts dieser herzhaften Einfachheit, zu der Sie gar kein Rezept gebraucht hätten. So ein Brot macht man sich ja, wenn man ziemlich ausgehungert ist und man unbedingt etwas zwischen die Zähne braucht. Vielleicht klingelt das Telefon, die Kinder rufen, der Hund bellt, draußen geht ein Autodiebstahlalarm los. Man streicht weiter, da fällt eine Brotscheibe hinunter, direkt auf die gebutterte Seite, man fängt verbissen nochmals an. Wortlos. Endlich ist das Eingeklemmte fertig, man verschluckt sich vielleicht vor dem letzten Bissen noch kurz, hat endlich wirklich genug, wischt sich den Mund und fragt sich danach: War es das schon?

Trösten Sie sich. Sie haben ja noch 1001 Nächte vor sich, in denen Sie essen, Sex haben oder vielleicht doch viel Dringenderes erledigen können. Zum Beispiel diese Geschichte lesen.

Guten Appetit!

Anne Rose Katz
Hexistische Verse

Diese Frauen sind nicht zu fassen!
Sich nicht dingfest machen lassen
ist ihr Trick beim Besenreiten –
schweben, sausen, weitergleiten.
Jede selbstbewußte Hexe
schafft dem alten Bock Komplexe.

Unten sind sie scharf gespalten.
Oben freien Kopf behalten,
üben sie mit jenen allen,
die in ihren Schoß gefallen.
Klaren Durchblick hat die Hexe.
Und der Lover zeigt Reflexe.

Auf dem Hexentanzplatz »Leben«
muß es ja auch Tänzer geben.
Macht nix, wenn erlosch die Glut.
Neue Besen kehren gut.
Wild ist jede freche Hexe
aufs Konkave und Konvexe.

Die Autorinnen

Ulrike Anders, geboren in Hannover, promovierte in Germanistik und ist Mutter von drei Söhnen. Sie lebt in Karlsruhe und in Frankreich. 2000 erschien ihr erster Roman: »Vielleicht später mal«.

Renate Daimler, geboren 1949, lebt als freie Autorin und Journalistin in Wien. Sie veröffentlichte erfolgreiche Sachbücher, darunter »Verschwiegene Lust«, »Wie's den Männern mit den Frauen geht«, »Warum wir streiten, wenn wir lieben« und zuletzt »Lust auf 50«.

Karen Duve, geboren 1961, lebt als freie Autorin in Hamburg. Sie veröffentlichte Erzählungen und Romane. 1999 erschienen ihr vielbeachteter »Regenroman« und »Keine Ahnung«. Außerdem schrieb sie, zusammen mit Thies Völker, das »Lexikon der berühmten Tiere« und das »Lexikon berühmter Pflanzen«. Ihre Geschichte »Ausritt auf meinem Zentauren« wurde zuerst 1995 im »Freibeuter« veröffentlicht.

Karen-Susan Fessel, geboren 1964, studierte Theaterwissenschaften, Germanistik und Romanistik und lebt heute als freie Autorin und Journalistin in Berlin. Sie veröffentlichte mehrere Erzählungsbände, die Romane »Und abends mit Beleuchtung«, »Bilder von ihr« und zuletzt das Kinderbuch »Ein Stern namens Mama«.

Ulla Fröhling, geboren 1945, studierte Philosophie und Soziologie, arbeitet für Frauenzeitschriften, ist Emma-Preisträgerin und Fellow-in-Residence am Europäischen Journalisten-Kolleg in Berlin. Sie veröffentlichte unter anderem den erotischen Erzählungsband »Nur noch einmal« und die Reportagen »Vater unser in der Hölle« und »Droge Glücksspiel«. Sie lebt als freie Journalistin, Autorin und Soziologin in Hamburg und Dublin.

GABY HAUPTMANN, geboren 1957 in Trossingen, lebt als freie Journalistin, Filmemacherin und Autorin in Allensbach am Bodensee. Ihre Romane »Suche impotenten Mann fürs Leben«, »Nur ein toter Mann ist ein guter Mann«, »Die Lüge im Bett«, »Eine Handvoll Männlichkeit«, »Die Meute der Erben« und »Ein Liebhaber zuviel ist noch zuwenig« wurden Bestseller und in zahlreiche Sprachen übersetzt.

MONIKA HELFER, geboren 1947 in Au im Bregenzerwald, lebt heute in Vorarlberg. Sie schrieb zahlreiche Erzählungen und Romane, darunter »Die wilden Kinder«, »Ich lieb Dich überhaupt nicht mehr«, »Der Neffe«, »Wenn der Bräutigam kommt«. Sie erhielt zahlreiche Auszeichnungen, darunter 1996 das hochdotierte Robert-Musil-Stipendium und 1997 den renommierten Österreichischen Würdigungspreis. Zuletzt erschien ihr Roman »Mein Mörder«.

EDDA HELMKE, geboren 1964, studierte Germanistik und Anglistik und lebt heute als freie Autorin in Berlin. Sie veröffentlichte die Romane »Bitte keine Umstände! Roman über vierzig Wochen«, »Am Anfang war die Windel« und »Pepsi im Waschsalon«. Edda Helmke erhielt 1997 den Walter-Serner-Preis.

ANNE ROSE KATZ, geboren 1923 in Schönebeck, begann als Journalistin, studierte dann Theaterwissenschaft, Kunstgeschichte und Germanistik und setzte danach ihre journalistische Karriere fort. Sie schrieb bis 1997 vor allem für die Süddeutsche Zeitung und arbeitet seither frei für Zeitungen, Rundfunk und Fernsehen. Sie veröffentlichte unter anderem die Bücher »Die Freiheit der späten Jahre« und »Palaver. Das Lob der freien Rede«. Ihr Gedicht »Hexistische Verse«

erschien zuerst in ihrem Band »Lachend flieg ich davon«
(Schneekluth: München 1991).

DOROTHEA KEULER, geboren 1951, studierte Pädagogik sowie Germanistik, Anglistik und Amerikanistik. Seit 1983 ist
sie als freie Journalistin und Hörfunkautorin tätig. Sie ist
verheiratet und lebt in Tübingen und Reykjavik. Sie veröffentlichte unter anderem: »Undankbare Arbeit. Die bitter-
böse Geschichte der Frauenberufe« und »Die wahre Geschichte der Effi B.«.

ULRIKE A. KUCERA, geboren 1958 in Lostau und in Magde-
burg aufgewachsen, lebt in Frankfurt am Main und ist als
freie Autorin tätig. 1998 erschien ihr erster Roman »Die
Gottesanbeterin«.

KRYSTYNA KUHN, geboren 1960 in Würzburg, studierte Sla-
vistik, Germanistik und Kunstgeschichte in Würzburg und
Göttingen sowie am Puschkin-Institut in Moskau und an der
Jagiellonen-Universität in Krakau. Sie war Leiterin der
Handbuchredaktion in einem Softwareunternehmen und ist
seit 1995 freie EDV-Dozentin, Herausgeberin und Autorin.
Sie lebt im Taunus nahe Frankfurt am Main und veröffent-
lichte Gedichte und Kurzgeschichten.

DORIS LERCHE, geboren 1945, studierte Psychologie, Kunst-
pädagogik und Grafik und arbeitet seit 1975 als freiberuf-
liche Zeichnerin und Autorin in Frankfurt am Main. Sie veröffentlichte Cartoon-Bände, darunter »Du streichelst mich
nie!« und »Hauptsache gesund!«. Zu ihren erfolgreichsten
Romanen und Erzählungsbänden gehören »Eine Nacht mit
Valentin«, »Der Lover« und »21 Gründe, warum eine Frau
mit einem Mann schläft«. Zuletzt erschienen ihre Romane
»Frau Franz gibt Gas!« und »Frau Franz packt aus«.

WIEBKE LORENZ, geboren 1972 in Düsseldorf, hat Anglistik, Germanistik und Medienkommunikation studiert und

bei verschiedenen Zeitschriften, Rundfunk- und Fernsehsendern gearbeitet. Nach einem Volontariat bei einem Hamburger Zeitschriftenverlag arbeitet sie heute bei einer namhaften Frauenzeitschrift. Sie veröffentlichte die Romane »Männer bevorzugt« und »Liebe, Lügen, Leitartikel«.

SUSANNE MISCHKE, geboren 1960 in Kempten, ist freie Journalistin, Autorin vielbeachteter Bücher und Schauspielerin. 1994 erschien ihr erster Roman »Stadtluft«. Es folgten »Freeway«, »Mordskind«, »Die Eisheilige«, »Der Mondscheinliebhaber« und zuletzt »Wer nicht hören will, muß fühlen«. Sie lebt in der Nähe von Darmstadt.

JUTTA MOTZ, geboren 1943 in Halle an der Saale und in Frankfurt am Main aufgewachsen, studierte Kunstgeschichte und klassische Archäologie. Nach der Geburt ihrer Tochter war sie in mehreren Verlagen tätig, zuletzt als Herausgeberin einer Krimi-Reihe. Heute ist sie in leitender Funktion in einem kleinen Wirtschaftsunternehmen tätig. Sie veröffentlichte die Romane »Drei Frauen und das Kapital«, »Drei Frauen auf der Jagd« und »Drei Frauen und die Kunst«.

SUSI PIROUÉ, geboren 1936 in München, unter anderem in Berlin aufgewachsen, hat zwei erwachsene Söhne und lebt als Buchhändlerin und Autorin in München. Sie übersetzte Drehbücher, Jugendliteratur und Sachbücher und veröffentlichte Frauenliteratur, darunter »Vom Vergnügen, mit sich selbst zu reisen«, »Liebe Freundin, liebe Feindin« sowie Kochbücher und Weinbücher.

MARGIT SCHREINER, geboren 1953 in Linz/Österreich, studierte Germanistik und Psychologie in Salzburg. 1977 bis 1980 Aufenthalt in Tokio. Seit 1983 arbeitet sie als freie Autorin. Zu ihren bekannten Büchern gehören »Die Rosen des heiligen Benedikts« und »Mein erster Neger«. Zuletzt erschienen ihr Roman »Nackte Väter« und »Der Mann mit den Samtohren«. Sie erhielt 1986 den Ernst-Koref-Preis und 1987 den Theodor-Körner-Preis. Margit Schreiner lebt heute in Italien und Linz.

SYBILLE SCHRÖDTER, geboren 1955, ist die nördlichste Kabarettistin Deutschlands und ein komödiantisches Multitalent. Die »Spitzendiseuse des deutschen Kabaretts« (Rheinische Post) veröffentlichte 2000 ihr erstes Buch: »Schlampen und andere Freundinnen. Böse Geschichten von Frau zu Frau«.

FRANZISKA STALMANN, geboren 1951 in Hamburg, war im ersten Beruf Psychologin, ist heute freie Autorin und lebt in München. Sie schrieb unter anderem die Romane »Champagner und Kamillentee« und »Lieber die Taube in der Hand«, die über Nacht zu Bestsellern wurden.

SILVIA SZYMANSKI, geboren 1958 in Merkstein, ist freie Autorin und Sängerin der Rockband »The Me-Janes«. 1998 erschien ihr erster Roman: »Chemische Reinigung«, 1999 ihr Erzählungsband »Kein Sex mit Mike. Erotische Geschichten«. Zuletzt veröffentlichte sie den Roman »Agnes Sobierajski«.

REGULA VENSKE, 1955 in Minden geboren, promovierte über Männerbilder in der Literatur von Frauen und hat sich mit literaturwissenschaftlichen Arbeiten, Kriminalromanen und Glücksprosa einen Namen gemacht. Sie veröffentlichte zuletzt »Warum heiraten? Ein Lesebuch rund um die Ehe« und die Kriminalromane »Double für eine Leiche« und »Mord im Gazellenkamp«. Sie hat unter anderem 1987 den Oldenburger Jugendbuchpreis, 1996 den Deutschen Krimipreis und 1997 das Lessing-Stipendium der Stadt Hamburg bekommen. Sie lebt als freie Autorin in Hamburg.

KETO VON WABERER, geboren 1942 in Augsburg, wuchs in Tirol auf, lebte in Mexiko und in den USA. Sie studierte

Kunst und Architektur, arbeitete als Architektin, Übersetzerin und Journalistin. Sie lebt heute als freie Autorin in München. Ihr literarisches Werk erhielt zahlreiche Preise. Zuletzt erschien 1999 »Das Weiß im Auge des Feindes. Vier Liebesgeschichten«.

MARIANNE WEISSBERG, geboren 1952, lebt als freie Journalistin und Autorin mitten in Zürich. Nach ihren Erfolgsbüchern »Das letzte Zipfelchen der Macht« und »Oben ohne« – Satiren zum Thema Mann und Frau – widmete sie sich dem, was sie am zweitbesten kann: Kochen. Zuletzt erschienen ihr kulinarisch-literarisches Werk »Meine Chaos-Küche« und »Cityladies«, ein Überlebensführer durch den Großstadtdschungel.

MAIKE WETZEL, geboren 1974, studiert an der Hochschule für Fernsehen und Film in München. Sie drehte mehrere Kurzfilme und Dokumentationen, schrieb für Zeitungen und Zeitschriften, wurde mehrfach für ihre Erzählungen ausgezeichnet, darunter 1997 mit dem Bettina-von-Arnim-Preis, und veröffentlichte 2000 ihr erstes Buch, den vielbeachteten Erzählungsband »Hochzeiten«.

GABRIELE WOHMANN, geboren 1932 in Darmstadt, gehört zu den renommiertesten deutschen Schriftstellerinnen. Ihr Werk, in dem sie sich als detailgenaue Beobachterin des Alltagslebens ausgewiesen hat, wurde mit zahlreichen bedeutenden Literaturpreisen ausgezeichnet. Zuletzt erschienen ihre Erzählungsbände »Schwestern« (1999), »Frauen machens am späten Nachmittag« (2000) und ihr Roman »Das Hallenbad« (2000).

Ellen Fein, Sherrie Schneider

Die Kunst, den Mann fürs Leben zu finden. *»The Rules«*
Aus dem Amerikanischen von Renate Platt. 176 Seiten. SP 2461

Männer sind Jäger und begehren nur stolzes Wild – davon gingen die beiden Autorinnen aus und landeten einen großen Hit! 34 Regeln und 12 Extratips legen sie allen heiratswilligen Frauen ans klopfende Herz. Klar, frau nimmt schon immer ihr Glück selbst in die Hand – aber bitte nicht stürmisch!

Dieses Buch verrät Ihnen die großen und kleinen Tricks, die bei der Eroberung Ihres Herzblatts (fast) immer ins Schwarze treffen.

Ellen Fein, Sherrie Schneider

Die neue Kunst, den Mann fürs Leben zu finden. »The Rules II«
Aus dem Amerikanischen von Ursula Buntspecht. 233 Seiten. SP 2702

Warum heiraten?
Ein Lesebuch rund um die Ehe. Herausgegeben von Regula Venske. 192 Seiten. SP 2747

Heute wird in Großstädten jede zweite Ehe geschieden. Trotzdem wird weiter sich hingegeben, gehochzeitet und die Zugewinngemeinschaft zelebriert. Warum nur? Wozu die Quälerei? Oder ist an der eingetragenen Lebensgemeinschaft nicht doch etwas dran? Die größten Experten sind vermutlich die Heiratsschwindler, die größten Skeptiker Singles. Regula Venske hat mehr als dreißig Autorinnen und Autoren eine Meinung zu diesem Thema entlockt. Ein bundschillerndes Kaleidoskop ist entstanden, das allen Zögerlichen und Heiratsscheuen, aber auch Enthusiasten zeigt, daß übers Heiraten noch längst nicht alles gesagt ist. Denn schon allein die Frage »Warum heiraten?« wirft eine Gegenfrage auf: »Warum nicht?«